DE TAL MADRE, TAL EMPRESA

De tal madre, tal empresa. Guía de la mujer trabajadora para derrocar al patriarcado

Título original:
A Uterus is a Feature, not a Bug: The Working Woman's Guide to Overthrowing the Patriarchy

Copyright © 2017 Sarah Lacy

© de la traducción: Irene Prat Soto

© de esta edición: Libros de Seda, S.L.
Estación de Chamartín s/n, 1ª planta
28036 Madrid
www.sedaeditorial.com
info@librosdeseda.com

Diseño de cubierta: Mario Arturo
Imagen de cubierta: © Mario Arturo
Maquetación: Marta Ruescas

Primera edición: marzo de 2020

Depósito legal: M-5794-2020
ISBN: 978-84-120232-1-3

Impreso en España – *Printed in Spain*

DE TAL MADRE, TAL EMPRESA

Guía de la mujer trabajadora
para derrocar al patricarcado

SARAH LACY

SEDA
EDITORIAL

A mis hijos, Eli e Evie:
me habéis hecho mejor persona en todos los sentidos.
Me alegro muchísimo de que el patriarcado
se equivocara con vosotros.
Y a Paul: no necesito compartir mi vida con un hombre,
pero quiero compartirla contigo.

Prólogo

Miré a la izquierda, a lo largo del extenso túnel, gris y oscuro, y vi que más gente se unía a la muchedumbre que nos gritaba. Miré a la derecha y vi lo mismo. Normalmente, cuando tanta gente está cabreada conmigo, suelo tener alguna idea de lo que he hecho para merecerlo.

A no ser que hubiera una escotilla de emergencia oculta en medio de aquel largo corredor de oficinas, parecía claro que la situación iba a empeorar considerablemente. La turba se estaba volviendo más densa y hostil, y el aire más sofocante debido al calor nigeriano de 40°C, la falta de circulación y la abundancia creciente de cuerpos en aquel espacio tan confinado.

—¿Y si intentamos salir corriendo? —pregunté a Jason. Parecía que todavía había espacio suficiente para abrirnos camino y escapar, al menos, de momento.

—Créeme, aquí estamos más seguros —dijo Jason—. Ahí fuera puede pasar cualquier cosa. Aquí dentro, la mitad está de nuestro lado.

Había conocido a Jason aquel mismo día, pero le creí: no tenía demasiadas alternativas. Sin embargo, no estaba nada claro que parte de aquella multitud quisiera vernos salir de allí con vida. Los rostros que me rodeaban no eran amigables, gritaban, pero las lisas paredes del túnel hacían eco y no lograba entender nada de lo que decían. Podrían haber estado exigiendo un linchamiento o deseándome un feliz viernes de manera excesivamente intensa. Lo que oía no era más que un estruendo de vocales y consonantes arrojadas directamente contra mi marido y contra mí.

Un hombre calvo de más de cien kilos se había plantado ante mí mientras me acusaba con el dedo y luego lo levantaba en el aire para

9

exalter a la muchedumbre. Se le saltaban los ojos. Se le salían las venas. Llevaba una camiseta de tirantes blanca, estirada hasta el límite para cubrir sus músculos, con el texto *Skull Shit*.

No puedo decir que no me avisaran antes de viajar a Nigeria. El departamento de Estado me había advertido cautelosamente, pero yo no hice ningún caso: todos los correos electrónicos que había recibido por parte de príncipes nigerianos; la cena de la noche antes de partir, en la que un billonario de Silicon Valley me agarró por el brazo y me dijo:

—No puedes ir a Nigeria así. Es demasiado peligroso.

Cuando me dicen que no puedo hacer algo, tiendo a responder mal. Era 2011 y había pasado los dos años anteriores trabajando en África, Sudamérica, Asia y Oriente Medio para escribir un libro acerca del caos y las oportunidades que surgen en las profundidades de las megaciudades, en las barriadas de chabolas y en los pueblos de los países emergentes. Adentrarme en lugares que la mayoría de los inversores de capital de riesgo descartaban —por no tener el estómago para visitarlos— era rutinario para mí.

Mi marido, que es fotógrafo, Geoff, reservaba las vacaciones para acompañarme en aventuras como esta. Antes de preguntárselo, ya sabía que aquel era un viaje que no querría perderse. Quería conocer Nollywood, la industria cinematográfica descarnada, pero lucrativa, de Nigeria. También quería conocer a los estafadores que moraban en el país, sería divertido.

Irónicamente, fue el reportaje sobre Nollywood —no el de los estafadores— el que nos puso en peligro.

La muchedumbre se aproximaba. Habíamos intentado refugiarnos en una de las «oficinas» de un productor de Nollywood amigo de Jason —más bien parecían celdas para prisioneros—. Apenas había sitio entre las pilas de DVD, pero la multitud no se dispersaba. Escondernos y esperar no funcionaría. Nos tenían atrapados. Estaban furiosos, querían que corriera la sangre. O los billetes. O algo.

Por favor, que sean billetes.

Geoff me miró a los ojos. Asentí, no solo con los ojos. Se agachó detrás de nosotros, en aquella oficina-celda, y sacó con cuidado la tarjeta de memoria de la cámara, cara, por cierto, que había guardado a escondidas en la mochila de Jason. Se metió la tarjeta en el zapato. Tras más de una década juntos, a un marido y a una esposa no les hace falta decir cosas como «me voy a cabrear de lo lindo si me cortan un dedo y encima perdemos las putas fotos y los vídeos que hemos hecho hoy». Es algo que se comunica sin palabras.

En aquel momento, los justicieros vinieron a por nosotros. Una no se encuentra a diario en situaciones en las que los justicieros al margen de la ley son la opción más segura, pero Jason insistía en que eso era lo que debíamos hacer. Jason estaba construyendo un negocio basado en subir contenido de Nollywood a Internet, y era una de las pocas personas que pagaba a los productores para distribuir sus obras a escala global. Para él, era un día normal en la oficina.

Los justicieros nigerianos también estaban cabreados con nosotros por motivos que nunca llegamos a descubrir; su responsabilidad era mantener el orden. Venían para escoltarnos hasta nuestro «juicio». Acompañarlos pacíficamente era nuestra mejor opción para tratar de escapar de ese túnel sin ventanas.

Nos llevaban a ver al juez, un hombre llamado Bones.

Nos hicieron volver al calor nigeriano del mercado de Alaba; los vendedores callejeros seguían voceando, regateando y negociando, los predicadores seguían cantando, aporreando los teclados electrónicos e intentando salvar a todo el mundo, salvar, en el sentido bíblico, el alma inmortal y todo eso. Lo cierto era que para salvarnos de Skull Shit y su pandilla lo que nos hacía falta era un fajo de billetes.

Por favor, que sean billetes.

—No os preocupéis, mientras tenga la chequera, me necesitan con vida —me susurró Jason.

La sala del juzgado parecía el decorado de una película del Oeste. Nos quedamos de pie, como exigen las formas para los acusados. Skull Shit y sus amigos estaban al otro lado, echando chispas. Bones apareció rodeado de sus hombres y tomó asiento en el estrado, por llamarlo de alguna manera. No vestía toga, y sus alguaciles lo acompañaban blandiendo machetes. Exhibían las armas con naturalidad, descolgándoselas del cinturón de manera dramática y dejándolas en la mesa con estrépito.

Me volví hacia Geoff. Parecía más asustado que yo, también es verdad que yo me había enfrentado a más turbas furiosas que él. Sin embargo, lo habitual para mí era que se tratara de muchedumbres virtuales, como el montón de comentaristas de Internet que me habían amenazado con secuestrarme y someterme a violaciones en grupo si seguía con mis planes de viajar a Brasil. Como precaución, había accedido a no escribir sobre el viaje hasta que regresara sana y salva. Mi jefe por entonces se sentía dividido. Me había hecho prometer que, si alguien hacía llegar mi dedo meñique a Geoff, este le mandaría una foto para nuestra web.

—Imagina la de visitas que recibiremos —dijo casi en broma. Los periodistas tienen un sentido del humor muy retorcido.

En aquel momento, dos pensamientos me cruzaron la mente. El primero fue: «puede que pierda una extremidad, pero está claro que saldremos de aquí con vida. Ahora que hemos salido del túnel, es solo cuestión de acertar con el soborno adecuado. Es una suerte que tengamos a Jason aquí. Todo irá bien. Y si es así, tendremos un artículo increíble. No hemos perdido las fotos». Probablemente reprimí una sonrisa descarada.

El segundo fue dirigido a mi panza, embarazada de cinco meses. Miré hacia abajo y mandé un mensaje silencioso a Eli: «lo siento, chico. Bienvenido a la vida, hijo mío».

MENTIRAS

Mi editora quiere que les diga que este libro es para todo el mundo: madres, hijas, mujeres que no quieren ser madres y hombres que trabajan para, o emplean o financian, a todas estas mujeres. Pero seamos sinceras, la gran mayoría no será capaz de entender las palabras que voy a escribir a continuación: si nunca han mecido a su bebé en brazos —un bebé que han llevado en su propio vientre—, jamás lo comprenderán.

Quizá crean que baste con imaginar el mayor amor en el universo y multiplicarlo por un trillón para hacerse a la idea de lo que estoy describiendo, pero no es así. Sencillamente, no lo comprenden. No lograrán comprenderlo. Ni lo intenten.

Veo que están intentándolo, pero hablo en serio: basta.

Esto es lo que oyen todas y cada una de las mujeres del mundo, desde el momento en el que empiezan a desarrollarse, en la pubertad, hasta que dan la bienvenida a su retoño. Si hay algo peor que escuchar repetidamente que jamás de los jamases lograrán entender una de las cosas más universales que une a las mujeres biológicamente es descubrir que la «buena nueva de la maternidad» es pura mentira.

Quiero que todas las personas que todavía no han tenido hijos sepan algo: les han mentido. Yo también tuve que escuchar estas falsedades a lo largo de los veinte y hasta bien entrados los treinta. Nos mienten a todas.

Las mentiras nos son siempre deliberadas o malintencionadas, pero con un asunto tan extremadamente variado y personal como la maternidad, aceptar la verdad de una única mujer como realidad inalterable es lo mismo que creer en una mentira. Aunque sea la verdad de su mejor amiga. Aunque sea la verdad de su mentora. Aunque sea la verdad de su madre. Tampoco se crean mi verdad al pie de la letra.

Algunas de estas mentiras son pérfidas, producto de una cultura dominada por hombres que quieren hacer pasar por minusvalía algo prácticamente sobrehumano que solo las mujeres son capaces de hacer. Pero muchas de estas mentiras se propagan con buenas intenciones.

Mi madre es una de las personas que me mintió. Era una estudiante brillante con varios títulos universitarios y se parecía a Sophia Loren. Era una combinación interesante para crecer en una familia de baptistas del sur en la Jacksonville (Florida) de los años 50. Rompió un compromiso anterior porque su apuesto y pudiente prometido no quería tener tantos hijos como ella, también porque le daba la sensación de que su pretendiente no apreciaba lo suficiente su cerebro. Cuando conoció a mi padre —un desgarbado doctorando de Filosofía nacido en Misisipi que había sido el primero de su familia en terminar el instituto—, fue amor a primera vista. Se prometieron dos semanas más tarde, tras varias veladas conversando sobre filosofía, literatura y las verdades absolutas del mundo. Ambos querían pasar el resto de sus vidas juntos, leyendo, pensando, debatiendo y teniendo muchos bebés.

Pero mi brillante madre dejó de trabajar cuando se casaron. Se dedicó a... No lo sé, a estar sentada por casa, esperando a quedarse embarazada. Y vaya si se quedó embarazada: soy la menor de cinco hermanos. Esperó a que yo pudiera entrar en la guardería antes de volver a trabajar —casi veinte años después de haberse casado y haber terminado sus estudios.

En muchos aspectos, mi madre fue afortunada: pudo tenerlo todo. Durante más de una década estuvo dedicada por completo a criar a sus hijos —sin perderse ni un solo momento, adorable o caótico—, y después pudo disfrutar de una exitosa carrera como docente durante más de veinte años.

Era mi ídolo, una mujer fuerte, un modelo femenino a seguir. Así que su razonamiento acerca de esperar tanto para volver al mundo laboral se me quedó grabado: «Sabía que quería hacer ambas cosas a la perfección, y no habría podido ser una madre perfecta y una profesora perfecta a la vez». Es una declaración que parece inocua. Muchas de mis amigas oyeron versiones similares del mismo sentimiento. Jessica Jackley es la cofundadora de Kiva, una empresa que, por medio de la concesión de micropréstamos, ha logrado empoderar a muchas mujeres que, gracias a estos, han conseguido crear sus propias empresas. Jessica me contó que recuerda que su madre le dijo que se había dedicado a la educación porque era la única opción si quería pasar los veranos con sus hijos. Eso marcó a Jackley profundamente: «Es la única opción si quiero estar con mis hijos».

La versión de conciliación familiar de mi madre se convirtió en el modelo a seguir para mi propia vida; yo simplemente lo di la vuelta: me concentré primero en mi carrera profesional. Mi sueño era pasar de ser una periodista en un pequeño diario económico semanal en Memphis, Tennessee, a trabajar para *Business Week*, *Wall Street Journal* o *Fortune*, escribiendo impresionantes artículos de portada y, algún día, mi propio libro.

Los inicios fueron más bien lentos, pero cuando cumplí los veintiocho años las cosas empezaron a cambiar a toda velocidad. Acababa de mudarme a San Francisco, justo cuando estalló la burbuja de las puntocom. Logré seguir trabajando durante los momentos más duros de la recesión. Años más tarde, tras unos nueve meses de entrevistas, conseguí un puesto en *Business Week*. Poco tiempo después, escribí un artículo de portada acerca de las valoraciones desorbitadas de las empresas de Internet en el período que siguió a la crisis de las puntocom. Fue uno de los primeros artículos nacionales que se atrevió a sugerir que las inversiones en Internet estaban volviendo a tomar mucha fuerza y que las empresas que empezaban a surgir, como YouTube y Facebook, podrían llegar a valer muchísimo dinero. Batió el récord interno de ventas en quioscos de *Business Week* del mes de agosto. Pero, por aquel entonces, la idea era tan controvertida que también enfureció a quienes habían salido escaldados del final de la década de los 90. Fue la primera vez que me encontré en el epicentro de una turba de Internet, la primera vez que sentí el odio intenso de miles de personas que no me conocían.

—Bueno, al menos por aquí nadie olvidará tu primera portada —me dijo mi editor, consolándome en medio del temporal.

Hubo una consecuencia positiva aún más gorda: el artículo ayudó a que firmara mi primer contrato con Penguin para escribir un libro. Tras seis años trasteando en pequeñas publicaciones que no importaban nada a nadie, ahí estaba yo, con treinta años y todo lo que siempre había deseado. Y encima acababa de casarme.

¿Qué venía a continuación? ¿Más objetivos profesionales? Tenía un trabajo delante de las cámaras en un nuevo programa para Yahoo Finance. Había ayudado a crear una *startup*, *TechCrunch*, que era la publicación emergente más leída del momento. Usé el cheque final de mi primer libro para comprar una vieja casa de estilo victoriano en un barrio poco conocido de San Francisco en 2008.

Un año más tarde escribí mi segundo libro, acerca del espíritu emprendedor en mercados emergentes, y pasé unas cuarenta semanas viajando por todo el mundo.

Con el libro publicado y *TechCrunch* vendida, di muchas vueltas a qué más podía hacer que no hubiera hecho ya. Había llegado mucho más allá de lo que había soñado en mi vida profesional. Ya no había peligro. La respuesta era seguir haciendo más de lo mismo. Ya no tenía que dejar nada de lado. Así, decidí que por fin podía arriesgarme a tener un hijo. Y me parecía el mayor riesgo que había corrido en mi vida. Mayor que mudarme a San Francisco en el punto álgido de la burbuja. Mayor que abandonar *BusinessWeek* para dedicarme a escribir mi primer libro. Mayor que aceptar un trabajo en una controvertida *startup*. Mayor que viajar a algunos de los sitios más peligrosos del planeta. Nunca me había dado miedo jugarme el sueldo. Había crecido con cuatro hermanos mayores y unos padres con salarios de profesor. La televisión por cable me parecía un lujo.

Jugarme el físico tampoco me daba tanto miedo como debería haberme dado. Desde mi punto de vista, que me atropellara un autobús en San Francisco era más probable que ser arrollada por babuinos en Ruanda —aunque al final ocurriera lo de los babuinos y no lo del autobús en San Francisco—. «Mi hora llegará cuando tenga que llegar», pensaba. Mejor morir haciendo lo que amaba: escribir reportajes. Que me quiten lo *bailao*, decía cada vez que mi marido expresaba su preocupación acerca de los riesgos que asumía al viajar.

Pero el riesgo de tener un hijo era mayor. Sentía que me jugaba mi esencia. No mi cuerpo, sino mi alma. Las mentiras me habían dejado claro que cambiaría, que quedaría irreconocible, que todas las cosas que me habían importado hasta ahora cesarían de importar, que ya no sería yo.

Estas palabras —como tantas otras de madres que he conocido— llevaban resonando en mis oídos más de una década: «Sabía que quería hacer ambas cosas a la perfección, y no habría podido ser una madre perfecta y una profesora perfecta a la vez».

Primero me había ocupado de mi carrera profesional. Concluí que había embutido una carrera entera en unos doce años de vida laboral. Si todo terminaba cuando tuviera hijos, pues que terminara. Hice las paces con esta mentira, que creía que era una verdad inmutable.

¿Recuerdan esas escenas en las películas en las que alguien está desactivando una bomba y no tiene ni idea de si está cortando el cable correcto o no? Cierra los ojos y se prepara. Y entonces los vuelve a abrir poco a poco. Quizá primero uno y después el otro. Están vivos. La bomba ha sido desactivada. Nada ha cambiado.

Eso es lo que ocurrió cuando tuve a Eli. Seguía ahí. Aún mejor, de hecho, yo misma parecía ser mejor.

Todo lo que me habían contado acerca de la maternidad era mentira.

***

Ahora que tengo un hijo de seis años, una empresa de cinco y una hija de cuatro, he podido reflexionar más profundamente acerca de estas mentiras desde el otro lado.

Mi madre, por supuesto, no me mintió a propósito. Me contó su verdad personal, o eso es lo que pensaba ella.[1] Pretendía ser constructiva y sincera. Aquello fue una semilla de conocimiento que se instaló en mí de manera casual, pero logró hurgar en mi psique y sus zarcillos se hundieron hasta lo más profundo de mi cerebro. Es probable que a ustedes también les haya pasado: quizá fuera su madre, un profesor, un superior en el trabajo, una película de Hollywood en la que aparece representada la maternidad, un consejo de una revista para mujeres... Como la pelusilla de un diente de león en un día ventoso, estas semillas aparentemente

---

1 Mi madre optó por no leer este libro antes de su publicación oficial, alegando que es mi historia y que no tiene ningún derecho a controlarla (sí, es una mujer increíble, por ello ha sido mi modelo femenino a seguir durante más de cuarenta años). Pero sí que hablamos acerca de esta «mentira». Al saber que su comentario me había impactado tanto, se quedó atónita y se disculpó. Me dijo que cambió de opinión tras pasar décadas como madre trabajadora; que ella también había abandonado el concepto de la «perfección» y que cree que eso la ha hecho mejor madre. Ni siquiera me preguntó si dejaría de trabajar o si pensaba que debería hacerlo después de tener hijos. Mi hermana, como yo, jamás ha dejado de trabajar, y se hizo profesora en la misma escuela en la que mi madre daba clases. Algo pérfido acerca de estos comentarios es que, en nuestra cabeza, pueden permanecer congelados en el tiempo.

inofensivas flotan a nuestro alrededor habitualmente, algunas pasan de largo, otras aterrizan, se hunden en la tierra y germinan, haciendo crecer las malas hierbas de las nociones preconcebidas.

También me dijeron: «prepárate para sentirte como una fracasada de manera constante», como una mujer dividida entre el trabajo y los hijos. Me dijeron que mi carrera se volvería irrelevante —«biológicamente»—, una vez hubiera sostenido a mi bebé en brazos. Que ya jamás me permitiría correr riesgos. Que nunca sería capaz de jugarme el sueldo, o mi vida, de la misma manera. Que cosas que había hecho antes serían absolutamente irresponsables cuando me convirtiera en madre.

Las películas en las que aparecen directivas de altos vuelos con bebés siempre muestran el caos: una niñera que no aparece el día de una reunión importantísima, ropa cubierta de vómito, la irrupción de la ejecutiva en cuestión en la sala de juntas con una falda de tubo apretada y tacones, exhausta, tarde y con la blusa mal abotonada, sus disculpas exageradas mientras los hombres intercambian miradas cómplices de «les dije que no podría con todo».

Ahora, a toro pasado, comprendo que no soy como mi madre ni como muchas de estas mujeres. La verdad es que no deseo la perfección. ¿Un cajón de calcetines perfectamente enrollados y conjuntados ordenados en fila? Mi vida nunca ha sido ni será así. Prefiero el caos.

No sé cómo es posible que no me diera cuenta hasta que tuve hijos, pero sigo una tendencia clara en mi vida: cada vez que las cosas se calman y me acomodo, encuentro la manera de hacer volar por los aires el dulce nido construido. Podría haber permanecido en *Business Week* el resto de mi carrera, en un puesto que me costó mucho conseguir. O podría haberme quedado en mi trabajo en Yahoo Finance, ganando más dinero del que pensaba que una periodista podía ganar. Podría haber escrito un segundo libro acerca de Silicon Valley en vez de viajar por todo el mundo, subsistiendo gracias a un contrato literario por el que ganaba mucho menos que con mi contrato anterior.

Mi mejor amigo y colega de *TechCrunch*, Paul Carr, fue el primero que se percató del patrón que sigo: «En cuanto te demuestras que puedes hacer algo, te planteas un desafío muchísimo más duro como tu siguiente meta», me dijo.

Pasé tantos años preocupada por si quedarme embarazada cambiaría todo esto que, en realidad, el embarazo exageró esta tendencia. Promocioné mi segundo libro mientras estaba embarazada y me llevé a Eli a cinco continentes, organicé una conferencia de tres días en Pekín que se iba a celebrar seis semanas antes del parto y decidí abandonar *TechCrunch* y fundar una nueva empresa mientras estaba de baja por maternidad, antes incluso de haber podido contratar a una niñera.

Entonces me quedé embarazada otra vez, cuando llevaba seis meses construyendo dicha empresa. No hace mucho, convencí a mis editores de que me dejaran publicar este libro sobre la maternidad justo cuando mi familia había digerido un divorcio, mis hijos habían dejado de usar pañales y ya estaban en la guardería, mi empresa por fin daba beneficios, después de cuatro años brutales, y yo no estaba recibiendo amenazas físicas ni legales inmediatas: de repente la vida se había vuelto demasiado tranquila.

Si sé que soy capaz de llevar a cabo lo que tengo por delante, pierdo el interés y me vuelvo perezosa. Por eso me gusta tanto el periodismo: cada artículo es un nuevo desafío, una nueva verdad por descubrir. También por eso me gusta emprender nuevos proyectos. Nadie juzgará el resultado antes de tiempo porque no se puede. El juicio llega cuando se hacen bien —o mal— las cosas importantes. Y ese es el motivo por el que me gusta tanto ser madre: la complejidad de los niños se multiplica cada día. Según se mejora como madre, los hijos nos lo ponen más difícil.

Y ahora estoy haciendo las tres cosas a la vez. Es el sueño de cualquier enamorada del caos. ¿Acaso es difícil? ¡Sí! ¡De eso se trata, caray! ¡Otra ronda, por favor!

Saber que podía hacer algo a la perfección jamás me resultó atractivo. La verdad de mi madre, al final, resultó ser irrelevante. Igual que otras verdades que había oído por ahí. Realizar tareas al borde de mis capacidades significa no tener que sentirme culpable ni en casa ni en el trabajo porque, desde mi punto de vista, lo que estoy haciendo es ya prácticamente imposible. Si sobrevivo, es un punto a mi favor. Y, si de repente parece fácil, añadiré otra cosa imposible.

Superar los obstáculos de cada día, para mí, es como una aventura de Lara Croft. Cuando he dejado a los niños en el colegio, ya desayunados,

con los dientes cepillados, ocasionalmente con calcetines del mismo color,[2] y comidas más o menos nutritivas en la mochila, y salgo corriendo de vuelta a casa para que mis proyectos de la mañana no se publiquen tarde, me siento como si hubiera logrado saltar al otro lado de un precipicio, sujetándome apenas con la punta de los dedos antes de que el puente desvencijado se descuelgue y estalle en llamas. Cada mañana me quedo sentada en el automóvil un momento, aparcado en el bordillo en el que solo se puede parar un minuto, y saboreo una satisfacción petulante: «Soy la mejor», pienso, «lo tengo todo controlado».

***

Sí, es cierto, puede que todo esto cambie cuando mis hijos alcancen la adolescencia. Como de costumbre, me han dicho que es absolutamente imposible que me haga a la idea de cómo será. Pero llega un punto en el que ser madre consiste básicamente en desarrollar la memoria de la habilidad de solucionar problemas, como si fuera un músculo. No se sabe exactamente cómo se hará, pero se sabe que se logrará.

Cuanto más lo pienso, más convencida estoy de que la verdad de mi madre no es solo diferente de la mía, también sé que no era cierta para ella, basándome en mis experiencias como hija suya.

Ella opinaba que no podía ser buena madre y buena profesora a la vez. Pero muchísimas de las razones por las que fue una madre excelente estaban directamente relacionadas con su trabajo. Una vez, cuando enfermé en la guardería, mi madre tuvo que venir a buscarme. Mi madre, recién reincorporada al mundo laboral, tenía que dar las clases en el horario de tarde y no disponía de demasiadas opciones para lidiar conmigo. Así que me colocó en un pequeño pupitre en la esquina de su aula, con papeles y rotuladores, y me rogó que pintara en silencio mientras ella hablaba sobre las verdades de Fiódor Dostoyevski a sus alumnos de última hora. Los estudiantes intentaron aprovechar mi presencia para distraerse, pero mi madre, educadamente y sin alzar la voz, no cedió ni un milímetro y mantuvo el control de la clase. Se apoyó en la silla

---

2 Cuando los calcetines del mismo color empezaron a parecerme fáciles, fui a por el auténtico desafío de la madre trabajadora: calcetines que indican el día de la semana.

mientras sus alumnos adolescentes no paraban de molestarse entre ellos, sonrió irónicamente y dijo en voz baja:

—Todo esto entrará en el examen.

El mensaje: no pienso gritaros. No pienso mandaros al despacho del director. Depende de vosotros si queréis escucharme o si preferís suspender el último curso de inglés.

Debió de marcarme profundamente porque, al final de la clase, la miré con admiración y le dije:

—Yo también quiero estar al mando de algo, algún día.

Su trabajo no solo me dio acceso a una mejor educación, también le permitió mantener una relación estrecha conmigo durante la adolescencia, puesto que fue mi profesora y la de todos mis amigos. Me demostró que una mujer podía controlar una sala y estar al mando de algo. Nada de esto habría pasado si se hubiera quedado haciendo de ama de casa en busca de la «perfección».

También forjó el modelo de mi maternidad, me diera yo cuenta o no. Desde el momento en el que tuve a Eli en el vientre, lo consideré mi pequeño socio. Promocionamos mi segundo libro por todo el mundo, asistimos a más de treinta actos juntos.

Tras el parto, durante los primeros meses de vida de mi empresa, me lo llevé conmigo a todas partes. Me acompañó a recaudar fondos. Me ayudó a contratar a nuestros primeros empleados. Evie y él estuvieron entre bambalinas en todos nuestros eventos. Todo aquel que ha trabajado en Pando ha sostenido en los brazos a mis hijos —se ofrecieran o no.

Me uní a la asociación de padres de la guardería de Eli para estar más cerca de su comunidad educativa, igual que lo había estado mi madre por medio de su trabajo. Me hice con un monovolumen para poder hacer de acompañante en las excursiones del colegio. Llevo a nuestros gatos a su colegio el día de las mascotas, me sé los nombres de todos los niños de la clase y de la mayoría de los padres. Eli siempre ha sufrido de cierta ansiedad social, y que yo me implique ha ayudado enormemente a apuntalar la confianza con sus amigos. Lo aprendí porque mi madre hizo lo mismo por mí.

Su verdad como madre, simplemente, no era mi verdad como hija. El momento de mi nacimiento dictó que la mía fuera una madre trabajadora, y eso me hizo infinitamente más fuerte. Me hizo ser como soy.

Mi madre se equivocaba: era capaz de hacer las dos cosas a la vez, sin duda alguna. Trabajar la convirtió en una madre «más perfecta».

Creo que en mi vida solo hay una cosa que me haya otorgado más fuerza que haber sido hija de una madre trabajadora, una sola cosa que me llevó a ser la mejor versión posible de mí misma, que me brindó el coraje necesario para asumir riesgos mayores, ser una periodista más controvertida y esforzarme hasta el límite: convertirme en madre trabajadora.

Capítulo 1

EL ÚTERO NO ES UNA BOMBA A PUNTO DE ESTALLAR

He empezado este libro con la «mentira» que me contó mi madre, en parte porque tuvo un profundo impacto en mí, pero también porque es difícil imaginar una mentira contada con mejores intenciones. Al fin y al cabo, mi madre quería que yo tuviera hijos y una carrera profesional de éxito. Si las mentiras inocuas y bienintencionadas de las personas que nos quieren pueden socavar la fuerza de la maternidad, imaginen el impacto del machismo institucional. Hay otra palabra para describir el machismo institucional con la que tendrán que familiarizarse si quieren combatirlo: patriarcado.

Los datos muestran que los hombres dominan la política y los negocios en Estados Unidos, que ganan más que las mujeres,[3] que controlan quién entra y quién sale en prácticamente todos los sectores. Todas sabemos que vivimos en un patriarcado, pero, por algún motivo, pronunciar la palabra «patriarcado» parece que nos haga sonar a extremistas desquiciadas. Se ha convertido en mi nueva blasfemia en Silicon Valley: causa mayores conmociones que la peor grosería imaginable. Puede usarse de manera casual en una reunión («Sí, hoy he decidido ponerme pantalones porque no me apetecía obedecer al patriarcado»), o guardarlo para una auténtica bronca a pleno pulmón.

---

3 N. de la Ed.: «La brecha salarial entre mujeres y hombres en España no solo existe, sino que **se hace cada vez mayor**. Las mujeres ganan menos que los hombres durante su vida laboral y, en su vejez, son más pobres que ellos». Artículo de la periodista María Hernández en *El Mundo*, Madrid, 12 de febrero de 2018, titulado «La brecha salarial aumenta en España: las mujeres cobran un 30% menos y soportan más precariedad». En línea: https://www.elmundo.es/economia/macroeconomia/2018/02/12/5a8190e6e5fdeaa55d8b4648.html

¿Quién es el patriarcado? Es un colectivo que simultáneamente abarca a todo el mundo —hasta cierto punto— y a nadie en particular. Los hombres blancos mayores que creen que las mujeres no deberían tener derechos reproductivos básicos forman parte del patriarcado. El 40 % de los estadounidenses que cree que es malo para la sociedad que las mujeres trabajen forma parte del patriarcado, sean del género que sean. Los empleadores que pagan menos a las mujeres porque el mercado se lo permite forman parte del patriarcado. Los políticos que culpan a las madres solteras de todos los problemas de la sociedad forman parte del patriarcado. Los troles de Twitter que nos acusan de ser «malas feministas» forman parte del patriarcado. Incluso el amable personaje de Disney que automáticamente llama «princesa» a sus hijas forma parte del patriarcado.

El patriarcado es el principio general de organización del pasado y, tristemente, del presente. Es el decorado que hay detrás de todas y cada una de las vidas del mundo moderno, sus tentáculos se inmiscuyen en todos los rincones: cuánto cobran, acceder al ascenso, si es correcto o no que mantengan relaciones sexuales con alguien, cómo de altos deben ser sus tacones para que se las considere apetecibles y si debieran o no quedarse embarazadas. Ya saben, cosas que sencillamente no deberían depender de nadie más que de uno mismo.

No todas las personas que forman parte del patriarcado tienen malas intenciones, pero el dominio del patriarcado impide que a las mujeres se las trate con igualdad. Por lo tanto, el patriarcado debe ser derrocado.

Solo hay una manera de lograrlo: tenemos que dejar de pedir permiso y de negociar con los hombres para vivir las vidas que queremos vivir. Las mujeres debemos reconquistar el derecho a estas cosas tan personales en las que el patriarcado ha metido las narices. Debemos empezar a creer que tenemos derecho a conseguir la vida que queremos, que nuestra carrera profesional no es una negociación con nuestras parejas «al 50 %», que nos van a pagar lo mismo, que tenemos derecho a tener hijos cuando nos venga en gana, o a no tenerlos.

Y tenemos que ayudarnos entre nosotras. Tenemos que dejar de ser nuestro peor enemigo. Somos víctimas del patriarcado y a la vez formamos parte de este. Estamos haciendo el trabajo sucio del patriarcado cada vez que nos decimos que no somos lo suficientemente buenas, cada vez que avanzamos a costa de otras mujeres y, en especial, cada vez que nos permitimos sentirnos culpables.

El sentimiento de culpabilidad es el arma más efectiva del patriarcado. Sirve tanto para evitar que alcancemos lo que queremos, como para hacernos sentir mal cuando lo logramos. La culpa exige que elijamos entre «patriarcas» como nuestra pareja y nuestro jefe. La culpa es tan efectiva porque nos la infligimos nosotras mismas. La culpa hace que dudemos de todo lo que sabemos lógica, instintiva y sentimentalmente. La culpa es la malvada vocecilla del patriarcado dentro de nuestras cabezas. Es hora de deshacerse de ella.

Este libro ayudará a las mujeres a desmantelar el patriarcado exponiendo lo que es y cómo funciona. Examinará mi propia trayectoria: de «cómplice defensora del patriarcado» y «tipa legal» a «guerrera feminista cabreada». Destruirá la idea de que algo tan extraordinario como tener hijos te hace más débil. Argumentará por qué es necesario que las mujeres se rodeen inmediatamente de más mujeres. Y explicará por qué las madres solteras son la fuerza políticamente transformadora más increíble del futuro de Estados Unidos. Mostrará por qué este país está lejos de ser la envidia del planeta en lo que a feminismo se refiere.

Mi historia se desarrolla en el mundo tecnológico de Silicon Valley, un lugar que, en algunos aspectos, no es tan abiertamente machista como otras industrias. Silicon Valley intenta fingir que es una meritocracia. Destriparemos este mito y explicaremos por qué las microagresiones y la discriminación inconsciente pueden ser aún más perniciosas y difíciles de erradicar que los pellizcos de los hombres en el trasero de las mujeres.

Silicon Valley tiene relevancia como microcosmos para la igualdad porque es una industria joven. Una industria idealista formada por personas que quieren cambiar el mundo y cómo funciona. No existe el «siempre ha sido así» en un ecosistema que no llega a los setenta años. Silicon Valley cambia de líderes a toda velocidad, las rompedoras nuevas empresas devoran a las viejas. En Silicon Valley, se supone que los números y los resultados son lo único que importa. Silicon Valley debería ser el lugar perfecto para la igualdad.

La maternidad es central en mi historia porque hasta que me convertí en madre no tuve mi epifanía de feminista cabreada. Pero también es fundamental en el desmantelamiento del patriarcado, seamos madres o no, queramos serlo o no. La maternidad es la razón por la que las mujeres son valiosas dentro del patriarcado. Dar a luz es lo único que los hombres no pueden hacer y es uno de los grandes motivos por los que esta condición es usada para escamotear económicamente a las mujeres.

Cuando una mujer vuelve al trabajo —a menudo sin aprovechar toda la baja por maternidad a la que tiene derecho, si es que tiene la suerte de tenerla—, se la arroja al centro de una dicotomía en la que no puede ganar: ¿es buena empleada o buena madre? Elija una.

El patriarcado cree —como realidad inalterable— que una buena madre debe estar siempre disponible para los hijos, y una buena empleada debe estar siempre disponible para sus superiores. Por definición, nadie puede lograr ambas cosas a la vez. Esta creencia justifica que casi la mitad de los estadounidenses opinen que es malo para la sociedad que las mujeres trabajen: por necesidad, las mujeres trabajadoras deben ser madres terribles. Este razonamiento también apoya a los empresarios que niegan a las madres avances en la empresa: pagas extra, ascensos y, en ocasiones, empleo, porque entonces estarían promoviendo que fueran malas madres, y es obvio que no se puede esperar que sean buenas trabajadoras. A esto se le llama el «muro maternal».[4]

Para el libro *What Works for Women at Work*, los autores Joan C. Williams y Rachel Dempsey entrevistaron a 172 mujeres trabajadoras con carreras de éxito, de las cuales más de la mitad no eran blancas. Descubrieron que la discriminación a la que se enfrentan las mujeres en el mundo laboral sigue una estrategia casi universal, con cuatro modalidades principales: el prejuicio «¡vuelve a demostrarlo!», el prejuicio «cuerda floja», en el que la mujer es demasiado masculina o demasiado femenina, el «juego de tirar de la cuerda» y el «muro maternal». De estos cuatro, el muro maternal es el prejuicio más descarado, porque muchas personas no lo ven como tal, sino como un hecho biológico.[5]

La discriminación es mesurable. Williams y Demspey citan el estudio que se describe a continuación, llevado a cabo por sociólogos: entre-

4 A esto se le llama el «muro maternal»: WILLIAMS, J. C.; DEMPSEY, R.: *What Works for Women at Work: Four Patterns Working Women Need to Know.* New York University Press, Nueva York, 2014, pp. 127-76.
5 «Como un hecho biológico»: *Ibid.*

garon a los sujetos currículos idénticos, pero en unos se indicaba que el currículo provenía de una madre y en otros no; se encontraron con que «los que provenían de no-madres recibieron 2,1 veces más llamadas que los de las madres de currículo idéntico, y se las recomendó para contratarlas 1,8 veces más». Incluyen el comentario de un sociólogo que trabajó en el estudio y que dijo con emoción: «Llevo años estudiando este tipo de discriminación de género, y nunca había visto efectos tan marcados».[6]

El muro maternal incluso afecta a mujeres que nunca llegan a ser madres, o que ni siquiera quieren serlo. Frecuentemente empieza en el momento en el que una mujer se compromete para casarse. Sus años de estar completamente entregada a sus jefes de repente tienen fecha de caducidad.

Me enfrenté a ello personalmente cuando me llamaron de *BusinessWeek* para una entrevista de trabajo. Estaba prometida, pero no planeaba tener hijos en un futuro próximo. Justo antes de que me mandaran a Nueva York para una entrevista con el editor jefe, otro editor que vivía en la ciudad quiso tener una charla conmigo. Admitió que era ilegal preguntármelo, pero quería saber si planeaba tener hijos. Respondí con sinceridad que no era mi caso. Y lo que es peor: me había tragado hasta tal punto las mentiras sobre la maternidad que la pregunta ni siquiera me ofendió. El resto de los candidatos que competían conmigo por el puesto eran todos hombres. Estaba claro que, si hubiera dicho que estaba planeando tener hijos pronto, no me habrían contratado. Y, como creía en la mentira, me pareció razonable que me lo preguntaran. Incluso me pareció justo.

Al igual que con la culpa, las mujeres hemos interiorizado este mensaje tan profundamente que nosotras mismas reforzamos el sistema. En *The Elephant in the Valley* [*El secreto a voces de Silicon Valley*], una entrevista reciente a mujeres que forman parte de la industria tecnológica, se afirma que el 75 % de las mujeres admitió que les habían preguntado por su vida familiar o marital en entrevistas de trabajo; el 40 % declaró que sentían la obligación de hablar menos de sus familias en el trabajo para

---

6 «Nunca había visto efectos tan marcados»: *Ibid.*

que se las tomara en serio. Y, de las mujeres que disfrutaron de su baja maternal, más del 50 % volvió al trabajo antes de lo necesario porque temían que hacer lo contrario tuviera un impacto negativo en sus carreras. Sheryl Sandberg tituló su libro *Vayamos adelante* porque observó que las mujeres jóvenes tienden a apartarse de su camino profesional antes de tener hijos, en muchos casos incluso antes de casarse. ¿Por qué? Porque se han tragado la misma mentira que me tragué yo.

El muro maternal conlleva implícitamente otros tipos de discriminación a los que las mujeres se enfrentan en el trabajo, según Williams y Dempsey. Las madres sufren más el prejuicio «¡vuelve a demostrarlo!», con frecuencia deben volver a demostrar su compromiso con la empresa y su ética laboral con cada hijo que tienen. La idea de que la maternidad cambia a las mujeres está tan arraigada en la sociedad que los jefes y los colegas están siempre en guardia por si este es el embarazo que finalmente las convertirá en otra persona.

Como este tipo de machismo está tan aceptado en general, es muy común que los jefes atribuyan cualquier cosa que pueda señalar a una bajada de rendimiento de la trabajadora (cosas que podrían ocurrirle a cualquiera) a su condición de madre. Williams y Dempsey citan el ejemplo de una abogada que se convirtió en socia del bufete en el que trabajaba y pudo leer las evaluaciones de su rendimiento que habían realizado hasta el momento. En su segundo año en la empresa, no acudió a una reunión porque tuvo que llevar a su hijo a urgencias, y aquello condicionó su reconocimiento en el bufete durante años.

«Tras el incidente, año tras año se dudaba de mi capacidad para convertirme en socia, de si estaba comprometida con el bufete, de si, por tener tres hijos, aquello sería demasiado para mí. [...] Estaba constantemente viajando, constantemente en los juzgados. Me salté una reunión para llevar a mi hijo a urgencias y fue eso lo que subrayaron en cada evaluación subsiguiente».[7]

Sospecho que, si se hubiera saltado la reunión porque ella hubiera tenido que acudir a urgencias, nunca se habría vuelto a mencionar el asunto.

---

7 «Resaltó en cada evaluación subsiguiente»: *Ibid.*

Vimos lo mismo en 2014, cuando la CEO de Yahoo, Marissa Mayer, se durmió y se perdió una reunión en el Festival Anual de Publicidad de Cannes. Mayer estaba realizando uno de los trabajos más arduos dentro del sector —intentaba sacar a Yahoo a flote, algo en lo que ya habían fracasado cinco CEO— y, a la vez, estaba criando a sus hijos pequeños. Los medios de comunicación no desaprovecharon la oportunidad de retratar a Mayer, siempre fría y profesional, como débil. Es difícil imaginarles sometiendo a Jack Dorsey de Twitter al mismo trato, si este se hubiera dormido y se hubiera perdido una reunión. Se hizo escarnio de Mayer porque le afectó el *jet lag* y fue sincera.

Pero a Mayer también se la criticó duramente por no aprovechar la baja maternal cuando tuvo hijos, sentando así un precedente injusto para el resto de las mujeres. Era imposible que ganara. Si mostraba su faceta maternal, la munición de aquellos que querían desacreditarla parecía aumentar. Si su imagen se acercaba demasiado a la de un hombre CEO con éxito, se la acusaba de defraudar al resto de las mujeres. Así que la vimos en televisión —enmarcada de cuello para arriba— defendiéndose contra un grupo de accionistas enfurecidos el día antes de dar luz a gemelos. La imagen de mujer líder que se le permitía mostrar estaba, literal y metafóricamente, limitada a un encuadre minúsculo.

Me he dado cuenta de que cuando los blogs de cotilleo escriben algo negativo sobre mí, suelen elegir fotos de cuando estaba embarazada para ilustrar los artículos. El código velado de las mujeres embarazadas en el mundo de los negocios es así de impactante: esta mujer es débil, está distraída, está incapacitada. Tras dar a luz, es una «baja».

La carrera de Mayer ha sido una clase magistral pública acerca de la cuerda floja sobre la que caminan las madres trabajadoras: ¿son buenas empleadas o buenas madres? Porque la posibilidad de hacer ambas cosas bien no existe dentro del patriarcado.

¿Acaso es sorprendente que la respuesta de tantas mujeres sea fingir que sus retoños no existen?

Efectivamente, Sheila Marcelo, CEO y fundadora de Care.com, recibió este consejo de un mentor: «No digas a tus compañeros de trabajo que tienes hijos». ¿Se imaginan ocultar algo tan importante a la gente con la que trabajan cada día? Es algo que va contra los instintos de cualquier madre. Me cuesta imaginar el impacto psicológico de pasar ocho horas al día avergonzada de aquello de lo que me siento más orgullosa.

Marcelo aceptó el consejo, pero no aguantó mucho en ese puesto. Este doble rasero la motivó para labrarse una carrera tan sumamente exitosa que pudo fundar su propia empresa, que, a su vez, ayuda a otras mujeres a navegar por las dificultades de la conciliación familiar. Es una de las pocas mujeres que ha cofundado y liderado una empresa de tecnología que cotiza en bolsa, pese a que se quedó embarazada por sorpresa cuando estaba en la universidad y se hizo con todos sus títulos y experiencia laboral mientras criaba a sus hijos.

Ha habido cierto progreso en la reivindicación de la imagen de la maternidad, al menos en Silicon Valley. Las mujeres que ya llevaban años en el mundo de la tecnología cuando yo iniciaba mi carrera (como Carly Fiorina o Meg Whitman) jamás habrían hablado de sus hijos igual que lo hacen Mayer o Sandberg. Se arriesgaron al hablar abiertamente de la maternidad, aunque Mayer se aseguró de que no la fotografiaran embarazada.

Lynn Jurich, CEO de Sunrun, fue aún más lejos: no solo hizo que su empresa saliera a bolsa durante el embarazo, sino que realizó el simbólico toque de campana de la Bolsa de Valores de Nueva York con su bebé en brazos. Podría haber parecido signo de debilidad, en vez de eso, pareció lo que era: absolutamente formidable que llevara a cabo el circo de la OPV embarazada de nueve meses, se fuera al hospital a dar a luz y se llevara el bebé con ella a la bolsa de Nueva York para dar el pistoletazo de salida a las operaciones bursátiles.

Este es el mensaje que las madres trabajadoras deben mandar a los hombres: ¿podéis hacer vosotros lo que nosotras acabamos de lograr?

Ver a mujeres embarazadas y a mujeres que se identifican como madres alcanzar sus objetivos profesionales es de increíble importancia porque vivimos en un mundo en el que los patrones justifican la discriminación. Los gerentes creen que están protegiendo los intereses de la empresa si se preocupan por la rentabilidad de invertir o no en la carrera de una mujer joven, ya que esta, en cualquier momento, puede decidir tener hijos y abandonar su campo profesional. Muchos creen que están ayudando a una madre trabajadora si no la proponen para un ascenso que, a menudo, implica viajar.

Eso es lo pérfido del muro maternal. Es tan duro y descarado porque mucha gente no lo considera discriminación machista.[8] Parece una locura si tenemos en cuenta que solo las mujeres pueden quedarse embarazadas y que el muro maternal es una justificación para discriminar a todas las mujeres, tengan hijos o no, quieran tenerlos o no. Pero, a todas luces, una cosa es cierta: si creen que una mujer que no está con sus retoños constantemente es «mala madre» y que una mujer que no está a disposición de su superior el cien por cien del tiempo es una «mala empleada», están ayudando a negar oportunidades económicas a todas las mujeres. «La discriminación hacia las mujeres a menudo se considera culturalmente aceptable [porque] suele presentarse como machismo benevolente, no hostil. Es fácil no hacer caso o pasar por alto los prejuicios benevolentes porque están fundamentados en intenciones sinceramente buenas»,[9] escriben Williams y Dempsey.

Del mismo modo, un poquito de discriminación puede convertirse en mucho a lo largo de una carrera profesional entera. Kim Scott, exejecutiva de Google y Apple, emprendedora y experta en ciencias administrativas, ha escrito acerca de la huella que puede dejar la discriminación tácita. En un ensayo del 2016, detalla el impacto del «machismo compuesto»:

Un grupo de investigadores llevó a cabo una simulación de lo que ocurre con los ascensos a lo largo de varios años cuando la discriminación determina las evaluaciones [de los empleados] solo un poco. Cuando la discriminación machista define tan solo un 5 % de las evaluaciones de rendimiento, una organización que empieza con un 58 % de los puestos de primer nivel ocupados por mujeres termina con solo un 29 % de estas tareas de liderazgo realizadas por mujeres.[10]

Para muchas mujeres, la existencia del muro maternal no es una novedad. Aun así, en 2003 se produjo un popular esfuerzo para reenfocar el hecho de que las mujeres con hijos se apartaban del mundo laboral

---

8 «No lo considera discriminación machista»: *Ibid.*

9 «Intenciones sinceramente buenas»: *Ibid.*

10 «Puestos de liderazgo ocupados por mujeres»: SCOTT, K.: «Thoughts on Gender and Radical Candor», *First Round Review*, http://firstround.com/review/thoughts-on-gender-and-radical-candor (consultada el 27 de septiembre de 2018).

como un fenómeno simplemente biológico. *The Opt-Out Revolution*, la revolución de excluirse, fue como llamó a este hecho un escrito en *The New York Times Magazine* y los subsiguientes libros y artículos.

¡Una revolución!

La idea es que eran las mujeres, ambiciosas y determinadas, las que habían decidido, *motu proprio*, poner fin a sus exitosas carreras profesionales, arrastradas por poderosísimos «imperativos biológicos» a criar a los niños a jornada completa.[11]

Naturalmente, cuanto más se examinan las historias de las mujeres, más clara queda una cosa: la «elección» de estas mujeres fue entre quedarse en casa con sus hijos o sobrevivir en un ambiente laboral que no las apoya en absolutamente nada, donde se les niegan ascensos y proyectos, donde se somete sus horas trabajadas a brutal escrutinio y se les exige constantemente que vuelvan a demostrar su devoción por el empleo que ocupan. Puesto que la mentira es tan ubicua, a estas mujeres se las hizo sentir como si el problema lo tuvieran ellas, que no lograban encajar. Así que dimitían.

La «revolución de excluirse» era peligrosa precisamente porque ofrecía una defensa —aparentemente, en palabras de las mismas madres— a la discriminación que las madres encontraban en el trabajo. Era culpa suya que no encontraran un equilibrio entre la vida laboral y la familiar, no culpa de la empresa por juzgarlas con criterios poco acertados. Esta es una herramienta a la que el patriarcado recurre a menudo: el problema son ustedes, no la cultura. Oigo esta excusa cada dos por tres cuando se acusa a las compañías de Silicon Valley de tener culturas laborales que resultan tóxicas para las mujeres: «A ver, este estilo de vida no es para todo el mundo... Simplemente no encajaba en nuestra cultura...».

El artículo original de *The New York Times Magazine* cita a una mujer que dice: «Desearía que fuera posible ser el tipo de madre que quiero ser y continuar con mi carrera de abogacía, pero me agoté intentando hacer ambas cosas bien».[12]

---

11 «Criar a los hijos a jornada completa»: *Ibid*.

12 N. de la Ed.: De hecho, lo que hace falta son padres comprometidos con la familia para que no todas las labores recaigan sobre la mujer. Al respecto, puede leerse el artículo de C. Peraita y E. Fominaya publicado el 9 de abril de 2014 por el periódico *ABC*, titulado «Así se logran padres comprometidos con la familia y con la empresa». En línea: https://www.abc.es/familia-padres-hijos/20140409/abci-corresponsabilidad-parentalidad-positiva-201404082127.html

Williams y Dempsey citan a otra mujer que se «excluyó voluntariamente» para cuidar de sus hijos: «Para mí fue una decisión muy muy importante porque nunca me había imaginado dejar de trabajar. Sentía que si dimitía no sería nadie. Pero resultó que en el trabajo tampoco era nadie. Así que me planteé: ¿qué tipo de doña nadie quiero ser?».[13]

Ninguna de las dos suena a alguien que haya perdido el interés por el trabajo tras sentir un «imperativo biológico» que la llevara a quedarse en casa con los niños, como sugería la «revolución de excluirse». En vez de eso, suena a la ya conocida mentira del patriarcado: una buena madre debe estar siempre disponible para sus hijos, y una buena empleada debe estar siempre disponible para sus superiores. También suena a otra versión de lo mismo que escuché de boca de mi madre: «no podía hacer ambas cosas a la perfección».

Esta astuta renovación del muro maternal como «exclusión voluntaria» fue muy popular en la cultura laboral en mi época de veinteañera. Me aterrorizaba. Estaba convencida de que, de alguna manera, me transformaría cuando tuviera hijos, de que este «imperativo biológico» tomaría el control. Parecía ocurrirles a todas esas mujeres ambiciosas y extremadamente profesionales. ¿Cómo iba a ser yo diferente?

Algo curioso acerca de este «imperativo biológico» es que parece que solo se manifiesta cuando una trabaja para un puñado de idiotas.

En un estudio de graduados con másteres de Wall Street de 2006, el 32 % de mujeres dijeron que decidieron dejar el mundo laboral debido a «responsabilidades familiares». Pero una mayor cantidad de mujeres (el 36 %) también dijo que habían sufrido algún tipo de «discriminación hacia las embarazadas» o habían visto a otra mujer sufrirla.[14]

Es más, un estudio se centró en mujeres con MBA de Harvard que trabajaban en empresas que concilian la vida laboral con la familiar y para empresas que no. ¿Adivinan el resultado? Las que trabajaban en empresas con mala conciliación familiar tenían más posibilidades de sentir ese «impulso biológico» irresistible que las que trabajaban en empresas que no estigmatizan a las madres trabajadoras.[15]

---

13 «¿Qué tipo de doña nadie quiero ser?»: *Ibid.*

14 «Habían visto a otra mujer sufrirla»: *Ibid.*

15 «No estigmatizan a las madres trabajadoras»: *Ibid.*

Por si eso no bastara, Williams y Dempsey también subrayan que solo un 40 % de las madres dejaron el trabajo tras tener el primer hijo. La mayoría (un 60 % aproximadamente) no abandonó la vida laboral hasta el segundo hijo. Es obvio que no cambiaron de inmediato «cuando acunaron a su bebé en brazos». Simplemente se les terminó la paciencia cuando tuvieron que demostrar sus habilidades otra vez, después del segundo embarazo.

Aun así, el mito del impulso biológico omnipotente persiste, aparece sin que nadie lo discuta y a menudo como si fuera un hecho empírico. Me impactó leer un artículo de la revista *Times* acerca de la controversia que se creó cuando Netflix anunció que ofrecería un año de baja por maternidad y paternidad a sus empleados.

La escritora Suzanne Venker argumentó con total convencimiento que esta política es «mala» para las familias, precisamente por este «imperativo biológico». Venker es la sobrina del famoso antifeminista conservador Phyllis Schlafy. Venker ha publicado un auténtico acervo de obras que detallan que las mujeres solo pueden ser felices si dependen de los hombres, sobre por qué ningún hombre quiere casarse con ustedes y los peligros del feminismo. Ambos son, esencialmente, anuncios andantes del patriarcado.

Alegar que una baja por maternidad más generosa es mala para las familias fue escandaloso incluso para Venker. Los bebés y las madres, según ella, establecerían vínculos demasiado fuertes como resultado de la «cruel» política de bajas por maternidad de un año de Netflix.

Animar a las madres, que siguen siendo el progenitor principal en el hogar, a establecer vínculos con sus bebés durante un largo período de tiempo, con la certeza de que regresarán al trabajo pasado un año, significa que el bebé se sentirá aún más unido a su madre y la separación podría resultar intolerable.[16]

Añadió que las mujeres simplemente cambian después de tener hijos, y que otro gallo cantaría en el ámbito social si fuéramos más conscien-

---

16 «Podría resultar intolerable»: VENKER, S.: «Netflix's New Parental Leave Policy Could Make Things Worse for Women», *Times*, 5 de agosto de 2015, http://time.com/3986543/netflix-parental-leave-policy-women/ (consultada el 27 de septiembre de 2018).

tes de ello. En esencia, todos los tipos de discriminación descritos por Williams y Dempsey en su libro son resumidos en esta cita horrenda. .

Si ustedes se creyeran este «dato» —como muchas otras personas—, ¿por qué iban a contratar a una mujer joven y a punto de casarse, que en cualquier momento puede quedarse embarazada y perder todo el interés por el trabajo? Esto ayuda a racionalizar una discriminación increíblemente cruel contra las mujeres, embarazas o no, madres o no, casadas o no. Inculca esa culpa de «mala madre» en la psique de cada madre que «debe» trabajar. Mantener a su familia no es bueno. Están haciendo algo malo. Es un corte de mangas especialmente para las madres solteras, lesbianas o cualquier otro modelo de familia que no cuente con un hombre capaz de mantenerse concentrado en procurar el bien de esta multitud de madres e hijos.

«Las madres trabajadoras no pierden la ambición», dice Katia Beauchamp, que contrató a muchas mujeres embarazadas para su empresa, Birchbox, antes de convertirse en madre ella misma. «Si eres una persona que cree que puede cambiar el mundo, eso no se altera porque hayas dado a luz a un humano. Puede que al principio sea un desafío, cuando hay que pelearse con las noches sin dormir, las tomas de leche y todo eso, pero pasados unos meses, cuando el asunto se calma, sigues siendo la misma persona».

Pero es difícil de creer si una no lo ha vivido. Y muchos de los hombres responsables de negar a las mujeres progresos profesionales nunca lo van a vivir.

En vez de eso, sueltan: «No tengo ni idea de cómo lo haces». Suelen decirlo con tono de admiración, pero también sirve para normalizar la idea de que lo más probable es que estas mujeres fracasen, que están delirando si pretenden intentarlo, que incluso proponerse trabajar y tener un hijo es, de un modo u otro, antinatural.

Y ahí es donde empieza la culpa. Se sienten culpables por no estar más disponibles para sus superiores, culpables por no estar más disponibles para sus hijos, porque el patriarcado ha amañado el juego y fracasarán hagan lo que hagan.

Esta culpa, esta duda, sirve para silenciar y controlar a las mujeres, e incluso para enfrentarlas entre sí.

La culpa no surge porque haya que hacer mucho, sino porque una madre trabajadora necesita hacerlo todo personalmente. La vergüenza por contratar canguros es tan abrumadora que muchas madres trabaja-

doras temen pronunciar la palabra «niñera», convencidas de que se las tildará de malas madres. Y cuanto menos se hable de ello, más se reforzará esta expectativa tan poco realista.

La superestrella productora de televisión Shonda Rhimes lo confiesa en su libro *Year of Yes*. Relata que ella, como muchas otras, evade las preguntas acerca de la conciliación familiar en las entrevistas. Nadie quiere admitir haber contratado una niñera. «No quería decirlo y punto porque nadie lo admite jamás», escribe.[17] Y continua:

> Las mujeres influyentes y famosas no dicen en voz alta que tienen ayuda en casa, que tienen niñeras, personal de limpieza, cocineros, asistentes, estilistas —lo que sea que necesiten para mantenerse en marcha—; no dicen en voz alta que cuentan con la ayuda de estas personas en casa, llevando a cabo estas labores, porque les da vergüenza. O quizá sería más preciso decir que a estas mujeres las han avergonzado por contar con esta ayuda.[18]

En las redes sociales, a esto se le llama *concern troll*, es decir, usar la preocupación para trolear: una manera de expresar preocupación por alguien y a la vez denigrarlo. Y a veces se hace con buenas intenciones. En 2016, *The New York Times* publicó un artículo acerca de una mujer llamada Nathalie Miller que estaba recaudando capital para una nueva compañía cuando descubrió que estaba embarazada. Su mentora, una mujer que también le había dicho que para que la tomaran en serio de-

---

17 Yo nunca me sentí culpable por contratar a una niñera, me alegré de tener el lujo de poder disponer de una niñera fantástica durante los tres primeros años de Pando, mientras construía la empresa. Cuando Evie empezó el colegio, nuestra niñera se despidió, y solo he vuelto a contratar servicios parecidos en casos puntuales. Tengo particular aversión a las mujeres que escriben libros acerca de la conciliación familiar y no reconocen la ayuda que han tenido en casa. Para empezar, es una falta de respeto hacia un grupo numeroso de mujeres trabajadoras increíbles que nos ayudan a criar a nuestros hijos. Como si su contribución fuera invisible, estas escritoras se atribuyen el mérito del trabajo de sus niñeras, algo que recriminamos a los hombres: les acusamos de hacer lo mismo con nosotras en el lugar de trabajo. No habría podido sobrevivir a los primeros años de trabajo y maternidad sin nuestra niñera, Megan McQuaid. Todavía es una amiga íntima de mi familia y lo seguirá siendo para siempre. Para respetar su contribución, he intentado subrayar todas las veces en las que Megan estuvo codo con codo conmigo y mis hijos, y las veces en las que me tuve que buscar la vida yo sola.

18 «Las han avergonzado»: RHIMES, S.: *Year of Yes: How to Dance It Out, Stand in the Sun, and Be Your Own Person*. Simon & Schuster, Nueva York, 2015, p. 99.

bía vestirse con falda larga, cárdigan y tacones bajos, le dio este consejo, tan bien intencionado y tan increíblemente degradante:

> Tener el primer hijo es muy duro físicamente y emocionalmente. [...] No quisiera desalentarte o decirte que no eres capaz, porque lo eres, sin duda, pero tienes que tener muy claro por qué lo estás haciendo y cuál es el precio que estás dispuesta a pagar, porque el precio es el tiempo que no pasarás junto a tu hijo.[19]

«El precio es el tiempo que no pasarás junto a tu hijo». No quería desalentarla, pero justamente es lo que hizo. Una vez más, el mensaje es: pueden ser buenas trabajadoras o buenas empleadas, pero no las dos cosas a la vez. La mentora de confianza de Miller —una mujer que también había logrado ambas cosas— le estaba diciendo que, si continuaba con la recaudación de capital, sería peor madre. ¿Acaso es esto tan diferente del jefe que niega un ascenso a una madre trabajadora y lo considera un favor? —¡Podrá pasar más tiempo con sus hijos!.

El mensaje implícito es que las madres pueden trabajar, pero solo pueden dedicarse a ciertas cosas. Desde luego, no pueden fundar sus propias empresas. Incluso publicaciones que se supone que empoderan a las mujeres caen en esta trampa. En 2016, una bloguera y madre trabajadora afiliada a *Hearst* escribió acerca de nuevos servicios que habían surgido para empoderar a las madres trabajadoras. Uno de esos servicios consistía en ofrecer la formación necesaria a madres para reconvertirlas en «administradoras de redes sociales», ya que esta tarea permitía tener horarios más flexibles. No es muy distinto a lo que pensaba la madre de Jessica Jackley, que le dijo que, si quería pasar los veranos con sus hijos, la única opción era meterse a maestra.

Es posible que las intenciones sean buenas, pero asumir que una mujer necesita formarse para una nueva carrera profesional simplemente porque se ha convertido en madre ofende más que la idea de que perderá todo el interés en el trabajo cuando «acune a su hijo en brazos».

---

19 «Tiempo pasado junto a tu hijo»: CAIN MILLER, C.: «What It's Really Like to Risk It All in Silicon Valley». *The New York Times*, 27 de febrero de 2016, https://www.nytimes.com/2016/02/28/upshot/what-its-really-like-to-risk-it-all-in-silicon-valley.html (consultada el 27 de septiembre de 2018).

Si perdiera mi identidad y solo quisiera estar con mis hijos, al menos, podría estar con ellos. La idea de tener que formarme para ejercer una nueva profesión que ni siquiera me atrae solo porque he dado a luz es aún peor. El derecho de una madre a trabajar no solo está relacionado con ganar dinero, también consiste en elegir la vida que quiere llevar.

No es coincidencia que el 40 % de los estadounidenses crean que las mujeres no deberían trabajar, que el 60 % de las mujeres se topen con un muro maternal flagrante y que Estados Unidos tenga una de las peores políticas de baja por maternidad del mundo. Solo hay tres países donde la excedencia por maternidad es tan pésima como en Estados Unidos: Liberia, Suazilandia y Papúa Nueva Guinea. Y cuando empresas privadas como Netflix, Facebook o Google intentan revertir la situación y ofrecer mejores condiciones a sus empleados reciben una lluvia de críticas. Es como si hubiera una fuerza impulsora en la cultura estadounidense que no quiere que las mujeres dispongan de estos meses.

Si el objetivo es que las mujeres no tengan independencia económica, frustrar su capacidad para recuperarse y para crear un vínculo con sus hijos tras dar a luz es una manera estupenda de lograrlo, que la conciliación familiar parezca inalcanzable en el momento más vulnerable para las madres. Una estrategia muy efectiva para obligarlas a «excluirse». Esta forma de discriminación rastrera tiene una doble función:

• Asume que las madres quedan tan intrínsecamente discapacitadas que no serán capaces de desempeñar su trabajo como lo hacían antes de tener hijos.

• No les deja tiempo para recuperarse justo en el momento en el que se encuentran físicamente más débiles, después de llevar a cabo lo que es una proeza prácticamente sobrehumana.

Beauchamp, CEO de Birchbox, habla sobre lo abrumada que se sintió al volver a dirigir su empresa tras tener mellizos, y lo rápido que se le pasó cuando se tomó el tiempo necesario para recuperarse, crear un vínculo con los bebés y aclimatarse:

Cuando volví a trabajar, tenía el cerebro listo para pensar de manera distinta. Pero llega un momento en el que retomas el paso, estás haciéndolo todo y piensas «¿por qué estaba tan preocupada?». Francamente, me sentí culpable al pensar que no todas las madres tienen la oportunidad de descubrirlo porque, al principio, da mucho miedo.

Susan Wojcicki (CEO de YouTube y una de las mujeres más poderosas del mundo de los negocios de Estados Unidos) ha tenido cinco hijos y ha disfrutado de una baja por maternidad larga con cada uno de ellos. «Cada baja enriqueció mi carrera profesional y, lo que es más importante, enriqueció mi vida. Me permitieron tener la tranquilidad de saber que podría volver tras pasar el tiempo que quería y necesitaba pasar en casa, con mi nuevo hijo. […] También descubrí que cada baja me brindó la oportunidad de reflexionar acerca de mi carrera», dijo en una presentación en la conferencia Grace Hopper Celebration de 2015.

Ayudó a crear la excedencia por maternidad de Google, una de las más generosas de Estados Unidos. Como resultado directo de esta política, el porcentaje de madres que abandonan el trabajo cayó un 50 % dentro de la empresa. Esto representa un impacto económico enorme en cualquier empresa, en particular en el mundo de la tecnología, donde los profesionales especializados no abundan. En este sector, las empresas se gastan el salario de entre seis y nueve meses en sustituir a los empleados; suplir contratos a nivel ejecutivo puede costar el sueldo de varios años de la trabajadora de baja. Y eso sin entrar en las pérdidas de productividad que se experimentan hasta que el nuevo empleado se pone al día, según Deloitte.[20] Ofrecer bajas por maternidad más generosas en vez de dejar que las empleadas se vayan, desde el punto de vista económico, debería ser la solución obvia.

Tan solo un pequeño porcentaje de madres puede disfrutar de las mismas experiencias que Beauchamp y Wojcicki. Eso es porque, en la cultura estadounidense, la baja por maternidad se considera un privilegio (como irse de vacaciones al extranjero o tener la opción de adquirir acciones), no un derecho, como Medicare, la seguridad social, cobrar el paro u otras políticas que, todos estamos de acuerdo, hacen que nuestra sociedad sea más fuerte. Y eso por no hablar del beneficio para el recién nacido, esos mismos niños por los que el patriarcado asegura preocuparse tanto como para no permitir que tomemos nuestras propias decisiones en cuanto a la reproducción.

---

20 «El nuevo empleado se pone al día, según Deloitte»: MERHAR, C.: «Employee Retention: The Real Cost of Losing an Employee», *PeopleKeep* (blog), 4 de febrero de 2016, https://www.zanebenefits.com/blog/bid/312123/employee-retention-the-real-cost-of-losing-an-employee (consultada el 27 de septiembre de 2018).

Por culpa de la idea de que la baja por maternidad es un privilegio, incluso las mujeres que tienen esa opción a veces se sienten egoístas o codiciosas por aceptarla. En Silicon Valley, más del 50 % de las mujeres encuestadas acortaron la baja por maternidad porque consideraban que aprovechar la baja entera que se les había concedido repercutiría negativamente en su carrera.[21] Estos remordimientos por algo que el resto del mundo industrializado considera un derecho humano básico llevan a las mujeres a regresar al trabajo en su momento más vulnerable física y emocionalmente. Encima, a continuación, se las somete a un escrutinio más intenso que al resto de sus colegas y se les exige que vuelvan a demostrar sus capacidades.

Menuda sorpresa que la maternidad se vea como algo que destruye la carrera profesional de las mujeres. En realidad, es el patriarcado el que ha asesinado sus carreras, no los hijos.[22]

---

21 «Repercutiría negativamente en su carrera»: VASSALLO, T.; LEVY, E.; MADANSKY, M., MICKELL, H.; PORTER, B.; LEAS, M.; OBERWEIS, J.: «The Elephant in the Valley», *The Elephant in the Valley*, 11 de enero de 2016, https://www.elephantinthevalley.com/ (consultada el 27 de septiembre de 2018).

22 N. de la Ed.: De la misma opinión son Sheryl Sandberg, directiva de Facebook, o Pilar Manchón, directiva de Intel, que vendió su empresa a esta multinacional por veinticinco millones de euros. No son los hijos quienes destruyen la carrera de la mujer, sino los maridos. Así se recoge en el artículo de Ana Torres Menárquez, publicado por *El País* el 11 de noviembre de 2015, titulado; «Los niños no frenan la carrera de la mujer, son los maridos». En línea: https://elpais.com/economia/2015/11/09/actualidad/1447062347_374448.html

Capítulo 2

LA RELACIÓN CON
EL MACHISMO BENEVOLENTE

Cuando tenía veinte años, no me tragaba todo eso del «machismo». Creía que Silicon Valley era una meritocracia que, simplemente, no disponía de suficientes mujeres con la formación o la experiencia profesional adecuadas. No me daba vergüenza tildar de mentirosas a las mujeres que decían que no se las dejaba prosperar simplemente porque eran mujeres, porque no encajaba con mi experiencia. Sí, claro, había vivido casos de machismo. Pero no estaba convencida de que me hubieran parado los pies. También había tenido muchos mentores que me habían apoyado.

He intentado buscar una excusa, situarlo en un contexto, argumentar que lo que quería decir en realidad era [inserte aquí alguna justificación barata]. Pero he aquí la verdad: aunque muchos hombres me han apoyado a lo largo de mi carrera, me equivocaba, estaba ciega con respecto a las profundidades de la discriminación inconsciente de nuestro ecosistema y, en consecuencia, me volví en contra de otras mujeres en vez de intentar respaldarlas sin que importaran las diferencias entre nuestras experiencias o puntos de vista.

Una cosa me ayuda a sentirme mejor: no fui la única. Me he topado con lo mismo una y otra vez en mis años de periodista.

«No me di cuenta hasta pasados los treinta, simplemente, no lo veía —dice la inversora de capital de riesgo Aileen Lee—. Creo que hay muchas microagresiones a las que no das importancia. Te concentras en hacer un buen trabajo. Puede que estés teniendo una experiencia laboral muy diferente a tus compañeros, porque no sales a tomar una cerveza con tu jefe después del trabajo, y este otro gerente no te ha invitado a su casa a la barbacoa que da este fin de semana. Hay muchísimas cosas,

muchos intercambios de información, que ni siquiera sabía que me estaba perdiendo, porque no estaba ahí».

«Desde que cumplí los treinta, he estado teniendo pequeñas epifanías», dice Michelle Zatlyn, cofundadora de la empresa tecnológica Cloudflare.

Anne Fulenwider, editora de *Marie Claire*, escuchó a sus profesores de universidad prometer que podría lograr cualquier cosa que se propusiera, y se adentró en el mundo laboral convencida de que las generaciones anteriores ya habían acabado con el machismo.

«No es hasta que el mundo te abofetea con esto o lo otro, ya sea una baja por maternidad o un ascenso concedido a un compañero —dice—. Recuerdo mi primera baja por maternidad, la simple realidad de todo el asunto, literalmente dije: "ahora entiendo por qué ocurrió lo del feminismo"».

Este fenómeno es tan universal que Gloria Steinem a menudo repite que las mujeres se vuelven más radicales con la edad, mientras que los hombres se vuelven más conservadores.

Pero no solo la edad me llevaba a negar el machismo. También estaba siguiendo el ejemplo de las mujeres que habían sido mi modelo a seguir, al menos en la industria de la tecnología y las *startups*. La norma en Silicon Valley era que las mujeres que llevaban más años en el mundillo insistieran en que su género no había determinado nada en absoluto, que se negaran a aceptar cobertura mediática que las colocara en listas tipo «las mujeres más destacadas del mundo tecnológico», y que declinaran invitaciones para dar charlas en cualquier evento que relacionara sus logros profesionales con ser mujer y no con su personalidad intrínseca. Las mujeres en la cumbre de Silicon Valley lucían cortes de pelo masculinos y se vestían con trajes de ejecutivo. No hablaban de sus hijos ni en las reuniones ni delante de la prensa. No hablaban sobre la conciliación familiar.

Eran conscientes de que se habían beneficiado de los sacrificios y esfuerzos de la generación de mujeres anterior, pero, ahora que se habían beneficiado, querían evitar recordar al mundo que ellas también eran mujeres, al fin y al cabo.

El patrón era claro: en esta industria solo se tiene éxito siendo «un hombre».

En entrevista tras entrevista con mujeres de éxito, he oído la misma explicación sobre cómo llegaron tan lejos: comportándose más como hombres que como mujeres. Es extraordinario que esta explicación se haya convertido en algo tan habitual.

Julie Hanna, emprendedora y consultora, es solo un ejemplo más:

«Me socializo mucho como los chicos —dice—. [Encajo porque] mientras tuve veinte y treinta años, mi manera de trabajar era muy directa y masculina».

En una conferencia acerca de las mujeres más influyentes celebrada por *Fortune* en 2016, la ejecutiva superior de Intel, Diane Bryant, describió su entrada en la industria en 1985 con palabras similares:

Lo primero que hice fue empezar a decir palabrotas todo el rato, ¡todo el rato! Un tipo suelta un taco y de repente se calla y se vuelve hacia mí (todo el mundo mirándome, yo con 23 añitos) y me dice: «ay, lo siento». Y contesté: «no pasa nada, joder».

«Cada dos por tres soltaba una palabrota, sin orden ni concierto». También se compró un BMW de transmisión manual y empezó a beber *whisky* escocés como parte de sus esfuerzos para «encajar», relata. «Quedarse fuera del círculo no ayuda a nadie. [...] De una manera u otra, tienes que infiltrarte».

No sé si copié este modelo de comportamiento de manera subconsciente, o si yo también tuve éxito porque, simplemente, era un molde en el que encajaba por naturaleza. Al fin y al cabo, crecí con tres hermanos y muchos amigos, aunque durante trece años asistí a un colegio solo para chicas. Bebía como un hombre. Blasfemaba como un hombre. Podía arreglarme en quince minutos. Sabía ponerme guapa... pero de manera que no se notara que me había esforzado. Quedaba bien en *jeans* y una camiseta friki. Estaba al día sobre el mundo de los deportes y era capaz de recitar de un tirón la media de puntos ganados de los lanzadores más famosos de la liga de béisbol. Me enorgullecía de lo poco que lloraba. Fundamentaba gran parte de mi confianza en mí misma y de mi amor propio en estas cosas.

Tengo curvas. No me gusta demasiado hablar de mi cuerpo porque no creo que sea algo relevante en mi carrera. Pero muchos críticos han mostrado su desacuerdo en este asunto. Los artículos negativos casi siempre aportan una descripción de mi cuerpo. Es una manera fácil y efectiva de desacreditar el trabajo de una mujer: sexualizarla y avergonzarla. Y sí, otras mujeres también lo hacen.

Aunque siempre he intentado llevar mis curvas con orgullo, una vida entera de silbidos, gente que no es capaz de mirarme a los ojos y comentarios directamente groseros me han pasado factura. Cuando son pocas las mujeres que acuden a un evento y todo el mundo está pasando el rato en la piscina, en bañador, por ejemplo, es difícil convencer a los asistentes de que ellas son «como los chicos».

Julie Hanna reconoció lo mismo, cuando su carrera ya estaba avanzada:

> Recuerdo que tenía un jefe y mentor cuando tenía veintipocos años, un hombre mayor. Y me dijo «tienes que entender que, cuando entras en la sala, lo primero que pensarán los chicos es "¡una nena!". Y entonces empezarás a hablar y, poco a poco, verán más allá, pero es su instinto natural». Y yo discutía y me peleaba con él: «No, no, no, el mundo ha cambiado». Creía firmemente que se equivocaba. Ahora, pienso que tenía razón, pero yo no me daba cuenta.

Y luego están las microagresiones. La asunción de que las mujeres son tontas. Las fuentes que dicen que será necesario que alguien lea el artículo que han escrito antes de que vaya a imprenta porque es imposible que lo escriban bien sin ayuda. Las preguntas que se plantean acerca de cómo puede ser que una mujercita se interesara por la tecnología: «¿Tu marido es inversor? ¿Acaso tu padre era CEO?». Y así una y otra vez.

Pese a mis fanfarronadas públicas diciendo que nunca lloraba, que nada me ofendía, que era tan dura y masculina, muchas noches regresaba a casa tras eventos, cenas o reuniones de trabajo y estallaba en lágrimas. Me enfadaba pensando en las miserias que yo tenía que aguantar pero que los hombres en mi posición no vivían. Pero más allá de eso, de algún modo, estaba enfadada por ser mujer. Por lo que veía, había pocas ventajas y muchos inconvenientes.

Caray, ahora que lo he admitido, reflexionemos un momento acerca de lo profundamente miserable que es la situación.

La cuestión es que no estoy sola. A menudo, las mujeres se vuelven las unas contra las otras, e incluso contra ellas mismas, para lidiar con la presión de intentar encajar en un mundo masculino. Ser una feminista impertinente es de aguafiestas si una ha llegado hasta donde está a fuerza de comportarse como un hombre. Lo que no entendía cuando tenía veinte y treinta años es que cuando los hombres apoyan y elevan a la mujer «correcta», esta también está postulando el machismo. Es solo que se llama machismo benevolente, y es una de las herramientas más taimadas del patriarcado.

El machismo benevolente es lo que acecha tras justificar el muro maternal diciendo que es un imperativo biológico. El machismo benevolente es el motivo por el que muchas mujeres votan a políticos que no respetan sus derechos. El machismo benevolente explica por qué hubo mujeres que acudieron en defensa del violador de Stanford, Brock Turner, y la cultura abiertamente machista de empresas de Silicon Valley como Uber. Cuando oyen a alguien decir «no puede ser machista si lo ha dicho una mujer», suele haber una buena dosis de machismo benevolente por algún lado.

Si la culpa es la vocecilla en nuestras cabezas haciéndonos cumplir con los dictados del patriarcado, el machismo benevolente es la herramienta que hace que las mujeres se castiguen las unas a las otras. No empecé a entenderlo hasta un viernes por la noche de 2016, cuando conduje desde San Francisco hasta la mansión de Kim Scott en Los Altos para pasar una tarde de misoginia y patriarcado. ¡Salud!

La oradora era Kate Manne, ayudante de la cátedra de Filosofía en Cornell y autora del libro *Down Girl: The Logic of Misogyny*. Acababa de publicar un artículo en el *Boston Review*,[23] usando el crudo y obvio ejemplo de las elecciones de Estados Unidos de 2016 para explorar lo que suele ser más sutil en nuestra cultura: qué es exactamente la misoginia, en qué se diferencia del machismo y las normas universales a seguir para aplastar a las mujeres que amenazan el patriarcado.

La Sarah Lacy «tipa legal» nunca habría empleado el viernes por la noche para algo así. Habría estado demasiado ocupada viendo un partido de béisbol en algún bar mugriento del Mission District de San Francisco. Pero la Sarah Lacy feminista estaba exultante.

---

23 «Un artículo en el *Boston Review*»: MANNE, K.: «The Logic of Misogyny», *Boston Review*, 11 de julio de 2016, http://bostonreview.net/forum/kate-manne-logic-misogyny (consultada el 27 de septiembre de 2018).

Mucha gente cree que la misoginia es una versión más violenta del machismo, pero Manne distingue más claramente los términos. La misoginia son las acciones que sostienen el patriarcado, mientras que el machismo es el sistema de creencias que lo justifica.

La misoginia no se impone contra todas las mujeres de igual manera. Se usa solo contra aquellas que, de algún modo, representan una amenaza para el patriarcado. El machismo/misoginia «benevolente» recompensa a las mujeres que sostienen la visión del patriarcado. El machismo/misoginia «hostil» castiga a las que no. Es la interacción entre el método de castigo y de premio lo que pone a las mujeres en contra de otras mujeres, sin que los hombres tengan que mover un dedo.

Piensen en el machismo benevolente como en una cuota de protección de la mafia. ¿Apoyan al patriarcado? ¡Tengan una recompensa! Cuanto más se castiga a las «malas» mujeres, más efectivo es el machismo benevolente que se usa con las mujeres «de bien».

Tener un sistema que recompense solo a cierto tipo de mujer, a costa de las demás, es crucial para un patriarcado que también quiere que la especie humana se perpetúe. Permite que la misoginia sea selectiva. Permite que los hombres mantengan el control que ejercen sobre las mujeres con su aparentemente contradictorio deseo de tener relaciones cercanas con ellas. Que sean padres alentadores que quieren que sus hijas lleguen lejos y brillen en todo, mientras se niegan a que sus esposas trabajen. Llevado al extremo, el machismo benevolente permite que haya hombres gritando cosas aberrantes sobre las mujeres en un encuentro a favor de Trump, pese a amar genuinamente a sus esposas e hijas y no desear que nadie las «agarre por el coño».

También ese es el motivo por el que Donald Trump puede creer que es «suuuuuperbueno para las mujeres». Ese es el motivo por el que su hija Ivanka quizá también lo crea. Los comentarios de Trump acerca de las mujeres son tan poco sutiles y descarados que son casi una guía para un manifiesto: «¡Mi primer misógino!».

Trump tiende a elogiar a las mujeres solo cuando las está usando para ganar dinero o ganar las elecciones, como explica Manne. Trump dice cosas como: «Tengo muchas ejecutivas que son mujeres. Están haciendo un trabajo fenomenal. Les pago una cantidad de dinero tremenda. Me hacen ganar más dinero».

Con esto en mente, consideremos lo que dijo Ivanka para defender a su padre: «[Ivanka] lo defendió ante acusaciones de misoginia de una manera que casi nadie encontró convincente. Diciendo que su padre protegió sus ambiciones profesionales, así como las de sus ejecutivas, Ivanka pasa por alto que ella y las otras mujeres no representan una amenaza para su padre, por lo que es poco probable que sean blanco de sus ataques —escribe Manne—.[24] La misoginia puede permitirse ser selectiva. [...] Las mujeres que se quedan sentaditas en su sitio no necesitan que las pongan en el mismo».

También ese es el motivo por el que recibí el apoyo y ayuda de muchos hombres cuando estaba en mi época de Sarah, «tipa legal», cuando tenía veinte y treinta años. No amenazaba con derrocar nada. Defendía el sistema existente. Me contorsionaba para poder encajar. ¿Y si negaba las declaraciones de otras mujeres que habían experimentado discriminación? Vaya, pues era aún más valiosa. ¡Buena chica!

Dejando de lado sus posiciones políticas, desde qué aparato mandaba los correos electrónicos, si sonreía demasiado o demasiado poco, Hillary Clinton era el tipo de mujer equivocado para muchas personas, simplemente porque fue la primera mujer candidata a la presidencia. Como tal, el país jamás había visto mayor amenaza al patriarcado estadounidense. Recuerden: el 40 % de la población cree que es «malo para la sociedad» que las mujeres trabajen, según el Pew Research Center. ¿Y a esta población le va a parecer bien que el país entero y el mundo libre tenga que rendir cuentas ante una señora?

Aun así, muchas personas siguen argumentando que el machismo no fue un factor relevante en las elecciones, y sus argumentos se fundamentan en que muchas mujeres contribuyeron a la victoria de Trump.

¡No puede ser machista si lo ha dicho una mujer!

Dejemos de lado, por un momento, los treinta años que se pasó la prensa repitiendo las frases del partido republicano acerca de que Clinton era corrupta, mucho antes de que instalara un servidor privado para los correos electrónicos. Dejemos de lado que se la acosó mucho más que a los hombres en su vida pública, y que líderes conservadores usaron un lenguaje sexual y perturbador para referirse a ella. Y olvidemos

---

24 «Poco probable que sean blanco de sus ataques»: *Ibid.*

también que las fuerzas que naturalmente la llevaron a desconfiar de la prensa —y convertirse en una persona más aislada, con más tendencia a seguir el guion y preocupada por la privacidad— solo reforzaron la caricatura que habían pintado de ella.

El machismo benevolente ha desempeñado un rol determinante en el hecho de que las mujeres no quieran ser presidentas porque, aunque a las mujeres no se las considere iguales dentro del patriarcado, algunas (particularmente las mujeres blancas) tienen papeles valiosos. Papeles protegidos. Sienten que el patriarcado es mejor para ellas que otras opciones potenciales. Especialmente cuando se da bombo a las amenazas relacionadas con la seguridad, como se hizo en estas elecciones. Ya fuera un accidente o una táctica brillante, al estar constantemente avivando las llamas del terror por la inseguridad global y la inquietud social en los «barrios marginales» (véase: afroamericanos), sumado a la mentalidad de «solo yo puedo salvarles», Trump dio con una de las palancas principales para sacarle el jugo al machismo benevolente y asegurarse el voto de las mujeres. «Los datos de los votantes de los últimos cincuenta años sugieren que a las mujeres les motiva más la ansiedad de las circunstancias cambiantes y las amenazas externas que a los hombres», escribió tras las elecciones Heather Hurlburt, informante interna en Washington, en *Project Syndicate*.[25]

Peter Glick, profesor de Psicología y Ciencias Sociales en la Lawrence University, cree que esta estrategia aprovechó el funcionamiento del machismo benevolente y le entregó a Trump los votos de las mujeres. Glick ha llevado a cabo más de seis estudios para analizar la dinámica entre el machismo hostil y el benevolente, y ha sondeado a más de dos mil individuos. Estas elecciones confirmaron la mayoría de sus resultados a escala nacional.[26]

---

25 «Circunstancias cambiantes y las amenazas externas»: HURLBURT, H.: «The Myth of the Women's Vote», *Project Syndicate*, 15 de noviembre de 2016, https://www.project-syndicate.org/commentary/womens-vote-hillary-clinton-donald-trump-by-heather-hurlburt-2016-11?barrier=accesspaylog (consultada el 27 de septiembre de 2018).

26 «Resultados a escala nacional»: CROCKETT, E.: «Why Misogyny Won: America's President-Elect Is an Alleged Sexual Predator. This Theory of Sexism Explains How It Came to This—and Why Even Many Women Voted for Trump», Vox, 15 de noviembre de 2016, https://www.vox.com/identities/2016/11/15/13571478/trump-president-sexual-assault-sexism-misogyny-won (consultada el 27 de septiembre de 2018).

«La estrategia de Trump consistía en amplificar la ansiedad, pintando el mundo como un lugar oscuro y peligroso —dijo en una entrevista—. Cuando las mujeres se sienten amenazadas, aumenta su apoyo al machismo benevolente».

Esto no les ocurre solo a las mujeres. Es una especie de síndrome de Estocolmo cultural. Ha habido varios ejemplos históricos de poblaciones oprimidas aplacando, consintiendo e incluso apoyando a sus opresores: el llamado síndrome del Tío Tom, que afectaba a afroamericanos que seguían el juego a los estereotipos raciales para aligerar la opresión; el llamado síndrome del judío útil, para aquellos judíos en la Europa del Este que ayudaron a implementar regímenes y leyes antisemitas; el llamado síndrome colonial, que describe a las gentes colonizadas que creen ser inferiores por el simple hecho de haber sido colonizados... Es el impacto psicológico que viene de la mano de los juegos a los que las mujeres tenemos que jugar para sobrevivir y triunfar en un mundo patriarcal. Y es particularmente efectivo si las opciones económicas de las mujeres son limitadas. Como Glick explicó tras las elecciones: «Mientras las mujeres atiendan a las necesidades de los hombres, a cambio, los hombres protegerán y valorarán a las mujeres. Si las mujeres disponen de pocas opciones sólidas para alcanzar el éxito de manera independiente, parece un buen negocio».

Kristen Koh Goldstein dirige HireAthena, una empresa que busca a contables que sean madres trabajadoras en estados conservadores para empresas tecnológicas. Se ha convertido en un pararrayos de amor y odio para ellas: amor, porque a menudo les ofrece una manera de escapar de la insolvencia económica; pero también odio, porque cuando tiene que despedir a alguna de sus empleadas, a menudo es un golpe más duro, porque sienten que les está arrebatando su última oportunidad.

No le sorprendió que las mujeres votaran a Trump, pese a las acusaciones de abuso sexual y su miserable defensa, alegando que algunas de las mujeres que lo acusaban eran demasiado feas para él.

«Si te da miedo sufrir una ruina económica este año, ¿te importaría el escándalo?», dice. «Si significa que habrá mejores oportunidades de empleo para tu familia, votarás al tipo que [según él] le conseguirá un trabajo a tu marido. Si te permite tener un año mejor, el año que viene, para que tu hijo pueda ir a la universidad, ¿por qué te iba a importar?».

A muchas de las mujeres que viven en el patriarcado les da miedo lo que acecha más allá de esta «protección». Para ellas, perpetuar una situación mala es preferible a afianzar el movimiento de las mujeres o a priorizar su propia seguridad, bienestar e incluso su dignidad y sus derechos.

La inestabilidad económica extrema hace que este fenómeno sea aún más pronunciado. Llegó un punto en el que Goldstein se percató de que una gran cantidad de las mujeres que trabajaban para ella empezaron a divorciarse. Le preocupaba que estuvieran trabajando demasiadas horas y eso repercutiera en sus matrimonios. Investigó y descubrió que alcanzar la estabilidad económica por fin había dado a varias mujeres el coraje para abandonar a sus maridos maltratadores.

«Piénsalo —dice, intentando explicar la extrema situación económica que vivían estas mujeres—. Por fin podían celebrarlo. "¡Bien! ¡Ya no volverá a pegar a los niños!"».

Cuanto más abiertamente se exhibe el machismo hostil, más probable es que las mujeres obedezcan el machismo benevolente como mecanismo de «autodefensa psicológica», dice Glick. Es un efecto comparable a cuando la mafia quema la tienda de dos calles abajo que no pagó la cuota de protección.

De hecho, Glick afirma que, cuanto más alto puntúa alguien en la escala del machismo benevolente, más probable es que culpe a la mujer cuando esta acusa a un hombre de agresión sexual. «La cuota de protección del machismo benevolente incentiva a las mujeres para perdonar a los hombres o culpar a las mujeres. La alternativa, admitir que el sistema está podrido y que la virtud no las protegerá de la violencia, puede ser demasiado terrible de contemplar».

Esta fue una de las muchas manifestaciones perturbadoras del patriarcado que vimos en la defensa de Brock Turner, que agredió sexualmente a Emily Doe mientras esta yacía inconsciente tras un contenedor de basura en la Universidad de Stanford.

Doe fue el rarísimo caso de la «víctima perfecta». Estaba inconsciente. Hubo testigos. Hubo pruebas forenses. Se sometió a un examen de violación y los resultados lo confirmaron inmediatamente. El ADN del violador estaba presente bajo las uñas de su víctima, el ADN del violador estaba dentro de ella, junto con afiladas agujas de pino. El violador todavía tenía una erección cuando lo arrestaron en la escena del crimen.

Doe cooperó plenamente con las autoridades. Pasó por la experiencia brutal y humillante de escuchar a los compañeros y parientes de Turner defenderle, y aguantó que un equipo de expertos bien pagados la atacaran. Incluso tuvo que escuchar a Turner insistir en que «a ella le había gustado».

Al final, el jurado la creyó. Turner recibió tres veredictos unánimes de culpabilidad por tres delitos sexuales graves.

Y entonces el juez Aaron Persky lo sentenció a solo seis meses de cárcel, menos del mínimo de los dos años que se dicta por un asalto con intenciones de cometer una violación. A Persky le preocupaba que una sentencia más dura pudiera tener un «impacto severo». Esto es habitual en Persky, que en el pasado siempre tendió a dar sentencias indulgentes a hombres jóvenes condenados por violencia y asalto.

«Este se suponía que era el caso en el que por fin ganaríamos», dice Michele Dauber, profesora de Derecho en Stanford, que ha pasado la mayor parte de su carrera dedicada a casos de violencia doméstica y violaciones en campus universitarios. Dauber, de hecho, conocía a la víctima; era una amiga de infancia de su hija. Estaba en la sala cuando se leyó el veredicto. «No hay duda de que, como víctima, lo hizo todo bien, pero al final no sirvió de nada, porque el juez no fue imparcial».

La carta de Doe a su violador, bellamente escrita y desgarradora, se hizo viral. Fue leída por más de once millones de personas, entre ellas Ashleigh Banfield, que la leyó entera y en voz alta en la CNN. Ha sido un grito de guerra que ha impulsado esfuerzos para destituir a Persky, iniciados por Dauber.[27]

> El motivo por el que la campaña para destituirlo es tan importante es que es imprescindible refutar el mensaje que se mandó con esa sentencia. El mensaje es: «no es un delito grave». Les dice a las víctimas: «ni os molestéis en denunciar», y eso es lo último que necesitamos. Va en contra de todo el trabajo que he llevado a cabo en los últimos diez años.

La experiencia de Doe está lejos de ser un caso aislado: el 43 % de mujeres estudiantes de grado en Stanford sufren agresiones sexuales o con-

---

27 N. de la Trad.: En junio de 2018, con el apoyo del 59 % de los votantes, Aaron Persky fue destituido.

ductas sexuales inapropiadas. Y los números de Stanford se asemejan a los de Harvard, Yale, Dartmouth, Brown y otras universidades de la Ivy League. «Si te dijera que hay un 43 % de posibilidades de que a tu hija le peguen un tiro en Stanford, la mandarías a estudiar a otro lado. Pero cuando hablamos de agresiones sexuales, por algún motivo, se considera como una parte más de la vida diaria», dice Dauber. «Si una mujer ha tomado un par de copas, pueden hacerle cualquier cosa sin que importe».

He aquí una estadística apabullante de Dauber: si acude a fiestas organizadas por fraternidades una sola vez al mes, la probabilidad de que una mujer sea víctima de agresiones sexuales aumenta un 30 %. Y, en Stanford, a las hermandades compuestas por mujeres no se les permite celebrar fiestas con alcohol. Así que, si quieren ir a una fiesta con bebidas alcohólicas, tienen que ir a la casa de una fraternidad.

«Deben acudir a un lugar peligroso —dice Dauber—. No me cabe duda de que el objetivo no es que las mujeres sean sexualmente agredidas, pero, en la práctica, es lo que ocurre».

Aun así, Stanford no parece preocuparse, según Dauber. Dejando de lado los números alarmantemente altos, Stanford se niega a aplicar las sugerencias de sentido común aportadas por Dauber para que las fiestas de las fraternidades sean más seguras para las mujeres: personal con licencia para servir alcohol, puesto que los profesionales pueden evitar que los estudiantes ingieran cantidades peligrosas; requerir que las fraternidades contraten personal de seguridad con formación específica para evitar agresiones sexuales; o instalar cámaras de seguridad alrededor de las casas de las fraternidades. Stanford, al menos, accedió a mejorar la iluminación en la zona en la que Doe fue violada. Pero dieciocho meses después, la universidad todavía no lo ha hecho.

Todo esto afecta directamente a la cultura de Silicon Valley, porque Stanford es su cantera. Las mujeres llegan entusiasmadas por poner en marcha sus carreras en la supuesta meritocracia del mundo de la tecnología.

La gran mayoría de agresiones sexuales ocurren durante el primer semestre del primer año —dice Dauber—. Estas chicas llegan con todas sus ambiciones: «¡Voy a fundar una empresa! ¡Quiero ser ingeniera! Me han aceptado en Stanford, ¡me muero de ganas por empezar!». Entonces las agreden y todo cambia. En vez de aprender a programar, en vez de fundar una empresa, en vez de conocer a gente de Silicon Valley que podría ayudar en sus carreras, están yendo a terapia y al psicólogo, dejando cursos sin terminar y viendo cómo sus notas bajan. Se las descarrila prácticamente nada más llegar.

Y cabe señalar que muchos de estos espacios, como en los deportes, las fraternidades, las carreras en ciencia, tecnología, ingeniería o matemáticas están muy masculinizados. ¿Acaso es sorprendente que una mujer que ha sufrido una violación no quiera adentrarse en estos espacios? Lo he visto personalmente: estudiantes que llegan queriendo dedicarse a todas estas cosas, sufren una agresión sexual y de repente se dedican a estudiar inglés, porque quieren estar en espacios con más profesoras y estudiantes que sean mujeres, que saben que las apoyarán. Nunca alcanzaremos la igualdad hasta que solucionemos el problema de las agresiones sexuales.

La escala generalizada de estas agresiones, combinada con la falta de cambios significativos en la universidad, sirve para normalizar la idea de que las mujeres son ciudadanas de segunda en Silicon Valley. Podemos (y debemos) sentir repulsión ante el patrón de Persky de dejar que los hombres se vayan de rositas, no vaya a ser que una condena les fastidie el futuro. Pero al negarse a tomar incluso las medidas más básicas para evitar otras agresiones similares, el mensaje que manda Stanford es que, de algún modo, estas cosas son solo otra parte más de la vida universitaria.

Por eso no es sorprendente que haya mujeres que hicieran el trabajo sucio de reforzar esta visión. La más notable fue una defensa presentada ante el tribunal en forma de carta, escrita por una amiga de Turner. Quiso especificar la diferencia entre decir que Turner es un «violador» y decir que simplemente es un tipo al que han condenado por violar a alguien:

> Esta situación es totalmente distinta a la de una mujer que es secuestrada y violada cuando está yendo a su vehículo en un aparcamiento. Eso sí que es un violador. Estos no son violadores. Son chicos y chicas atontados, que han bebido demasiado, que no son conscientes de lo que pasa a su alrededor y que no estaban pensando con claridad.[28]

---

28 «Pensando con claridad»: PAIELLA, G.: «Brock Turner's Childhood Friend Blames His Felony Sexual-Assault Conviction on Political Correctness», *The Cut*, 6 de junio de 2016, https://www.thecut.com/2016/06/brock-turners-friend-pens-letter-of-support.html (consultada el 27 de septiembre de 2018).

¡Son cosas de hombres! ¡Ya se sabe cómo son los chicos! ¡No es más que charla de vestuario! ¡No puede ser machista si lo ha dicho una mujer!

Las «mujeres del modelo equivocado» atacan recurrentemente a estas «mujeres del modelo correcto» que defienden el patriarcado con más agresividad que a los hombres que lo apoyan, porque se sienten traicionadas. Deberíamos ser un frente unido. Ya tenemos bastante contra lo que luchar sin necesidad de pelearnos entre nosotras.

Enfurece, pero mujeres como esta, que defienden los peores comportamientos de los hombres, son solo el mensajero, en cierto modo. Si piensan en cómo el patriarcado ha manipulado a estas mujeres, cómo se usan sus miedos e inseguridades contra ellas, verán que también son víctimas.

***

La «mujer del modelo correcto» cambia según la situación. Pero la «mujer del modelo correcto» casi siempre es una «buena madre». Al fin y al cabo, solo hay un motivo por el que el patriarcado necesita mujeres: los niños. Tener hijos es la única cosa que los hombres no son capaces de hacer.

¿Y qué es el muro maternal sino un refuerzo de la idea patriarcal de que para ser buena madre una debe estar dedicada al cien por cien a los hijos, y para ser buena empleada debe dedicarse cien por cien al trabajo? Si forman parte de un matrimonio heterosexual y tienen un jefe que es un hombre, esencialmente, hay dos patriarcas en conflicto cuando se intenta tener una familia y una carrera profesional. ¿A qué patriarca debe una ser leal? Los casos extremos son aquellos en los que un jefe pregunta en la entrevista de trabajo si la empleada potencial planea tener hijos, o el marido que dice que no quiere que un desconocido críe a sus hijos.

Las «guerras de madres» —la lucha entre las madres que se quedan en casa y las que trabajan— es una de las mayores contiendas alentadas por el machismo benevolente.

Pero la mayor batalla cultural entre las madres «buenas» y «malas» se da antes incluso de que los hijos tomen su primer aliento: la batalla por los derechos reproductivos de las mujeres. Si las mujeres quieren alcanzar la autosuficiencia económica, también deben ser capaces de decidir si quieren quedarse embarazadas o no. Y si el patriarcado no quiere que las mujeres tengan autosuficiencia económica, hay una manera estupenda de lograrlo: controlar los úteros.

La batalla por el control de los úteros es la zona cero de si continuamos viviendo en un patriarcado o no. El papel más claro de la mujer en la sociedad patriarcal es el reproductivo. Su capacidad para decidir si se queda (o si permanece) o no embarazada es una amenaza al orden.

Todo gira alrededor del útero.

Consideren la historia de cómo los abortos se convirtieron en un asunto divisivo en el evangélico sur de los Estados Unidos. El movimiento no empezó a pie de calle. Históricamente, el aborto era un asunto que preocupaba a los católicos, no a los evangélicos. Hasta que llegó el presidente Richard Nixon. Nixon pretendía muy conscientemente unificar a los evangelistas del sur para que apoyaran al Partido Republicano, según Manne. «No hay duda de que lo avivaron [el debate sobre el aborto] los líderes políticos, que pretendían alimentar el fuego con la preocupación relativa al rol de la mujer dentro de la familia», escribe.[29]

A medida que las mujeres han ganado más derechos relacionados con sus úteros, el patriarcado ha entrado en pánico. No son las mujeres las que tienen que ser dominadas, son los úteros.

Consideren las motivaciones (sembradas de estrambóticos conflictos) que proclaman los antiabortistas intransigentes que pretenden castigar a las mujeres que abortan. ¿Por qué se las castiga? No puede ser solo por tener relaciones sexuales, porque si fuera así no se opondrían a los abortos de las mujeres víctimas de violaciones. Uno de cada cinco estadounidenses está en contra del aborto en cualquier circunstancia —incluso cuando la vida de la madre está en riesgo.

Tampoco parece haber entusiasmo por prevenir los abortos, puesto que la mayoría de estos conservadores sociales también se muestran hostiles hacia los métodos anticonceptivos baratos y fácilmente accesibles, según señala Manne. «¿Por hacer que se considere culpables a las mujeres?», escribe.

---

29 «Preocupación relativa al rol de la mujer dentro de la familia»: MANNE, K.: «The Logic of Misogyny», *Boston Review*, 11 de julio de 2016, http://bostonreview.net/forum/kate-manne-logic-misogyny (consultada el 27 de septiembre de 2018).

Por eso los progresistas señalan que solo el 3 % de los servicios que ofrece Planned Parenthood corresponden a la interrupción del embarazo, pero los conservadores siguen empeñados en retirar los fondos por completo a esta organización. Concentrarse en el aborto es una estrategia poderosa, porque es un asunto muy vinculado a las emociones. Retirar los fondos a Planned Parenthood lleva implícito impedir el acceso a métodos anticonceptivos baratos, que en muchos casos evitarían la necesidad de abortar. Para muchos, retirar los fondos de organizaciones como Planned Parenthood no se limita a impedir el aborto: se trata de arrebatar a las mujeres la capacidad de controlar sus úteros completamente y, así, robarles la posibilidad de progresar económicamente.

No quiero insinuar que los estadounidenses de derechas odien a las mujeres. Lo complicado de todo esto es detectar cuánto nos influye el hecho de haber estado sumergidas en el patriarcado desde nuestro primer aliento. No podemos ni empezar a evaluar cómo ha afectado esta idea en nuestra visión de lo bueno y lo malo, lo justo y lo injusto. Y esto es así incluso para los hombres con las mejores intenciones. Incluso para las mujeres más valientes. Incluso para Gloria Steinem. Incluso para ustedes. Incluso para mí.

Conozco a muchos hombres progresistas con excelentes intenciones que caen en trampas de discriminación inconsciente en el trabajo, o que presionan a sus esposas para que se queden en casa con los niños mientras ellos van a trabajar, pero que nunca apoyarían retirar los fondos de Planned Parenthood. Conozco a muchos conservadores cristianos que creen que el aborto es un asesinato, pero que no creen que las mujeres deban cobrar menos que los hombres, o que apoyan el derecho de las mujeres a tener acceso a métodos anticonceptivos.

Pero dar al gobierno el derecho a decidir sobre los cuerpos de las mujeres refuerza la idea de que las mujeres solo están aquí para ser madres por encargo (o para «dar el servicio de madres», si quisiéramos vender la idea a los inversores) y las castiga si quieren una vida más allá de la maternidad. No podemos alcanzar la igualdad en un mundo así.

Capítulo 3

¿A QUIÉN NO LE GUSTA UNA MUJER RABIOSA?

Yo pasé, en menos de una década, de negar el machismo a ser una feminista feroz, denunciándolo a todo pulmón. Quedarme embarazada fue el principio de este cambio.

Pese a parecer tan confiada y franca, había negado mi femineidad hasta tal punto que cuando me quedé embarazada me maravilló comprobar que mi cuerpo sabía cómo producir y alimentar a un ser humano. Me sentía como si estuviera viviendo un cómic acerca de los orígenes de un superhéroe. Como si me hubiera levantado por la mañana y, de repente, pudiera lanzar telas de araña desde las palmas de las manos. ¿Este poder increíble estaba ahí desde el principio, esperando, latente?

Cuando estaba embarazada me sentía muy fuerte. Brillaba. Tenía los dientes, las uñas y el pelo deslumbrantes. Antes de quedarme embarazada, a veces sufría ataques de pánico en ciertas situaciones de alta presión, pero también estos episodios disminuyeron durante mi embarazo. Era como si Eli me estuviera mejorando «químicamente». Por primera vez en mi vida desde que alcancé la pubertad, me daba igual meter barriga, porque estaba enorme y obviamente embarazada. Me sentía tremendamente liberada. Eso sí que fue aceptar mis curvas. Durante nueve meses gané en curvas, pero, a ojos del mundo, era cada vez menos un objeto sexual.

Hablaba con Eli todo el tiempo y acerca de cualquier cosa, sobre todo durante los vuelos largos. Viajamos juntos a cinco continentes. Antes de hacer una presentación le prometía que, si lo hacíamos bien, luego compartiríamos una galleta. Nos peleamos por primera vez durante el retraso de cinco horas de un vuelo, cuando el niño insistía en clavarme los pies en la costilla. Unos meses más tarde, de hecho, me rompió esa misma costilla. Incluso eso me dejó alucinada. ¡Estaba criando una

¡fuerza vital tan extraordinaria que había sido capaz de romperme una costilla de una patada!

Me encantaba tener el monopolio de mi hijo. Durante esas cuarenta semanas, fue todo mío. Era la única persona capaz de abrazarlo, y me lo podía llevar conmigo a todas partes. Y fue la primera persona en conocerme más profundamente que nadie. Desde su punto de vista, en el vientre, veía otro lado de mí, de manera literal. Un lado que ni siquiera yo conocía.

Cuando di a luz, pasé casi veinte horas de parto, empujando durante cinco horas de esas veinte. Eli venía con una de las cabezas más grandes de la historia del centro médico California Pacific. Como referencia, piensen que cada año ven nacer a unos seis mil bebés. Mi diminuta ginecóloga le puso una ventosa en la cabeza y tuvo que hacer palanca con el pie contra la mesa. Yo empujé, Eli se retorció, mi ginecóloga se apuntaló contra la mesa y tiró de él con todas sus fuerzas para traerlo a este mundo.

Eli y yo estábamos agotados. Cada uno de mis músculos estaba exhausto, hasta el punto de que tras dar a luz no podía ni abrir y cerrar las manos. Me lo colocaron en el pecho, y al bajar la mirada vi su cara hinchada y una mata de pelo loco, oscuro y rizado.

«Por fin te veo la cara», dije, y le di un beso en su cabeza pringosa. La gente habla del momento eufórico en el que ven a su hijo por primera vez, pero yo me había convertido en madre mucho antes. Hacía nueve meses que había superado el amor a primera vista. Ya estábamos unidos de verdad.

Soy consciente de que no todas las mujeres tienen embarazos tan fáciles. Pero en un mundo en el que solo oímos hablar de lo terrible que es estar embarazada, es importante saber que tampoco todo el mundo sufre terriblemente.

También cabe señalar que no alcancé este momento de supermamá yo sola. La mayor influencia en mi embarazo fue la de Jane Austin —no la autora, sino la profesora de yoga prenatal de San Francisco, cuyos seguidores bordean el fanatismo—. También hice pilates prenatal durante nueve meses, y mi ginecóloga dijo que si había evitado una cesárea había sido gracias a Jane y a mi profesora de pilates, Stephanie, visto el tamaño de la cabeza de Eli.

Pero llevaba años practicando pilates. A la «tipa legal» que hay en mi interior le gustaba la precisión fría de los entrenamientos.

Nunca había practicado yoga antes de conocer a Jane. Los tipos legales no hacen yoga. Lo percibía como falso espiritualismo y no me atraía nada. Cuando oí que los primeros veinte minutos de las clases de Jane se dedican a que cada mujer comparta sus sentimientos, me quedé horrorizada.

Gracias a Dios que fui igualmente.

No exagero al decir que cambió todo lo que pensaba acerca de la maternidad y la femineidad, y que me llevó a ser practicante de yoga de por vida, aceptando por completo la espiritualidad, los cánticos, todo.

Jane estaba obsesionada con el suelo pélvico de las mujeres. Tiene docenas de maquetas de suelos pélvicos, e incluso se colocaba sensores por todo el cuerpo para ver qué ejercicios activaban mejor los músculos del suelo pélvico.

Despotricaba contra la tendencia a la retroversión pélvica que reina entre las mujeres estadounidenses que no se sienten cómodas con su sexualidad. El término «retroversión» se refiere a encoger la pelvis hacia delante. Es una especie de reacción de rigidez contra el atractivo sexual de una mujer, parecido a las mujeres que caminan con los hombros encorvados para disimular el pecho, o las que se quedan de pie para no ocupar sitio. ¿Mujeres de mal humor? Retroversión pélvica. Creía firmemente en la salud emocional de las mujeres capaces de contonearse.

«¡No hay bebé que salga de entre glúteos de acero!», solía decir.

Los yoguis asocian el suelo pélvico con el primer chacra raíz, que es responsable de la sensación de seguridad y protección. Sin un chacra raíz fuerte, según la teoría, los otros chacras no pueden abrirse: no pueden ser creativas, no pueden pensar, no pueden amar, no pueden tener una voz, no pueden conectarse a nada espiritualmente. Es el chacra que ayuda a deshacerse de los miedos.

Todo esto era esencial para mí, si tenemos en cuenta que mi cuerpo iba a desarrollar todo aquello de lo que había estado intentando disociarme: me redondearía más, para empezar, pero las mismas partes de mi cuerpo que había tratado de disimular durante toda mi vida adulta tomarían en ese momento un nuevo significado como soporte vital. No es nada desdeñable pasar de intentar esconder el pecho a dar de mamar a un niño durante una reunión.

Jane odiaba la cultura del miedo existente alrededor de los embarazos, y ofrecía a sus alumnas cinco dólares a cambio de cada ejemplar que le dieran de *Qué puedes esperar cuando estás esperando*. Tiene una pila enorme de estos libros en el garaje y se deleita con cada uno que logra sacar de la circulación.

Como muchas mujeres, me lo compré en el mismo instante en que descubrí que estaba embarazada. Si todavía no lo han comprado, ahórrense el dinero. En esencia, describe el cuerpo de la mujer como una trampa mortal para el bebé. Recuerdo ver una ilustración de maneras en las que una puede dar a luz en la que se mostraba la pierna de un bebé asomando por la vagina, como si el niño se hubiera abierto paso a patadas. «¿Esa es una de las posibilidades?», me preguntaba.

En vez de eso, Jane enfatizaba en cuántas mujeres han dado a luz a lo largo de los siglos, en circunstancias mucho más precarias de las que sus alumnas podrían encontrarse; subrayaba que ya teníamos todo lo necesario para ser madres. Dejé de leer libros sobre maternidad de todo tipo tras ir a sus clases, y aprendí a confiar en mí misma. Sigue siendo mi método favorito. Por lo que a mí respecta, soy experta mundial en mis hijos.

Jane también desmanteló la visión de perfección como mujer y como madre. Recuerdo una clase, al final de mi primer embarazo, cuando tenía a mis suegros de visita en la ciudad, una conferencia en China a la vuelta de la esquina, una casa que no estaba para nada lista y, probablemente, otros factores de estrés que he olvidado tras cinco años.

Recuerdo esforzarme por no llorar (porque por aquel entonces todavía era una «tipa legal») y decirle frenéticamente: «Todo el día intento mantener el control, pero si aparece un solo problema más ¡voy a volverme loca!».

Se acuclilló en la pose de *malasana* y me respondió con algo brillante:

«Voy a invitarte a que dejes de mantener el control; en su lugar, suéltalo todo».

Nada de capas de supermujer. Nada de perseguir la perfección. Nada de culpa. Lo único importante era tener un bebé sano y feliz. ¿Y si eso no basta para otras personas ahora mismo? Pues que les den.

La obsesión con la perfección va ligada a lo que mi madre me decía acerca de la maternidad, pero también va ligada a la cultura de la retroversión pélvica. Es una rigidez dentro de la femineidad, lo que debemos hacer para sobrevivir como mujeres y tenerlo todo, hasta qué punto debemos ser mejores para que nos den el trabajo, hasta qué punto debemos ser más fuertes para demostrar que no somos débiles, el síndrome de «¡vuelve a demostrarlo!» en el trabajo, el callejón sin salida del muro maternal, la expectativa de que sonriamos más o no sonriamos demasiado, la presión para ser bellas pero no tanto como para resultar intimidantes, la presión para que negociemos, pero no tan duramente, para no parecer demasiado ambiciosas. Todo. La suma total de lo que apesta acerca de ser mujer en el mundo moderno. Y Jane me decía que lo «soltara todo».

Fue liberador. Y lloré. Y lloré más. Y me daba igual que la gente me viera llorar. No tenía que preocuparme por que alguien creyera que era débil. No tenía que ser fuerte, según la interpretación de un hombre. Era fuerte como mujer. Ese momento fue el principio del fin de Sarah Lacy, la «tipa legal», y el despertar de la Sarah Lacy, guerrera, feminista y cabreada.

No es una coincidencia que mi médico se maravillara al ver que «estaba muy conectada» con los músculos del suelo pélvico cuando llegó el momento de parir, teniendo en cuenta la cabeza gigante de Eli. Por primera vez, me sentía conectada con lo que significa ser mujer. La fuerza de ser mujer. Me enorgullecía de ser mujer.

Raramente he tenido que lidiar con sentimientos de culpa como madre trabajadora, y en gran parte creo que es gracias a Jane, por hacerme cambiar de opinión acerca de la obsesión que tienen las mujeres por la perfección antes de que mis hijos llegaran a este mundo.

O sea, ¿de verdad a las madres les preocupa ser perfectas? Han creado vida, por el amor de Dios. Crearon a un ser humano. Hace tanto que sobrepasaron la perfección, que van sobre seguro. No dejen que el patriarcado las convenza de otra cosa.

Todas las mujeres poseen este poder en su interior, no solo las madres. No importa si eligen tener hijos, si no pueden tener hijos o si ya han tenido quince. Todas las mujeres.

El embarazo me descubrió el poder de ser mujer. Las ventajas injustas de las que disponemos las mujeres. Por qué nacer mujer fue una suerte. Pero conozco a otras mujeres que han llegado a la misma conclusión por otras rutas.

Una mujer que conocí experimentó este fenómeno en una clase de *pole-dancing* solo para mujeres. Durante una coreografía, perdió el control y, de un salto, hizo un par de agujeros en la pared del estudio con los taconazos afilados que llevaba. Le pidió disculpas a su instructora, que le aseguró que el seguro cubriría los daños. Ella se mostró avergonzada por ser una «mujer rabiosa» de incógnito:

—A nadie le gustan las mujeres rabiosas —dijo tristemente.

Su instructora le puso la mano en el hombro.

—Todo el mundo adora a una mujer con rabia. Lo único que te hace falta es aprender a canalizarla.

Esta mujer también explica que las asistentes a las clases se deshicieron de todas las vergüenzas, manías y tonterías acerca de sus cuerpos, que habían adquirido gracias al patriarcado, e incluso llegaron a experimentar un sentimiento de sororidad que no habían sentido antes en sus vidas diarias.

La empresaria de software e inversora Julie Hanna tiene, en comparación, una historia más aburrida. Nunca tuvo hijos, pero dice que aprendió a aceptar un estilo de gestión más femenino cuando su estilo masculino, intenso y obsesivo con el trabajo dejó de funcionar.

> Había dirigido [mi equipo] de una manera que nos llevó a grandes resultados, pero que me dejó con un equipo desmoralizado y quemado; me miraban como si estuvieran tramando un motín a mis espaldas. Me obligó a frenar y plantearme: «vaya, ¿dónde me he equivocado?». Disfrutamos de muchos éxitos objetivos, pero nadie se sentía satisfecho. Me llevó a la introspección.

Pensó en las empresas que había construido, todas ellas con cultura masculina y jóvenes, en las que lo normal era dejar de lado a la familia para trabajar toda la noche; y los que no eran capaces de aguantar ese ritmo, quedaban descartados por no «encajar en la cultura de trabajo».

Hanna siempre tuvo éxito en Silicon Valley a fuerza de ser «un colega más», pero a mitad de su carrera empezó a plantearse cómo podría dirigir una empresa con cualidades más femeninas.

> Si pretendemos llamarlo «una familia», ¿qué podemos hacer para que sea más inclusiva? Pedimos a los trabajadores que nos lo den todo veinticuatro horas du-

rante los siete días de la semana, los tenemos amarrados a esta correa invisible que llamamos teléfono, y ¿vamos a dudar de su capacidad para desempeñar el trabajo cuando tienen que ocuparse de sus hijos? No es una relación recíproca. Si la persona siente que la empresa cuida de ella, serán mucho más leales.

Desentrañó el poder de su lado maternal y protector sin convertirse en madre. Y eso la llevó a tener aún más éxito.

En este libro hablamos de mujeres, no de hijos. Sean madres o no, quieran serlo o no, en lo que a mí respecta son una hermana más.

Capítulo 4

¡ES QUE NO SÉ CÓMO LO HACES!

«Cuando dices que estás de parto, ¿quieres decir algo como que estás tomando sorbitos de té en el sofá, o tipo paredes salpicadas de sangre?», me preguntó el fundador de *TechCrunch*, Michael Arrington.

Arrington era un avinagrado exabogado reconvertido en periodista, que había puesto en pie *TechCrunch* en el albor de los blogs y había logrado ser temido a lo largo y ancho de Silicon Valley. No creció con hermanas, nunca había estado casado y yo era una de las rarísimas mujeres que era una «tipa legal» capaz de sobrevivir en su órbita. Decir que andaba escaso de experiencia con mujeres dando a luz es quedarse corto.

No me encontraba en ninguno de esos tipos de parto. Estaba en el tipo de parto en el que una pasea por el centro comercial Westfield de San Francisco intentando obligar a mis medio contracciones a convertirse en algo capaz de expulsar a un bebé de mi interior.

Más o menos a la mitad de mi embarazo, empecé a preguntarme si Arrington se había encontrado con alguna embarazada en algún momento de su vida. Un día, nuestra CEO, Heather Harde, comentó que deberíamos sustituir las puertas y paredes de cristal de mi despacho por cristal esmerilado, para que pudiera usar el sacaleches cuando volviera.

—¿Eso vas a hacer... aquí? —chilló Arrington.

—A no ser que quieras que trabaje desde casa... —dije—. Tendré que extraer la leche cada cuatro horas.

—No sé si me siento muy cómodo con la idea de que te desnudes en el despacho —dijo.

—¿Que me desnude? ¿Cómo crees que funciona esto de dar el pecho? —pregunté.

Conversaciones como esta eran el pan nuestro de cada día en *Tech-Crunch*. Incluso diría que estábamos progresando.

Cuando me uní al blog en 2008, había una página web con una encuesta que daba la posibilidad de apostar sobre cuánto tiempo aguantaría, puesto que los insultos arrojados a cualquier mujer que se atreviera a escribir para *TechCrunch* eran de lo más vil y frecuentes. Yo fui la primera mujer que duró lo bastante y que alcanzó la suficiente conciliación familiar como para llegar a quedarme embarazada. No solo eso, sino que Arrington me pidió que me quedara al cargo como editora jefe cuando regresara de la baja por maternidad. Quería seguir involucrado con la empresa, pero estaba harto de la monotonía del día a día como periodista y quería convertirse en inversor de capital de riesgo. Puesto que ambos creíamos en la mentira de que el bebé me cambiaría, decidimos juntos que no lo anunciaríamos hasta estar seguros de que había dado a luz a un bebé sano. Y de que seguía siendo yo.

Mientras tanto, se había desatado el infierno y *TechCrunch* se encontraba en pleno colapso. Arrington había decidido torpemente comenzar a poner en pie su firma de inversiones —el CrunchFund— cuando todavía era el editor jefe de la página web más influyente sobre *startups*. Fue como si el editor jefe de *The Washington Post* dirigiera una campaña presidencial. Atroz, según cualquier definición de la ética periodística. En particular porque el resto del mundo no sabía que él iba a dejar el cargo y que lo ocuparía yo.

Arrington tenía un punto ciego cuando se trataba de la ética periodística tradicional. Era una de las cosas que lo llevó al éxito como pionero del mundo de los blogs, pero al final fue su perdición. Pensó que poner en marcha el CrunchFund en sus circunstancias no tendría consecuencias, tanto que ni siquiera se lo dijo a la mayoría de sus trabajadores, pero nos lo dijo a Paul y a mí.

Impulsada por mi conciencia, le mandé un largo correo electrónico en el que explicaba por qué la jugada no le saldría como él planeaba; que esto no era lo mismo que hacer inversiones por su lado sin dejar de escribir sobre *startups;* que estaba comprometiendo la ética periodística de todo el personal que trabajaba en el blog sin siquiera hablarlo con ellos; y, en particular, que nuestra nueva jefa desde que habían adquirido la empresa, Arianna Huffington, se lo tomaría muy mal. En aquel momento *The Huffington Post* estaba a punto de ganar su primer premio Pulitzer, tras años de ser considerados basurilla mejorada para motores de búsqueda escrita por voluntarios para ganar clics fáciles.

The Huffington Post había sido adquirido por AOL por alrededor de 350 millones de dólares; la compra más cuantiosa de cualquier publicación digital. Como empresa, ya había demostrado mucho de cara al público. Pero en aquel momento lo crucial para Huffington, personalmente, era demostrar a la élite periodística de Nueva York que estaba a su nivel.

Además, como el mundo entero sabía, tener a Huffington y a Arrington bajo el mismo techo corporativo era un polvorín. El enfrentamiento era inevitable y, cuando ocurriera, no tendría tanto que ver con el gran sentido de la ética periodística de Huffington como con la oportunidad clara de echar a su mayor y más feroz crítico y rival dentro de la empresa.

Era obvio quién ganaría la batalla, por mucho que Arrington fuera uno de los amigotes del CEO de AOL, Tim Armstrong. Este había pagado 350 millones de dólares por *The Huffington Post*, y menos de 30 millones por *TechCrunch*. Mientras que Arrington podía escribir un blog malhumorado y hacer enfurecer a un puñado de frikis, Huffington podía plantarse, en *The Daily Show*, *Politically Incorrect* o la CNBC en cualquier momento, expresar preocupación por AOL y crear repercusiones de las de verdad en el precio de sus acciones.

Mike me dio las gracias por mi opinión, dijo que se lo había comentado a Tim y siguió con su vida sin hacerme ni el más mínimo caso.

¿Adivinan qué pasó entonces? Un lío tremendo cuando se anunció el CrunchFund en *The New York Times*. En un esfuerzo por contener la marea, Armstrong ayudó explicando a la prensa que el tipo de periodismo de *TechCrunch* era simplemente «distinto» al de verdad; una declaración que arrojó la credibilidad de todos los periodistas de *TechCrunch* a la basura, aunque ninguno de nosotros participaba en este nuevo fondo de capitales de riesgo.

Fue tan desagradable que Huffington obtuvo su deseo: una excusa para echar a Arrington, aunque este representara una parte importantísima del valor de lo que AOL había adquirido al comprar *TechCrunch*. Aunque nos sentó mal que AOL rompiera su promesa de no interferir en las decisiones editoriales de *TechCrunch*, ni Paul ni yo podíamos criticar su posición. Pese a nuestra lealtad a Mike, él mismo había sido su peor enemigo.

Todo esto ocurrió justo cuando empezé a sentir contracciones, más o menos cuando Jane me invitó a «soltarlo todo». Empezó el viernes, 2 de septiembre, que también era la fecha en la que salía de cuentas. El mayor acontecimiento de *TechCrunch* del año, el San Francisco Disrupt, sería el 12 de septiembre.

No fui al hospital hasta el 6 de septiembre. Así gané cuatro días para ayudar a Mike y a Heather a llevar a cabo alguna maniobra ofensiva que les permitiera recuperar el control de la web. Los dos idearon un plan: ¿y si volvíamos a comprar la empresa?

TechCrunch era un activo muy tentador. Pero AOL lo había adquirido a un precio tan asombrosamente bajo que parecía disparatado que Huffington (o los inversores de AOL) fueran a permitirnos comprarlo. Pero, por algún motivo, Armstrong estaba convenciendo a Arrington de que era una posibilidad (o eso me dijeron). El amiguismo estaba triunfando sobre una realidad que Mike debería haber sido lo bastante listo como para ver.

Recaudar el dinero, por otro lado, no sería difícil. Había hablado personalmente con varios inversores de capital de riesgo que estarían encantados de participar en la compra, siempre que Heather permaneciera como CEO y yo me convirtiera en la editora jefe.

Teníamos una única oportunidad para lograrlo y un solo punto de influencia: ¿y si absolutamente nadie del personal de *TechCrunch* aparecía en el Disrupt del lunes? Tan fácil como no aparecer. Miles de personas habían comprado entradas, había millones de dólares comprometidos en patrocinios. Casi todos los oradores habían sido invitados por Heather, Mike o yo. Si no aparecíamos, ¿subirían al escenario? Había tanta lealtad a *TechCrunch* que estaba segura de que la mayoría nos seguiría el juego si se lo pedíamos. ¿Qué haría AOL?

Esta fue la conversación que Mike y yo tuvimos mientras paseaba arriba y abajo del centro comercial Westfield, todo ello mientras también hablaba con algunos inversores de capital de riesgo que habían oído los rumores y me llamaban para asegurarme que podía contar con su apoyo si necesitábamos capital.

Mientras, Mike y Heather dejaron de hablar con Huffington y cualquier otro representante de la empresa, como técnica de negociación. Mirando atrás, una estrategia bastante pésima para lograr el resultado deseado. Un editor principal de Nueva York llamado Erick Schonfeld aprovechó la oportunidad para llegar a un suculento acuerdo lateral. Según he oído, se reunió con Huffington y le aseguró que aparecería en el Disrupt, dirigiría la conferencia y convencería al equipo de que la siguiera a ella a cambio de algo muy sencillo: que lo nombraran editor jefe en ese mismo momento. Huffington accedió. Más o menos cuando yo llevaba cinco horas empujando a Eli.

No creo que Huffington actuara con malicia, pero la verdad es que no entendía la dinámica interna que teníamos en *TechCrunch*, y la falta de ese conocimiento le impidió tomar una decisión mejor.

Terminé de dar a luz y llamé a Paul para que me pusiera al día de la locura. Eso fue el martes, 8 de septiembre. Para cuando regresé a casa, todas las esperanzas legítimas de comprar la empresa se habían desvanecido. Hubo un último intento desesperado durante el Disrupt, pero incluso eso quedó en nada.

Hubo tanta indignación con este asunto en los círculos de Silicon Valley que una de nuestras competidoras más feroces, Kara Swisher, de *AllThingsD* (que más adelante se convertiría en *Recode*), me dijo que el asunto había surgido en una cena en casa de la directora de operaciones de Facebook, Sheryl Sandberg, con Huffington y (con la de gente que hay en el mundo) Oprah. ¡Oprah! ¡Oprah estuvo involucrada en mi drama laboral postparto! En la cena, según me dijo Swisher, todos los presentes expresaron su más furiosa incredulidad ante el hecho de que Erick se hubiera convertido en CEO de *TechCrunch* y me hubiera pasado por encima mientras estaba pariendo.

Tanto de lo que oí durante esa época eran testimonios de segunda mano que me resulta difícil saber al cien por cien lo que es verdad y lo que son chismes. Para cuando terminó mi primera semana en casa con Eli, mi hermana había venido a la ciudad para echarme una mano, y Arianna me llamaba varias veces al día para minimizar los daños y convencerme de que aceptara otro puesto en la empresa, básicamente, ponía a mi disposición cualquier puesto o salario que quisiera. Me mandó un par de mocasines italianos para Eli de una tienda en la que hace falta solicitar el precio para averiguar lo que valen.

«Llevas una vida muy rara», me dijo mi hermana.

Efectivamente. Apenas hacía nueve meses que había decidido quedarme en ese trabajo porque era estable.

En cuanto terminó el Disrupt, Paul finalmente dimitió, desesperado, publicó un artículo en el que reveló todos los tejemanejes y apareció en la televisión para contar todas las locuras que habían ocurrido y señalar a todos los cómplices: Mike, Tim Armstrong, Arianna y particularmente Erick.

Me tocaba mover ficha.

Tenía la ventaja de estar de baja por maternidad. No tenía que hacer declaraciones ni tomar decisiones importantes de inmediato. Pero me pesaba en la mente. Me comprometí con Heather, el equipo y yo misma a apartar el asunto mentalmente hasta después del Disrupt Pekín, tenían que pasar unas cinco semanas. Me había deslomado durante mucho tiempo para sacar adelante esta conferencia y no permitiría que nada la pusiera en riesgo.

Se me presionó de manera extrema para que me quedara en *Tech-Crunch*. Muchos de los miembros del equipo, injustamente, dejaron la decisión de si se quedaban o dimitían en mis manos, pese a que no había sido yo quien había vendido la empresa a AOL ni había decidido convertirme en inversora de capitales de riesgo sin que importaran las inevitables consecuencias. Pero adoraba el blog, el equipo y toda la comunidad que se había creado a su alrededor.

No fue una decisión fácil.

Por un lado, ni en broma iba a volver a *TechCrunch* con cualquier otro cargo que no fuera editora jefe. Me parecía que habría sido una traición a mi yo ambicioso que seguía existiendo tras dar a luz, por no hablar de una traición a las madres y mujeres del planeta entero. Desde mi punto de vista, el CEO y fundador me había ofrecido el puesto y me lo habían arrebatado de manera injusta durante un momento particularmente vulnerable. Pero tras varias semanas de baja, había hablado con los ejecutivos acerca de nombrarme coeditora jefe, encontrarme un puesto distinto en *The Huffington Post* que reemplazara al de *TechCrunch* o, simplemente, «esperar a que la situación con Erick se solucionara» para otorgarme el puesto que me habían prometido al fin.

Mientras tanto, Paul había decidido empezar su propia empresa, una pandilla irreverente que mezclaba periodismo de investigación con sátira política llamada NSFWCORP, y estaba poniéndola en marcha en Las Vegas. Estaba claro que no haríamos nada juntos. Tenía varias ofertas para unirme a otros medios que no terminaban de convencerme. Tenía la oportunidad de unirme a firmas de inversión de riesgo en roles «de apoyo» que se resumían en *marketing* o en ser «emprendedora residente». Una manera más glamurosa de recibir un cheque y autoproclamarme inversora de capital de riesgo hasta que decidiera qué hacer a continuación.

En una cena con Eli y Paul, Mike me animó a empezar algo nuevo. Se ofreció a invertir capital, escribir artículos y ayudar en lo que hiciera falta. Era una idea seductora, y una en la que había pensado muchas veces. Había estado a punto de poner en marcha mi propia página web en 2008, pero en lugar de eso había decidido unirme a *TechCrunch*. Me había convencido de que yo era más útil ayudando a crecer a un blog que ya dominaba el mercado, pero lo cierto era que me faltaba confianza.

Deshonrado o no, Mike era el rey indiscutible de los blogs de tecnología. Su respaldo en un periodo en el que *TechCrunch* estaba patas arriba no era nada desdeñable; podría ayudarme a silenciar las dudas internas que tenía y las dudas externas que me temía que tendrían otros.

Fue por aquel entonces cuando tuve una conversación telefónica con Erick. Desearía haber sido más directa. Me hubiera gustado haberle echado en cara que había apuñalado por la espalda a Heather y a Mike. Pero dejé claro que no pensaba regresar a *TechCrunch* si era para trabajar «para» él. Él dejó claro que no tenía ninguna intención de «compartir» el puesto de editor jefe. Bueno, pues de acuerdo.

Creo que esa fue la gota que colmó el vaso. Llegó un momento en el que se convirtió en un asunto de orgullo. Por un lado, tenía mayores responsabilidades fiscales ahora que tenía un hijo, pero por otro también tenía la responsabilidad de ser un ejemplo femenino para Eli. ¿Quería ser la mujer a la que le arrebataron el puesto de trabajo mientras estaba dando a luz y que había vuelto al mismo sitio por el dinero y la estabilidad? Es más, según avanzaba mi baja por maternidad y pensaba en volver a trabajar a jornada completa, y en estar separada de Eli durante sesenta, setenta o incluso ochenta horas a la semana, también me planteaba si valía la pena pasar por aquello simplemente para levantar de nuevo una propiedad que AOL había destruido en menos de un mes.

Tras lo que básicamente fue no tener adónde ir y un creciente deseo de poder mirarme a mí misma en el espejo, para poder mirar a mi hijo a la cara cada día, empecé a considerar seriamente fundar mi propia empresa —aquello que una vez creí que sería completamente imposible tras dar a luz.

Amaba a Eli y estaba disfrutando de mi tiempo en casa, reforzando mi vínculo con él. Pero era un bebé bastante relajado. Seguía trabajando varias horas al día, sin ninguna ayuda. Fui a China para presentar Disrupt Pekín, y dejé a Eli con Geoff. Le eché de menos, pero no fue el fin del mundo. No hacía tanto que me había convertido en madre, y seguía siendo yo. Seguía siendo ambiciosa. De hecho, quería que mi vida laboral fuera aún más significativa tras el nacimiento de Eli.

La ironía es que, si hubiera sabido que iba a fundar una empresa, jamás me hubiera quedado embarazada. Pero, sin Eli, jamás habría tenido el coraje y la convicción de que mis horas de trabajo tenían que importar mucho más. No habría sabido lo fuerte que era.

«He dado a luz», me decía a mí misma en los momentos más escalofriantes. «Ninguno de estos tipos lo ha hecho. Puedo con esto».

Un día, mientras Eli y yo paseábamos por la calle para comprar una quesadilla, le mandé un mensaje de texto a Marc Andreessen. Andreessen es uno de los inversores de capital de riesgo más famosos de Silicon Valley. Le había conocido como reportera, cuando él todavía era un emprendedor. Hacía tiempo que me estaba animando a que fundara mi propia empresa y se había ofrecido a financiarla si me lanzaba.

«De acuerdo, lo he decidido. No hay marcha atrás. ¿Qué tengo que hacer?».

Me mandó una larga lista de sugerencias. Para cuando me hice con la quesadilla, ya estaba fundando una nueva empresa. Para cuando se acercó la navidad, tenía acuerdos verbales con una docena de inversores; suficientes para tener el capital necesario para no tener que entregar a nadie una tajada sustanciosa de la empresa, ni tampoco un asiento en la junta de directores.

Esa parte era crucial, porque esta nueva publicación se dedicaría a cubrir la industria tecnológica. Mi objetivo era diluir las inversiones tanto como fuera posible, de manera que, si escribíamos sobre una empresa con la que compartíamos inversores, también compartiéramos inversores con su competencia. Lo que se denomina una *party round*. Las *party rounds* no suelen recomendarse para *startups*, por el mismo motivo por el que yo fundé la mía. Significaba que ningún inversor estaría tan implicado en la empresa como para preocuparse de si sobrevivíamos o no, para ayudar a recaudar fondos o para tener incentivo o posibilidad de interferir en el negocio. La misma apatía que nos dañaría si necesitábamos más capital o dirección garantizaría nuestra credibilidad.

Ya había llegado bastante lejos con todo esto cuando, un día, Arrington me llamó. Había estado hablando con Heather, que se había esforzado mucho en convencerme para que me quedara en *TechCrunch*, aunque sabía que ella tampoco tenía ninguna intención de permanecer en la empresa.

«¿Sabes cuánto te pagarían si te quedaras?», dijo.

¿Qué? Arrington había pasado semanas convenciéndome para que me fuera. Se había comprometido a invertir capital y escribir para mi página web. A estas alturas, ya había hablado con los inversores. Tenía un nombre para la web. Un veterano de la industria, Andrew Anker, había accedido a ser presidente de la junta directiva. Ya estábamos trabajando en un diseño para la web. Mucho de esto se debía al empujón que me había dado Arrington para que diera este paso, diciéndome que haría lo necesario para apoyarme, convenciéndome de que no necesitaba cofundadores.

«¡Eres Sarah Lacy, caray!», me dijo en una conversación en la que estaba peleándome con la falta de confianza que frena a tantas mujeres.

Y ahora... ¿qué? Pretendía convencerme para que... ¿me olvidara de todo? ¿Acaso estaba poniéndome a prueba?

«Heather dice que te pagará 350.000 dólares al año para que te quedes. Esa es la oferta con la que abre. Podrías negociar y hacer que suba. Es muchísimo más de lo que me pagaban a mí. Quizá deberías pensártelo. Solo quiero lo mejor para ti y Eli».

Lo mejor para mí y Eli. Arrington tenía mucho talento para desconcertarme, quizá más que nadie en mi vida. La manipulación emocional era su punto fuerte. Durante este periodo, pasaba tanto tiempo vacilando entre odiar *TechCrunch* y soñar con regresar a *TechCrunch* que no sé cuáles fueron realmente sus intenciones ese día en particular.

Pero colgué el teléfono llena de dudas. Al fin y al cabo, tenía que pensar en mi nueva adición a la familia. Tras quince años de escribir artículos sobre emprendedores, sabía lo difícil que era empezar una empresa.

La mayoría de los fundadores dicen que, de haber sabido en lo que se estaban metiendo, nunca se habrían lanzado a la piscina. Yo sí que lo sabía. ¿Me había vuelto loca? Empecé a preguntarme si valía la pena hablar con Arianna y presentar alguna exigencia desorbitada y desesperada: ¡Quinientos mil al año y echas a Erick! Sería algo de lo que estar orgullosa, ¿no?

Llamé a Paul. Se enfureció. Me interrumpió a gritos:

—No dejas de hablar sobre *TechCrunch* y lo que es mejor para *TechCrunch*, pero *TechCrunch* no me importa ni una mierda. ¿Qué pasa con *PandoDaily*? Quiero leer *PandoDaily*.

Me encantaría pensar que habría tenido suficiente amor propio como para seguir adelante con mis planes sin esta conversación. Creo que no fue así. Es una de las muchas maneras en las que Paul fue cofundador de la empresa desde los momentos más tempranos, sin llegar a ser cofundador de verdad. Mi «*faux* fundador», como terminé por llamarlo.

Para bien o para mal, cuando mi baja de maternidad llegó a su fin ya estaba comprometida, los fondos estaban comprometidos, Andrew estaba comprometido y la empresa estaba constituida. Incluso había encontrado una niñera, Megan, que empezaría a trabajar en enero. Estaba contratando a gente. Solo quedaba una cosa por hacer: Andreessen tenía que devolverme los documentos de financiación para que pudiera mandárselos al resto de inversores y pudiéramos así arrancar el larguísimo proceso de poner dinero en el banco.

Y no me estaba respondiendo. No era propio de él. Andreessen no dormía y estaba siempre conectado a Internet. Era casi imposible no recibir una respuesta con algún chiste a cualquier hora del día o de la noche. Yo le pedía los documentos, y él me decía que teníamos que hablar. Estaba en Memphis con Eli, en casa de mis padres, y empezaba a perder los nervios.

¿Qué carajo estaba pasando?

Sospechaba que el problema eran los términos. Ni Arrington ni Andreessen querían establecer los términos, y llevaban tiempo con un molesto tira y afloja. Así que Andrew sugirió que aprovecháramos la oportunidad para ir a por todas. Sugerimos algo llamado «nota convertible», que favorece a los emprendedores de manera extraordinaria. Es una manera de recaudar fondos sin tener que pasar por una valoración hasta más adelante. Asumiendo que alcancen un mínimo nivel de éxito, estas empresas valdrán más dinero pasado un año, momento en el que se recaudará más capital, para una empresa mucho más tangible que un esbozo en una servilleta. Así que las notas les permiten obtener el dinero en el momento y, esencialmente, cobrar a los inversores por la empresa que serán en un futuro próximo.

No debería sorprenderles si se lo digo que la mayoría de los inversores odia este tipo de trato. Aunque en esa época este tipo de tratos estaban en boga en Silicon Valley, uno de nuestros inversores de Nueva York dijo (no sin desdén) que era la primera vez que se habían tragado el cuento. Así de espectacular resultaba ser el sucesor de *TechCrunch*, con el apoyo de Michael Arrington y los fondos de Marc Andreessen, en el invierno de 2011.

No me sentía cómoda pidiendo algo tan agresivamente, pero ese es el motivo por el que Andrew era tan buen presidente. Rebosaba ego masculino confiado y se creía con derecho a todo, y exigía que yo fuera igual. Como tantas otras veces a lo largo de mi carrera en las que pedí más de lo que probablemente merecía, me pregunté qué haría un hombre y me obligué a hacer lo mismo y a fingir no sentirme increíblemente incómoda. Aunque *The Confidence Code* advierte a las mujeres que no intenten «fingir lo que pretenden ser hasta lograrlo», una buena parte de mi carrera ha consistido en fingir a la espera de convertirme en ello, en lo que a confianza se refiere. Si no hubiera exigido lo mismo que un hombre, seguiría trabajando en pequeñas publicaciones económicas locales.

Pero ahora me preocupaba que Andreessen se hubiera echado atrás con los términos. Caray. Sabía que me había pasado de agresiva. Y lo que era peor: no lograría hablar con él durante las fiestas. Su mujer y él eran muy entusiastas de las Navidades. eran de esa gente que todavía tiene el árbol decorado en julio.

Al final perdí los nervios y le mandé un correo electrónico. Le dije que necesitaba una respuesta porque ya había dimitido de *TechCrunch* y si no cobraba un sueldo en enero perdería la casa. Que ya había contratado personal y una niñera. Que, al fin y al cabo, era él quien se había pasado años diciéndome que debería fundar una empresa; era él quien me había preguntado qué necesitaba; era él quien me había dicho que escribiera esos términos. ¿Y ahora se echaba atrás?

El muy graciosillo me llamó entonces:

—Quería hablar contigo porque no quiero invertir doscientos cincuenta mil dólares. Quiero invertir un millón de dólares. Creo que los necesitarás para poner en marcha lo que estás construyendo, y nunca será tan fácil como ahora recaudar los fondos.

Oooh.

Esta representaría la mayor inversión ángel que Marc (rey de Silicon Valley) Andreessen había realizado fuera de sus propias empresas. Con calma.

Capítulo 5

NO TODAS LAS MADRES FUNDAN UNA EMPRESA, PERO TODAS TIENEN LA CAPACIDAD DE HACERLO

Era una mujer de treinta y muchos años, con un recién nacido, ningún cofundador y cero conocimientos tecnológicos, fundando una empresa en Silicon Valley. También era una persona extrovertida. Esto contradecía el estereotipo, características e imagen ideal del fundador típico de Silicon Valley.

Era el opuesto exacto del cerebrito veinteañero que se había graduado en la universidad (o en Stanford), sin vida social, que podía trabajar veinticuatro horas al día en una mazmorra-oficina, sacrificando su vida entera (bueno, seis años más o menos) para «hacer del mundo un lugar mejor» (o, al menos, para enriquecer a sus inversores).

Y precisamente diferir tanto de aquel ideal era lo que me hacía ser tan buena en mi trabajo, en particular mi edad y el hecho de tener un bebé. Empezar una empresa es el ejemplo más extremo de creación profesional, y el embarazo es el ejemplo más extremo de creación humana.

Pero, por algún motivo, hacer las dos cosas al mismo tiempo va completamente en contra de la sabiduría popular tradicional de Silicon Valley. El patriarcado te dirá que uno de estos actos de creación está reservado para los hombres, y el otro está reservado para las mujeres. Da igual que ambos requieran habilidades similares y planteen desafíos emocionales, físicos y psicológicos parecidos, recompensándonos con alegrías eufóricas y puntos bajos que la dejan a una prácticamente incapacitada.

No es casualidad que los fundadores digan que sus empresas son sus «hijos». Es irónico que el mismo mundo tecnológico que considera que una mujer embarazada es una mala apuesta profesional use constantemente metáforas maternales para expresar lo entregados y fantásticos que son en su trabajo.

No pretendo argumentar que todas las mujeres (o todas las personas) deban convertirse en empresarias. El resto del libro les quitará de la cabeza la idea de que mi trabajo ha sido divertido o glamuroso, o de que me ha hecho rica.

Desde luego, la gran mayoría de mujeres no disponen del lujo de las circunstancias de las que yo disfruté. La gran mayoría de mujeres —incluso aquellas que tienen la suerte de vivir en los principales centros económicos del mundo, como Silicon Valley— no disponen de fácil acceso al capital de los inversores. Las mujeres tienen más probabilidades de sufrir una falta de confianza en sí mismas que las frene, incluso si tienen oportunidades. Y muchísimas mujeres se esfuerzan cada día para ganarse el pan y no pueden permitirse pensar en arriesgarse con un nuevo negocio.

Existen muchas mujeres que viven matrimonios en los que no reciben apoyo para tener una carrera profesional, y mucho menos para convertirse en emprendedoras de riesgo. Y el apoyo es esencial, porque es un trabajo duro y solitario.

Hay muchos motivos serios e ineludibles por los que muchas madres no pueden afrontar los riesgos que yo sí que pude asumir, en especial durante la baja por maternidad. Pero, se lo aseguro, si las circunstancias y la suerte cambiaran, podrían. Las habilidades requeridas son las mismas. La maternidad fuerza a las mujeres a convertirse en las personas capaces de resolver problemas, a ser personas más fuertes, resistentes y creativas del planeta.

No lo creería si no lo hubiera vivido.

He visto a tantos CEO y emprendedores mirarme con lo que me gusta llamar la «cara de pena por ser madre soltera», sacudir la cabeza y decir «no sé cómo lo haces»… Lo cierto es que, dentro de lo que es ser madre soltera, la simple realidad es que mi vida no es tan difícil. No me hace falta tener tres trabajos para que mis hijos coman. Tengo la casa pagada y mis hijos van a buenos colegios. Lo importante es que soy capaz de hacer todo esto y hacerlo es lo que me ha hecho fuerte, resistente y capaz. Puede que este sea el motivo por el que las firmas de inversión que comprenden al menos una socia invierten el doble en emprendedoras. Ellas también lo saben. Las habilidades requeridas para ser madre y para ser emprendedora son sorprendentemente similares. He producido un podcast semanal con mujeres que son CEO, inversoras y emprendedoras desde principios de 2016, y las semejanzas surgen en cada conversación.

Algunas de las más destacadas son las siguientes:

Ambos son trabajos muy duros pero adorarán desempeñarlos. Harán por su empresa y por sus hijos lo que nunca harían por un jefe o por otro ser humano, incluidas ellas mismas. Y a menudo lo harán gustosamente.

Sensación de falta cualificación. Es una sensación extraña cuando el personal del hospital nos permite llevarnos a un humano diminuto y frágil a casa tras apenas un día de «capacitación». De manera similar, muchos empresarios jamás han dirigido a gente (en ocasiones ni siquiera han tenido un trabajo de verdad), ni mucho menos una empresa. Aunque pasaba de los treinta cuando lancé Pando, a lo largo de mi carrera nunca había dirigido personalmente a más de un puñado de personas. Sabía tanto acerca de dirigir empresas como mi marido sabía sobre cambiar pañales. Ambos aprendimos.

Los cofundadores de empresas y las parejas son fantásticos... cuando lo son. En un mundo ideal, tanto poner en marcha una empresa como criar a los hijos son cosas que se deberían hacer junto a otro ser humano por todo tipo de razones, pero solo si la combinación de ambos es buena. Si no, tanto un mal cofundador como un mal progenitor pueden hacer el trabajo más difícil. Si no tienen el acompañante adecuado, es más fácil hacerlo sola.

Se convierten en viajeras del tiempo. Los progenitores y los empresarios pueden exprimir la productividad máxima en cada momento. Pero, más allá de eso, el tiempo fluye de manera extraña cuando una está poniendo en marcha una empresa o criando a los hijos. El cliché es aquello de «los días son largos pero los años son cortos». Cuando lleven unos cuantos años y traumas a la espalda, desarrollarán la extraordinaria habilidad de respirar hondo en las situaciones más duras, sabiendo que todo pasa. Todo es una fase. Aprenderán a sacar tiempo de la nada o simplemente a aguantar el chaparrón hasta que alcancen la siguiente fase.

Todo es personal, para bien y para mal. Son expertas en lo que a sus hijos y su empresa respecta, si confían en que lo son. Echan mano de sus habilidades innatas y específicas para resolver cada conflicto y lo solucionan como nadie más podría. Su trabajo como progenitor o como CEO es ser lo que su hijo/empresa necesite en aquel momento. Todo es mucho más personal de lo que sería si su hijo o su empresa no tuvieran nada que ver, porque lo que aquí está en juego es el corazón y el legado. En ocasiones, harán cosas que no tienen sentido, ni racional ni económicamente, porque no se trata de usar la cabeza, se trata de usar el corazón.

Fracasarán la mayor parte del tiempo. Uno de los aspectos más duros de ser emprendedora es lidiar con la psique. La perfección no es posible. Y eso es lo bueno y lo malo de ambas cosas. Las personas que se convierten en emprendedoras están acostumbradas a alcanzar sus objetivos, pero incluso los mejores fracasan buena parte de las veces. Hay que mantener el equilibrio sobre una fina cuerda, en el punto entre tomarse los fracasos en serio y no tomárselos tan en serio como para no poder superarlos.[30] Saber que los fracasos son habituales y preverlos puede que nos libere, pero también tiene un impacto psicológico. Es tentador mirar atrás y señalar lo que podrían haber hecho mejor (riesgos que no deberían haber asumido, dinero que no deberían haberse gastado en algo que no dio resultado), pero cada una de esas cosas ayudó a que su empresa y la cultura laboral de la misma sean lo que son. Es imposible eliminar una experiencia y que el resultado sea la misma empresa, como sugieren todas esas advertencias acerca de viajar al pasado y pisar un mosquito. Lo mismo pasa con la maternidad. Fracasarán, sin duda. Quizá pierdan a los niños en el centro comercial. Quizá se olviden de abrocharles el cinturón de seguridad un día que estén exhaustas. Quizá se les caigan de los brazos. Puede que hagan un millón de cosas que las harán sentir como las peores madres del mundo en aquel momento. No lo duden, en el futuro, sus hijos se quejarán a una tercera persona acerca de alguna decisión suya que les fastidió la vida. Tienen que tomarse estos fracasos en serio, pero también tienen que superarlos y seguir adelante. Lynn Perkins, CEO de UrbanSitter, señala que tener

30 «No puedan superarlos»: HOROWITZ, B.: *The Hard Thing About Hard Things: Building a Business When There Are No Easy Answers*. HarperCollins, Nueva York, 2014.

gemelos fue fantástico para su personalidad controladora: «Aprendes que no puedes controlarlo todo».

Se acostumbrarán a ser el poli malo. Parte de la maternidad es no rendirse tras escuchar que ese ser, al que aman más que nada en el mundo, las odia. He llegado a un punto con Eli en el que directamente le digo: «Que llores solo me hace más fuerte, porque me hace ver que ahora mismo estás aprendiendo una lección». También al empezar una *startup* les tocará ser el poli malo. Sangrarían por sus empleados, que las respetan lo bastante como para creer en su visión de futuro, pero también es muy probable que hagan imitaciones humorísticas de ustedes a sus espaldas. Su trabajo no es ser su amiga.

Fundar una empresa y ser madre son las pruebas de resistencia definitivas para los humanos. Puesto que ambas experiencias son tan personales, sobrevivirán sin dormir, sin vacaciones y sin ninguna comodidad, si es por sus hijos o por sus empresas. Es como correr una maratón, pero aplicado a su vida entera. La idea de que la maternidad las hace más débiles es absurda si miran el asunto con mayor perspectiva y consideran las exigencias de la maternidad.

No importa lo mal que salga, resurgirán siendo una versión mejorada de ustedes mismas. En Silicon Valley, un currículo vale más en cuanto se logra convencer a alguien (quien sea) para que dé dinero para fundar una *startup*. No importa lo que le ocurra a la empresa, el simple hecho de haber sido fundadora se considera valioso. Y no es sin motivo. Si Pando se hundiera mañana, mis inversores perderían dinero, pero mi fuerza, experiencia, empatía y valor como empleada para otra empresa habrían crecido de manera considerable. La maternidad es muy parecida. El simple hecho de sobrevivir es una victoria. Incluso el progenitor menos entusiasta crecerá como persona. Incluso a la persona más fría del mundo se le ensanchará el corazón. Con ambas experiencias, mirarán hacia atrás, glorificarán las peores partes y, de manera irracional, querrán volver a pasar por lo mismo. Recuerdo la primera vez que Eli enfermó. Pasé varias noches en vela con él. El pobre lloraba, tosía, ardía de fiebre y alucinaba, veía tiburones nadando por la habitación. Dormimos juntos en un camastro en el suelo de su habitación, porque su cama de Rayo McQueen solo aguanta 20 kg y tengo por norma inquebrantable no permitir que mis hijos duerman en mi cama (nunca se irían). Fueron

unos días miserables, es desgarrador no poder librar a los hijos del dolor. Los pasé desvelada. Sentía su cálido aliento en la cara cuando por fin se dormía. Casi me parecía ver los gérmenes entrar en mi cuerpo. Cuando Evie se pone enferma, es aún peor. Sus técnicas para acurrucarse parecen sacadas de un manual de prácticas sofisticadas: me pasa el brazo por el cuello, de manera que no puedo moverme, lo que hace de mi posición incómoda un martirio, me clava los codos en el costado y me da cabezazos cuando se da la vuelta. Después, por fin, la fiebre baja y me siento más unida a ellos que nunca. Algunos de mis mejores recuerdos con mis hijos son de cuando les he ayudado a pasar por situaciones horrorosas. En esos momentos se fundamentan la confianza y el amor incondicional. Es por esos momentos por lo que acuden a mí cuando tienen miedo o les duele algo. Y también ese es el motivo de que las siestas en el sofá de mis padres me sigan pareciendo la experiencia más relajante del universo.

Pero también es porque estas situaciones, al final, terminaron bien. No fue más que un resfriado, una conjuntivitis, unas anginas, un eritema, una fiebre aftosa (¡Fiebre aftosa! No sabía lo que era y lo busqué en Google: los primeros resultados hablaban de una enfermedad del ganado; lo que corre por las guarderías es increíble). Pasa lo mismo con las *startups*. Todo el mundo tiñe de rosa esos primeros años de esfuerzo y terror mezclados con las posibilidades ilimitadas. Pero la realidad es que esos primeros años son horribles. Solo son bonitos mirando hacia atrás, cuando lo peor ya ha pasado.

***

A estas alturas, llevo cinco años teniendo esta conversación con otros progenitores que han fundado *startups*, invierten o trabajan en ellas. Siempre me sorprende que las anécdotas que nos parecen tan personales también resulten ser tan universales. Eso es algo que el emprendimiento y la maternidad también comparten. Las experiencias y circunstancias son siempre distintas, pero, aun así, otro empresario u otro progenitor siempre podrán comprender esas experiencias propias más profundamente que aquellas personas que nunca hayan fundado una empresa, o que nunca hayan tenido un hijo. Téngase en cuenta que he dicho «progenitores», no «madres». Varios estudios han demostrado que los padres también se benefician y mejoran en productividad y empatía al tener hijos. Cuanto más se involucran en la crianza de los hijos, más se benefician. Hay una parte que solo viene con la maternidad, pero las diferencias, en general, se corresponden con la división de labores en casa.

El CEO de Thrillist, Ben Lerer, me dijo que cuando estaba pasando por una temporada increíblemente estresante (dividiendo una empresa en dos, llevándose una mitad y levantando dos rondas de capital de riesgo a la vez), un día, jugando con su hijo pequeño, un pensamiento le cruzó la cabeza: «Nunca sabrás que he hecho todo esto». De repente, se calmó. «Estoy haciéndolo lo mejor que puedo y es una situación estresante, pero terminará por pasar y seguiré aquí», se decía a sí mismo.

Carl Bass, CEO de la empresa de software Autodesk, valorada en 18.000 millones de dólares, dice que es capaz de distinguir inmediatamente si las personas que trabajan para él son padres o no. Según él, los que no tienen hijos se vuelven locos cuando se encuentran en una situación que no pueden controlar de ninguna manera. «Los que tienen hijos están acostumbrados a esas cosas», dice.

Un padre soltero recibiría los mismos beneficios que una madre soltera, igual que una madre o padre adoptivos o una pareja del mismo sexo. No es un asunto biológico. No tiene nada que ver con crear una vida en el útero materno o darle de mamar (por increíbles que me hayan parecido a mi esas experiencias). Lo importante es estar ahí día tras día, adorando a esa criatura incluso en los peores momentos, y no rendirse.

Una de mis citas favoritas acerca del mundo empresarial viene de una entrevista que le hice al inversor de riesgo Ben Horowitz: «Una de las cosas horribles de ser fundador y CEO es que es el único trabajo del que no puedes dimitir... Y si dimites, es porque eres gentuza».

Cuando lo dijo me pareció tan real que un año lo imprimimos en fundas de cojín (imitando un bordado) y se lo regalamos a nuestros lectores. Pero la realidad es que conozco a mucha más «gentuza» que ha abandonado su propia empresa que madres que hayan abandonado a sus hijos. La mayoría de las *startups* fracasan, y muchas de las que sobreviven terminan siendo vendidas. Pero la maternidad es para siempre.

Capítulo 6

SI NO CONTRATAN A MÁS MUJERES TRAS LEER ESTE CAPÍTULO, ES PORQUE SON MACHISTAS

Más allá de la lógica y las anécdotas, hay multitud de datos que apoyan el hecho de que las mujeres (madres incluidas) son, por naturaleza, fantásticas emprendedoras, gerentes y empleadas.

First Round Capital —una firma de inversión que ha apoyado cientos de *startups* desde las primeras etapas, entre las que destacan Uber, Birchbox, Square y Blue Apron— publicó un informe revolucionario acerca de sus datos internos en 2015. Una de las conclusiones más sorprendentes fue que las empresas fundadas por mujeres tenían un 63 % más de éxito que las fundadas solo por hombres. La fundación Kauffman informó de datos parecidos, publicando que las emprendedoras del mundo de la tecnología rindieron un 35 % más, de media, que sus homólogos masculinos.[31]

Otro estudio de 2016, llevado a cabo por un grupo llamado Women VC, mostró que las inversoras de riesgo también rendían más, de media, que sus equivalentes masculinos. Y esto pese al hecho de que las inversoras de riesgo suelen quedar relegadas a las partes del mercado con menos retorno de beneficios, como la sanidad y el comercio en línea.

Varios estudios demuestran que las *startup* lideradas por mujeres tienen más probabilidades de sobrevivir, rinden más y generan más beneficios. Uno de ellos, llevado a cabo por BNP Paribas, señala en particular

---

31 N. de la Ed.: Véase el artículo de Álvaro Bayón en el que entrevista a Luz Ramírez, Managing Partner de Red Capital Partners, titulado «Las empresas dirigidas por mujeres son más rentables», publicado por el periódico de economía *Cinco Días* el 3 de julio de 2019. En línea: https://cincodias.elpais.com/cincodias/2019/03/07/companias/1551987082_104719.html

las altas tasas de éxito —y ambición— entre las emprendedoras de menos de trentaicinco años.

Más allá del mundo de las *startups*, McKinsey afirma que las empresas con mayor paridad de género entre sus empleados tienen un 15 % más de posibilidades de superar el rendimiento de sus competidores. Un estudio de Intel and Dalberg concluyó que las compañías tecnológicas con al menos una mujer ejecutiva tenían hasta un 16 % más de «valor de empresa» que aquellas en las que el equipo ejecutivo estaba formado exclusivamente por hombres. Un estudio llevado a cabo por Bersin señala que las empresas que fomentan la paridad de género y la alcanzan pueden obtener un flujo de caja 2,3 veces mayor por empleado. Estudios de Goldman Sachs, Credit Suisse, Morgan Stanley, Catalyst y el Foro Económico Mundial han llegado a conclusiones similares acerca de los beneficios financieros en las empresas cuyos equipos cuentan con una presencia equilibrada de ambos sexos.

Los equipos compuestos equilibradamente por ambos géneros también son más «admirados», según un estudio que examinó datos de las listas *Fortune 500* y *World's Most Admired Companies*. Weber Shandwick descubrió que las empresas con mejor reputación en sus respectivos campos tenían el doble de mujeres en puestos de responsabilidad que las empresas con reputación pobre.

En el ámbito macroeconómico, el Joint Economic Committee del Congreso de EUA concluyó que la economía de Estados Unidos cuenta con dos billones de dólares más de lo que contaría si las mujeres no hubieran avanzado con tanta fuerza en el mercado laboral en las últimas cuatro décadas. En total, los negocios que pertenecen a mujeres generan aproximadamente 1,6 billones de ingresos en Estados Unidos, según la Oficina del Censo. En la misma línea, McKinsey concluyó que una mayor igualdad de género en el mercado laboral podría sumar otros 12 billones de dólares a la economía global.

Podría continuar. Tengo una carpeta llena de estudios como estos. Pero ya han captado la idea: los números no respaldan la discriminación de género, el muro maternal, los deseos del patriarcado o sus muchas mentiras. Que lo sepan.

Aunque no tengan ni la más mínima intención de fundar su propia empresa, los beneficios de la maternidad pueden ayudarlas en su carrera profesional de mil maneras. Hay cuatro «músculos» principales que la maternidad entrena y que pueden ayudar a mejorar a cualquier mujer, en cualquier profesión: productividad, resistencia, creatividad y gestión empática.

Estas cualidades son vitales para fundar o dirigir una empresa, pero también ayudarán a las madres en prácticamente cualquier trabajo. La maternidad no solo las convierte en mejores líderes, también las hace mejores empleadas. Da igual si no pretenden fundar una empresa, o si ni siquiera pretenden volver a trabajar a jornada completa o fuera de casa, sepan que estos cuatro músculos que la maternidad refuerza las hará mejores que sus homólogos si confían en sí mismas.

Productividad

Puede que esta sea la más obvia. Tras tener hijos, disponen de la misma cantidad de horas al día, pero hay muchas más cosas por hacer. Se convierten en maestras de la multitarea, una habilidad que ya de por sí se les suele dar mejor a las mujeres que a los hombres. La ciencia respalda lo obvio: un estudio llevado a cabo por el Federal Reserve Bank de Saint Louis observó que, a lo largo de carreras de más de treinta años, las madres son mucho más productivas que las mujeres sin hijos en prácticamente todas las etapas de su vida profesional. Y las mujeres con dos o más hijos resultaron ser el grupo más productivo de todos los que se estudiaron.

Si acaban de tener un bebé, si hace semanas que no duermen, no tuvieron el lujo de una baja por maternidad y están contemplando el caos que las rodea en su casa, es probable que no se sientan como máquinas de la productividad. Pero este estudio debería darles esperanza. En él se concluye que los hijos pequeños impactan en la productividad de manera temporal, empeorándola entre un 15 % y un 17 %. Para las mujeres que tienen varios hijos, el primero causa una bajada de rendimiento del 9,5 % y el segundo lo reduce un 12,5 % más. Un tercer hijo disminuye la productividad otro 11 %. Sin embargo, estos declives son temporales y, en cuanto los niños alcanzan los trece años,[32] las mujeres no solo se con-

---

32 Esto no implica que la mejora en productividad no ocurra antes de los trece años; los investigadores solo estudiaron niños y adolescentes, sin examinar más de cerca situaciones con bebés, niños de preescolar o de primaria. En mi caso, cuando los niños dejaron de tomar el pecho y empezaron a la ir a la guardería, gané muchísimo en productividad.

vierten en más productivas que cualquier otro de los grupos estudiados, sino que siguen siéndolo durante el resto de sus carreras.

Tómense esos primeros años como si estuvieran estudiando un máster por las tardes. Serán menos productivas, dormirán menos y estarán más estresadas durante unos años, pero recogerán los frutos durante el resto de su vida profesional.

«Cuando tuve un hijo, mi concentración se multiplicó por mil», dice Anne Fulenwider, de *Marie Claire*. «Me concentré en la productividad como nunca. Nada de pasar una hora navegando por Internet. Nada de pasar veinte minutos charlando con mis compañeros. Sencillamente, era muy muy consciente de cómo maximizar cada minuto».

Los padres también se benefician, según este estudio. Los padres con un solo hijo rinden de manera similar a los que no tienen, pero los hombres con varios retoños resultaron ser más productivos que el resto de los hombres estudiados (aunque no llegan al nivel de las mujeres, ni de lejos).

Cuando las circunstancias (cuidar de los niños, de padres ancianos o de seres queridos enfermos) las obliguen a perder productividad, darán traspiés, pero tarde o temprano encontrarán la manera de hacer la misma cantidad de trabajo que hacían antes, pero en menos tiempo. Y una vez que hayan desarrollado esta habilidad, las acompañará el resto de su vida.

Solía bromear diciendo que durante los tres primeros años de Pando era como Iñigo Montoya, de *La princesa prometida*. La gente creía que ya estaba trabajando duro, pero pasé todo ese tiempo embarazada o dando el pecho. Cuando desteté a Evie, fue como proclamar ante el mundo: «Sé algo que vosotros no sabéis... ¡No soy zurda!». Entonces me cambié la espada de mano y triunfé aún más.

Nicole Farb, CEO de Darby Smart, estaba embarazada de gemelos cuando levantó la primera ronda de capital de inversión. Recuerda los primeros días de la empresa con un bebé en cada brazo. Aumentó su confianza en sí misma y en lo que podía lograr.

Curiosamente, no me sentía fuera de control, sentía que lo tenía todo controlado. En el mundo de los emprendedores se oye mucho que «la concentración lo es todo». [Antes de convertirme en madre] no sabía lo que significaba, exactamente. Pero es como... A ver, hay cinco platos dando vueltas en el aire, ¿cuál es el que de verdad está a punto de caer? ¿Seguro que necesito ducharme hoy? Lo más probable es que no. ¿Seguro que tengo que ir al gimnasio? Lo más probable es que no.

La resistencia de una guerrera

No es coincidencia que la campaña de «Hillary, corrupta» tuviera más éxito que acusar a Hillary de no ser físicamente capaz de soportar el trabajo: incluso los machistas son conscientes de la resistencia que hay que tener para ser madre (o abuela). Durante la campaña, cuando se reveló que Hillary había tropezado porque seguía trabajando pese a sufrir una pulmonía, todas las madres trabajadoras asintieron.

Es simple: las mujeres tenemos que trabajar más que los hombres para demostrar nuestra valía; en especial después de tener hijos. Y no solo en la carrera presidencial, ni solo en la oficina. Las mujeres y las chicas lo viven en sus carnes durante toda su vida. Solo hay que observar los deportes en el instituto.

En 2008, Michael Sokolove escribió un artículo impresionante y terrorífico en *The New York Times Magazine* que pretendía llegar al fondo de la altísima presencia de lesiones en los deportes femeninos.[33]

Parte de la diferencia se debe a la biología, según el artículo. Un aumento repentino en los niveles de testosterona durante la pubertad hace que los chicos puedan generar músculo con menos esfuerzo. El estrógeno causa lo mismo en las chicas... pero con la grasa, no con el músculo. Las chicas deben entrenar mucho más para ganar masa muscular, lo cual puede llevar a ligamentos desgastados y mayor riesgo de lesión.

Pero, en parte, la culpa también es de la «ética de la guerrera», según la cual las chicas se niegan a quedarse en el banquillo cuando están lesionadas, ya que la presión social las ha inculcado que deben esforzarse más que los chicos si quieren que se las considere atletas al mismo nivel. Efectivamente, una chica en el instituto con un esguince vivirá en sus propias carnes su versión del prejuicio «¡vuelve a demostrarlo!» al que se enfrentan las madres que vuelven al trabajo.

El artículo aporta citas de una chica tras otra, en las que se relata cómo pasaron sus carreras deportivas compitiendo con dolor constante.

---

33 «Lesiones en los deportes femeninos»: SOKOLOVE, M.: «The Uneven Playing Field», *The New York Times Magazine*, 11 de mayo de 2008, MM54.

Según el entrenador de un instituto, «los chicos son más dóciles. Están dispuestos a quedarse en el banquillo si es lo que les pido. Las chicas quieren volver a la cancha. Quieren que las vende y las deje jugar».

Esta «ética de la guerrera» es un peligro para las chicas, ya que vuelven a entrenar antes de recuperarse completamente. Y lo que es más peligroso: desarrollan tolerancia al dolor constante, no hacen caso a las señales de que un problema puede haber empeorado e intentan seguir entrenando pese a las lesiones.

Y no piensen que esto solo ocurre en los deportes femeninos:

Encontramos un paralelismo fascinante en la investigación de la proporción de lesiones en el entrenamiento básico del ejército de Estados Unidos, un programa de dos meses que empuja a los reclutas hasta sus límites físicos. En numerosos estudios llevados a cabo durante las dos últimas décadas, se demuestra que la tasa de lesiones entre mujeres es sustancialmente mayor que entre hombres, con particular énfasis en las fracturas por estrés en la región inferior de las piernas. Pero un estudio mayor también sugiere que las mujeres no solo sufren más lesiones, sino que son más duras. Solo con lesiones más serias se quedan en el banquillo. Los hombres, en comparación, son unos quejicas: se marchan por lesiones mucho menores.[34]

He aquí el patriarcado. El artículo continúa: «En los deportes, como en el ejército, las mujeres son las recién llegadas, relativamente. En ambos campos puede que haya un elemento de "echarle ovarios" para demostrar que ellas también pertenecen a estos ámbitos».

Y yo que pensaba que es una injusticia que a una mujer que acaba de parir se la considere débil. Para cuando llegan a la secundaria, las chicas han interiorizado tanto la idea de que tienen que esforzarse más para que se las considere iguales que conviven con lesiones toda la vida.

Está claro que una resistencia sin límites también tiene inconvenientes. Pese a esto, puede germinar amor propio al descubrir que el cuerpo es capaz de ir más lejos de lo que la mente cree.

Las mujeres no deberían tener que esforzarse el doble para que se las considere iguales, pero el hecho de que se nos haya condicionado desde

---

34 «Lesiones mucho menores»: *Ibid.*

el colegio para darlo por sentado podría ser uno de los motivos por los que las inversoras y emprendedoras, de media, rindan más que los hombres. Si no fuera así, no habrían llegado adonde están.

Creatividad liberada

Tener mayor productividad y resistencia está muy bien. Ambas cosas nos permiten tener la habilidad de rendir durante más horas y aprovecharlas al máximo. Pero eso no es más que fuerza bruta. Lo más increíble que he vivido relacionado con la maternidad es que la calidad de mi trabajo también ha mejorado de manera notable. Como periodista, me volví más mordaz, más directa, más agresiva y, como escritora, mi voz se hizo más limpia y convincente. Desde que me convertí en madre, he escrito algunas de mis mejores obras, y soy capaz de hacerlo más rápido.

Fue como si a mi cerebro le hubieran cambiado las conexiones y se hubiera vuelto más creativo. La magia de las limitaciones: la creatividad es la manera de resistir contra la falta de tiempo y de los recursos que se nos impone.

La CEO Julia Hartz tuvo su primer hijo durante las fases iniciales de Eventbrite, empresa que fundó con su marido. Estaba respondiendo a correos electrónicos de servicio al cliente mientras se la llevaban al quirófano a dar a luz. Poco después, llamó a su madre en medio de un ataque de pánico porque sentía que nadie la había preparado para una vida con una carrera profesional, un marido y un bebé: ¿Cómo se las arregla una con todo eso?

> Lo único que pudo decirme fue: «las mismas cualidades que te han llevado hasta donde estás, te llevarán adonde quieras ir». Me pareció muy irritante, no era la respuesta que quería oír. Mi reacción fue un poco «no me cuentes estas tonterías zen budistas». Pero, mirando atrás, creo que es un buen consejo.

Lo que su madre estaba describiendo es la resolución creativa de problemas.

Puede que esta habilidad sea más valiosa que las dos primeras que hemos visto. El CEO de Airbnb, Brian Chesky, no es ni madre ni padre, pero ha usado la creatividad para revolucionar la industria hotelera, una industria de medio billón de dólares. En su primer día en la Rhode Island School of Design, el profesor pidió a sus alumnos que pintaran un autorretrato. Estuvieron toda la semana agonizando con la tarea antes de presentarla ante la clase, haciendo muecas al recibir críticas, analizando minuciosamente lo que deberían haber hecho, lamentándose por no ser perfectos. La siguiente tarea era hacer doscientos autorretratos en el mismo tiempo. «Está claro que no hay bastantes horas en una semana», dijo cuando me contó la historia. «El objetivo era mostrarnos que, aunque una solución parezca imposible, con creatividad siempre se encuentra una manera».

Con todo mi respeto por la escuela, no me imagino un mayor campo de batalla para la creatividad que criar niños. Intenten explicar conceptos como Dios, el sexo, la guerra, la muerte, Donald Trump o por qué el cielo es azul a una criatura de tres años que apenas domina los días de la semana. O imaginen introducirse en la mente de un niño pequeño para tratar de deducir desde qué mueble piensa saltar en cuanto salgan ustedes de la habitación y evitar el desastre antes de que ocurra.

Y no es solo cuestión de pensar en soluciones creativas cuando hay falta de sueño y no se dispone de recursos ilimitados. Al observar la mente de un niño (y al incentivarla o al combatirla) según se desarrolla, la experiencia también sirve para desbloquear nuestra propia creatividad.

Uno de mis ejemplos favoritos de esto es Shirley Jackson, autora de *La lotería*. Una biografía reciente de Jackson titulada *Shirley Jackson: A Rather Haunted Life* detalla la transformación creativa y profesional por la que pasó al tener hijos, aunque tenía una pareja que no la apoyaba en lo más mínimo.

El libro se inspira especialmente en sus cartas. En una, dibujó una caricatura de sí misma de pie en una habitación, con un bebé agarrado por el tobillo mientras su marido se echaba la siesta en el sofá. «He escrito tres párrafos de golpe y me he quedado agotado». Pese a la conocida doble moral, la carrera de Jackson no despegó hasta después de convertirse en madre.

Jackson a menudo se quejaba del ejercicio mental que requería ser madre y escritora a la vez (la «culpabilidad persistente» sobre terminar la colada o preparar comidas que solía interrumpir su trabajo creativo) [...]. Pero muchos escritores, en especial las mujeres, aprenden a derivar energía imaginativa de sus limitaciones [...].

Escribir en las horas entre la guardería de la mañana y la comida, mientras un bebé se echaba la siesta o tras acostar a los niños, exigía una disciplina que, con el tiempo, terminó por beneficiar a Jackson. Constantemente pensaba en nuevas historias mientras cocinaba, limpiaba o llevaba a cabo otras tareas. «Todo el tiempo que paso haciendo camas, fregando platos o yendo al centro a por zapatillas de danza, estoy contándome historias», dijo en una de sus clases [...].

Lo logró, no hay duda, porque no había alternativa. Necesitaba a los niños tanto como estos la necesitaban a ella. Sus imaginaciones le daban energía; sus rutinas le daban estabilidad [...]. Jackson no habría podido convertirse en escritora antes de tener hijos. No habría sido la misma escritora sin ellos.[35]

Dirección empática

Las salas de redacción son entornos duros. El trajín diario de contar las noticias se alimenta de café malo, petacas de *whisky* escondidas en cajones de escritorios, noches sin dormir y editores canosos que gritan diatribas salpimentadas de palabrotas cada vez que alguien se equivoca o no entrega a tiempo. Me formé pensando que el negocio de las noticias es así y punto.

Trabajé para cinco editores distintos antes de crear mi propia empresa. Dos fueron excelentes y los otros tres, prácticamente psicópatas (quizá no sea coincidencia que los dos excelentes tuvieran hijos y que los otros tres, no).

Dirigir a los empleados a fuerza de gritos y amenazas es efectivo. Pero solo es efectivo a corto plazo. Dirigir con empatía y compasión es mucho más sostenible. El problema es que es mucho más difícil. El CEO de Linked-In, Jeff Weiner, habló conmigo sobre la «dirección compasiva» en una entrevista en 2014:

Es fácil portarse como un cabronazo. A menudo pienso que parte de este comportamiento nace de la pereza, porque quien sea no quiere dedicar tiempo a comprender lo que la otra persona pueda estar pensando o sintiendo, o porque no quiere tener que lidiar con su energía o su mal día. [...] Es agotador, pero es la única manera de forjar un equipo capaz de crecer. El mal comportamiento es el polo opuesto. Es hacer lo primero que se nos pasa por la cabeza.

---

35 «La misma escritora sin ellos»: FRANKLIN, R.: «The Novelist Disguised as a Housewife», *The New York Magazine*, https://www.thecut.com/2016/09/shirley-jackson-rather-haunted-life-c-v-r.html?mid=fb-share-thecut (consultada el 27 de septiembre de 2018).

Leigh Rawdon, CEO de la empresa de ropa para niños Tea Collection, recuerda recibir una crítica al principio de su carrera: «La buena y la mala noticia es que caes bien a la gente».

Hay percepciones en todo esto que resultan importantes, pero también está la idea de que existe otra manera de liderar. Es maravilloso empezar a tener ejemplos de mujeres que nos muestran otro camino. Siempre he oído comentarios, como que es mala idea intentar alcanzar un consenso. ¿De verdad es así? O quizá sea una manera natural y maternal de escuchar, conectar con las personas, mover las cosas en la dirección que deseas con una mentalidad un poco distinta a «soy la capitana, se hace lo que yo digo».

Como muchas de las mujeres con las que he hablado, Anne Fulenwider, de *Marie Claire,* jamás habría creído que convertirse en madre la haría mejor empleada y mejor líder, ni que trabajar la haría mejor madre. «Si me hubieras dicho algo así, habría pensado que eras una feminista iluminada superoptimista, pero lo he vivido en mis propias carnes», dice.

Como madre, ha sido un modelo a seguir para su hija. Como empleada, era más productiva, y como jefa, cambió su perspectiva sobre «lo que importa», según dice. Respeta más el tiempo de los demás, respeta menos las horas que pasa cada uno en la oficina.

Me ayudó a apreciar los distintos talentos que cada uno aporta. Veo que plantarme ahí y desgañitarme a gritos no funciona con niños de cuatro y seis años, ¿por qué pensar que esta manera de dirigir en vertical funcionará [en la oficina]? El problema al que me enfrento en casa es que ahora mis hijos no me escuchan para nada. Y esto me ha hecho una jefa mucho mejor porque, al fin y al cabo, es otra tarea de dirección.

La empresa de Amy Errett, Madison Reed, está íntimamente unida a su experiencia como madre: fue su hija la que la convenció para que creara la empresa, alegando que su idea de crear tintes de pelo no tóxicos «salvaría vidas de mujeres».

—¿Mamá, vas a hacerlo? —le dijo su hija una mañana, tras meses de conversaciones mientras Errett sopesaba la decisión—. En nuestra familia las mujeres somos fuertes, y siempre me has enseñado que deberíamos ir a por nuestros objetivos, así que tienes que hacerlo.

El momento marcó a Errett de tal manera que bautizó su empresa con el nombre de su hija. «Esta marca se dedica a empoderar a las mujeres; para mí, es personal», dice. También la dirige de una manera muy personal.

Dirigir un grupo de personas es una tarea análoga a criar hijos. No lo comprendí en el ámbito celular hasta que me convertí en madre. Mi trabajo consiste en adaptarme a Madison, no en que ella tenga que adaptarse a mí. Consiste en validar las cosas buenas que desarrolla y poner barreras de seguridad. Mi trabajo y el de [mi esposa] Clare consiste en ayudarla a descubrir su genialidad. Es el mismo trabajo que tengo aquí. Parte de mis tareas consisten en comprender que a mi CTO lo motivan cosas distintas. Mi labor es crear un espacio en el que su genio pueda brillar, cosa que lo beneficia a él y a la empresa. Es muy parecido a trabajar para ellos. Tenemos que intentar encontrar este punto incondicional en nuestro interior.

***

Todo esto puede parecer obvio. Pero, claramente, mucha gente no cree que las madres tengan habilidades útiles, o no veríamos al 60 % de ellas sufriendo prejuicios en el trabajo, ni al 75 % de mujeres en Silicon Valley les preguntarían si pretenden tener hijos en las entrevistas de trabajo. El 40 % de las mujeres de Silicon Valley no sentirían la necesidad de ocultar el hecho de que son madres para que se las tome más en serio. Las mujeres que fundan empresas serían más del 3 % de los inversores de riesgo.

Durante la investigación que llevé a cabo para escribir este libro, hablé con más o menos una docena de hombres que comprendían todo esto. Hombres que incluso dicen que prefieren contratar a madres. No para poder decir que su plantilla es igualitaria ni para quedar bien, sino porque la experiencia les ha enseñado que pueden confiar en que las madres harán su trabajo sin que importe lo que se cruce por el camino. O simplemente porque creen que las madres aportan capacidades a la empresa que los hombres no poseen.

Un ejemplo es el inversor de capital de riesgo Mike Maples, que ha invertido en compañías como Twitter, TaskRabbit y Lyft. Cuando decidió contratar a su primer socio, específicamente buscó a una mujer, y la encontró: una candidata a doctorado de Matemáticas de Stanford sin experiencia llamada Ann Miura-Ko. El personal de la empresa es mayormente femenino, y a Maples le gusta decir que es Ann quien tiene «la buena racha». Efectivamente, es una de las seis inversoras de capital de riesgo en la Lista de Midas anual de *Forbes*, y forma parte de la junta del prestigioso comité de inversiones de Yale. Más allá de los beneficios monetarios, la mezcla de energía masculina y femenina hace que se admita la ignorancia más frecuentemente y se busquen acuerdos.

Andy Bunn, CEO de la empresa de ropa para hombres Bonobos, describe a las mujeres como «igual que los hombres, pero un poco mejores».

Las mujeres tienen más juicio, más empatía, y está demostrado que son mejores emprendedoras en igualdad de condiciones. En lo financiero, son más astutas. Aun así, vivimos en un mundo donde los hombres pesan 1,6 veces más que las mujeres, un hecho que ha puesto la zancadilla a las mujeres durante muchos años de historia. Las cosas empiezan a cambiar. Y la velocidad a la que cambian está acelerando. El próximo siglo lo bautizaremos como el relevo de las mujeres. Y cuando digo «relevo» no quiero decir: «¡empezad a correr, chicos!», quiero decir que «el ascenso de las mujeres mejorará vuestras condiciones de vida».

Esto es lo que opina un hombre que se dedica a la moda masculina. A Dunn no le beneficia proclamar esta opinión: creer en las mujeres no empujará su negocio ni lo ayudará a recaudar capital. Es lo que cree y punto.

Los estudios llevados a cabo sobre equipos formados por hombres y mujeres y equipos liderados por mujeres respaldan claramente los instintos de Dunn y Maple.

Hay muchos hombres que jamás creerán que las mujeres cuentan con ventajas para desempeñar el trabajo. ¿Podemos estar de acuerdo en que las madres desarrollan habilidades llevando a cabo una de las tareas más duras del mundo y que estas habilidades no son una desventaja en el lugar de trabajo? ¿Que estas habilidades no son algo que se deba desechar durante el proceso de reclutamiento?

Tristemente, esta ya sería una postura radical en muchos lugares del mundo actual.

***

En algún momento de 2011, mientras *TechCrunch* se hundía y yo sopesaba mis opciones, me senté y le pregunté a mi marido Geoff qué creía que debería hacer. Sabía que fundar una empresa sería mucho más duro que lo que estaba viviendo. Que seguramente sería mucho más estresante y exigiría mucho más tiempo que todo lo que había experimentado hasta ahora. Y que, por supuesto, corría el riesgo de fracasar. Vivíamos más o menos al día, como una periodista y un fotógrafo en San Francisco.

Geoff me apoyó.

A fuerza de ensayos y errores, habíamos alcanzado un punto en nuestro matrimonio en el que habíamos decidido apoyar la carrera del otro, sin que importaran las horas que nos obligarían a trabajar o lo poco que nos veríamos. Pensábamos que hacer lo contrario —acumular resentimiento por haber perdido oportunidades profesionales— sería mucho más corrosivo para el matrimonio.

Solo llevábamos un año juntos cuando decidimos mudarnos a Silicon Valley. Geoff era feliz en Memphis, pero hizo las maletas y se trasladó conmigo, porque estaba convencido de que estábamos destinados a estar juntos.

Unos años más tarde, cuando estaba preparándome para proponer mi segundo libro acerca de los mercados emergentes, tuvimos una serie de peleas sobre el asunto. Le preocupaba que la relación se deteriorase si pasaba cuarenta semanas viajando mientras él se quedaba en casa, temía que la experiencia me cambiara para siempre, que nos convirtiéramos en personas distintas. Pero terminó por capitular: «Tienes que hacerlo, porque si no estarás resentida conmigo para siempre y, al final, será peor», dijo.

Después de esta pelea se dedicó a apoyarme por completo, usando las pocas vacaciones de las que disponía para viajar conmigo y callándose las preocupaciones, mientras yo me gastaba nuestros ahorros viajando por el mundo.

Poco antes de descubrir que estábamos embarazados de Eli, a Geoff se le presentó una oportunidad increíble: cursar un máster en fotografía artística en la Universidad de Hartford. Lo bueno del programa era que podía seguir las clases a distancia, aunque cada trimestre tendría que pasar dos semanas en la universidad. La primera sesión se llevaría a cabo justo antes de la fecha en la que tenía que dar a luz. El campus estaba bastante aislado, y cabía la posibilidad de que Geoff se perdiera el parto si Eli decidía adelantarse. Sin duda, se perdería ese último mes brutal (o eso asumía yo) de «¡SÁQUENME A ESTE BEBÉ DE UNA VEZ!» que había visto en la televisión.

Me preguntó si quería que rechazara la oferta, pero insistí en que fuera. No era justo que su oportunidad apareciera justo cuando me había quedado embarazada. Incluso pagué el viaje, usando el dinero que gané dando charlas en Nigeria (en el viaje en el que «conocimos» a Bones). Recuerdo que a mi conservador padre no le pareció bien. Me dijo que «iba contra la biología» que un hombre no estuviera junto a su mujer durante el noveno mes del embarazo, sobre todo teniendo en cuenta que no vivíamos cerca de mi familia. Me dijo que a él le había surgido la oportunidad de estudiar filosofía en Grecia cuando mi madre estaba embarazada y que había declinado la oferta. Recuerdo que me sentí mal por mi padre. Mi madre y él habían dedicado sus vidas a estudiar y enseñar las obras de Rusia, de Europa y de las civilizaciones antiguas, pero nunca habían podido viajar a esos lugares. Nunca habían salido de Estados Unidos. Ya hacía tiempo que habían terminado de criar a los hijos; se habían jubilado con pensiones dignas, pero no antes de que a mi madre le diagnosticaran la enfermedad de Parkinson. Todavía no han podido viajar. Recuerdo pensar que mi padre debería haber ido, que no era yo la que se equivocaba; se había equivocado él.

La semana después de terminar el Disrupt en China, antes de que hubiera terminado mis planes para Pando, a Geoff se le presentó otra oportunidad. Tony Hsieh, el CEO de la web de comercio electrónico Zappos (valorada en mil millones de dólares), había decidido invertir 350 millones de dólares en renovar el centro de Las Vegas. Paul fue uno de los primeros en creer en el proyecto, se había mudado tras la implosión de *TechCrunch* y había establecido allí la base de NSFWCORP. Querían construir una especie de comunidad artística. Y tenían una cantidad obscena de dinero. Con mi apoyo, Geoff le propuso a Tony que le entregara un cheque bien gordo a cambio de un plan para montar un espacio comunitario para fotografía en el centro de Las Vegas.

¿Cuántos fotógrafos reciben la oportunidad de dejar el trabajo y «construir algo»? Geoff aceptó, claro. Pero eso significaba que pasaría la mitad del tiempo en Las Vegas y aún más tiempo tendría que dedicarlo al máster, justo en el momento en el que llegaba nuestro primer hijo y yo fundaba Pando.

No era la situación ideal, obviamente. Pero entre Las Vegas y San Francisco hay un vuelo corto. Eli y yo iríamos a visitarle una semana al mes, por lo que, en realidad, solo pasaríamos una semana al mes separados. Habíamos pasado por cosas peores, me decía a mí misma. Todo iría bien.

No fue así.

Pero mucho antes de que mi matrimonio se fuera al garete, pasé por otra ruptura emocional.

Capítulo 7

¿QUIEREN SER EL MARTILLO O EL CLAVO?

Son las siete de la mañana y me despierto con el sonido de la puerta trasera de mi casa, alguien deja las maletas en el suelo y abre el grifo de la cocina. Una de dos: o nuestra niñera, Megan, está aquí y se ha puesto inmediatamente a fregar los platos de anoche, o tenemos un intruso muy maniático. Estoy tan exhausta que ambas posibilidades me parecen bien.

Geoff está en Las Vegas, Eli está dormido o en su cuna, disfrutando de un rato a solas. La mejor inversión que he hecho en mi vida fue el pago inicial de 50.000 dólares para comprar mi casa en San Francisco en 2008 —el último cheque que recibí por mi primer libro, y más dinero del que jamás había sostenido entre las manos—. Ahora que los millonarios de la tecnología se han mudado a mi alrededor, inflando las tasaciones a lo loco, esta casa tiene más probabilidades de financiar la universidad de mis hijos que Pando, este libro o cualquier otra cosa que haga.

Mi segunda mejor inversión fueron los 10.000 dólares que ahorré durante el embarazo para poder permitirme una cuidadora nocturna. Durante las primeras ocho semanas de mi maternidad, Anna venía cinco noches a la semana y respondía a todas las preguntas que los padres primerizos paranoicos hacemos, me traía fruta fresca y logró estabilizar la rutina de Eli de manera que solo se despertara una vez en toda la noche para comer y, al poco tiempo, que no se despertara ninguna. Sigo beneficiándome de ello.

Los primeros meses de construir Pando fueron un torbellino de escribir, de redes sociales, editar, entrevistar, contratar y, sobre todo, una tonelada de estrés, interrumpido cada cuatro horas para dar de mamar a Eli o extraer la leche. Solo me ducho si tengo una reunión, y no suelo tener reuniones hasta la media tarde. Mi asistente tiene que poner notas en el calendario para que me acuerde de ducharme.

Mi casa siempre es un caos, pero ahora es básicamente tóxica. Me enfrento a mi primera prueba importante como CEO: expulsar a un miembro de la junta, inversor y uno de nuestros contribuyentes más famosos, de un solo golpe.

***

¿Alguna vez han tenido la sensación de que una relación no saldría bien nada más empezar, pero siguieron adelante de todas maneras? Bueno, pues ese es el resumen esencial de mi relación laboral con Michael Arrington.

Mike era famoso en Silicon Valley por ser un emprendedor brillante y fantástico, pero también por sus tendencias controladoras. Él mismo lo admitía: «Soy un martillo y el resto de las personas son clavos». Cuando empecé a trabajar en *TechCrunch,* muchos personajes influyentes que contaba entre mis amigos y fuentes periodísticas estaban preocupados. Ni les gustaba Mike, ni confiaban en él.

Efectivamente, había visto a Mike recurrir a la violencia verbal y emocional con muchas de las personas con las que trabajábamos. Una vez reprendió a su asistente por no haber reservado un vuelo entre dos ciudades con su aerolínea favorita. Que la ruta no existiera no importaba.

Pero Mike siempre se había portado bien conmigo. Me había respaldado públicamente en momentos en los que no era ni fácil ni obvio, y quizá fue por eso por lo que fui leal a él durante demasiado tiempo. Me engañé a mí misma pensando que lo conocía más profundamente que los demás. Pero prometí a muchas personas cercanas a mí (incluso a Geoff y a mí misma) que, en el mismo instante en el que Mike intentara intimidarme, me desharía de él. Había sido testigo de ello muchas veces: si trataba a alguien como a un clavo una vez, esa persona era un clavo para siempre.

Mike era brillante, tenía defectos, pero adoraba muchas cosas de él. No cabía duda de que su adición a Pando hacía aumentar nuestro valor de manera significativa. Pero no pensaba ser su nuevo clavo.

Ese era el día que temía. En lo más hondo de mi ser, siempre supe que llegaría: el día en que tenía que eliminar a Michael Arrington de mi vida para siempre. Ahí estaba, sentada, sudada y sin duchar, mirando el teléfono en el salón sin querer realizar la llamada. No era porque dudara que fuera lo correcto, era porque a Mike se le daba naturalmente bien meterse en mi cabeza y dar la vuelta a todo lo que yo creía saber. Abusaba de mi tendencia a querer conocer los dos lados de la historia, de conceder siempre el beneficio de la duda.

No quería ni necesitaba que me confundiera el juicio. Sabía que estaba haciendo lo correcto. Y lo triste es que ya había sabido que terminaría así. Cuando hablamos por primera vez de dejarlo formar parte de la junta y de permitir que fuera dueño del 10 % de mi empresa, no me pareció adecuado, pero tenía miedo. Otra vez la diferencia en la confianza que tenemos en nosotras mismas. No pensaba que de verdad fuera capaz de hacerlo sola. El apoyo de Mike era como una red de seguridad. Era el chaleco antibalas que podía frenar aquellas dudas incesantes de «¿por qué yo?» que plagan a tantas mujeres. Involucrarlo era una manera de acallar mi síndrome del impostor. Una manera de fingir que podría con todo hasta que fuera verdad.

El 10 % es una barbaridad de participación en una empresa; lo normal es que los miembros de la junta directiva posean un 1 o 2 % de las acciones. A los empleados se les da menos de un punto porcentual.. Me había asegurado de especificar qué era exactamente lo que haría por Pando a cambio de tanta propiedad. Una de las claves era que Mike solo escribiría para Pando y que aparecería en el escenario de manera exclusiva en eventos de Pando, a no ser que yo lo dispensara de ello.

Mike era consciente de todo esto. Incluso me llamó una mañana, temprano, para presumir de que un amigo le había pedido que hiciera de maestro de ceremonias en una conferencia, y Mike le había dicho con orgullo que nuestro acuerdo se lo impedía. Pero aquel era un evento fácil de rechazar. La lealtad de Mike no se puso a prueba hasta que resultó ser un obstáculo para algo que deseaba de verdad. Y llevaba meses desesperado por recuperar *TechCrunch*.

En la primavera de 2012, la conferencia Disrupt New York se aproximaba, y *TechCrunch* estaba hecho un desastre. No tenían a nadie capaz de ocuparse del programa o de sentarse en el escenario codo con codo con los líderes de la industria tecnológica. Volvieron a hablar con Mike

(con el rabo entre las piernas ante el tipo al que habían despedido) y le ofrecieron lo que luego supe que era una suma cuantiosa por hacer de presentador en la conferencia. Para que vean cuánto les preocupaba la ética periodística con la que se habían llenado la boca unos meses atrás.

Mike no iba a permitir que algo tan efímero como la promesa que me había hecho —por no hablar de sus obligaciones como mayor accionista de Pando— se interpusiera en el camino de su gran retorno o de su venganza contra Arianna Huffington. Lo que es peor, no me enteré de nada hasta que Mike escribió un artículo en *TechCrunch* titulado *I'm back*, «he vuelto». No solo no me dijo que iba a infringir nuestro acuerdo, sino que su manera de anunciarlo también infringía el acuerdo.

Puesto que el producto que vendía Pando era nuestras palabras, y nuestra principal línea de ingresos en aquel momento era el negocio de los eventos, era como si a un ingeniero de Twitter se le ocurriera una función nueva milagrosa y fuera cada fin de semana a Facebook a desarrollarla. O como si el jefe de ventas se dedicara a vender anuncios para una empresa rival. Era un corte de mangas apabullante, teniendo en cuenta que era inversor, miembro de la junta directiva e indudablemente se convertiría en uno de nuestros mayores accionistas.

Había visto a Mike operar de esta manera en el pasado. Pidiendo perdón, no permiso. Marchándose dando voces cuando alguien se ofendía y regresando más tarde, dando por sentado que se habría tranquilizado. Poniendo la situación patas arriba, cabreándose más que los demás y obligando a los otros a pedirle perdón.

No lo perdoné. No me tranquilicé. Y desde luego que no le pedí perdón. Lo despedí.

Lo más fácil habría sido perdonarlo, pero había fundado esta empresa, en parte, porque quería ser la mejor versión de mí misma para beneficio de mis hijos. ¿Quería que vieran a su madre agachando la cabeza ante un abusón? ¿Cómo me gustaría que reaccionaran si alguien pretendía abusar de ellos?

En la empresa todos me apoyaban, pero fue aterrador. Una gran parte del valor de Pando dependía de que Mike formara parte del proyecto. Al menos, eso pensaba yo. Eso me temía. Ahora estaba volviendo a respaldar a la empresa a la que se suponía que estábamos haciendo la competencia: *TechCrunch*. La misma empresa que nos había fastidiado a base de bien. Mi personal, mis inversores, todos los implicados podrían echarse atrás en un par de meses, acusándome de haberlos atraído con engaños y falsedades.

Despedir a Mike era el mayor riesgo al que me había enfrentado en mi carrera. Un riesgo aún mayor que fundar Pando. Sí, seguro, aquello me había dado miedo, podría haber fracasado, pero recibía el mismo sueldo que había recibido en *TechCrunch*, y había recaudado suficiente capital para un año, por lo menos.

Y el fracaso era una medalla de honor en Silicon Valley. Aunque Pando hubiera fracasado estrepitosamente, haber alcanzado el rango de «fundadora» y haber sido CEO (sin que importara lo mal que se me hubiera dado) aumentaría mi capital social y mi potencial de ingresos en el valle.

Si me hundía, el único riesgo sería no encontrar un trabajo antes de perder la casa, porque no teníamos demasiados ahorros y, con un recién nacido, teníamos muchos gastos. Pero me la podía jugar. Encontraría algo con lo que ganarme el pan. Geoff ganaba una cantidad muy digna en Las Vegas y tenía un presupuesto de dos años. En el peor de los casos, podría poner él el dinero para la hipoteca y yo podría... No lo sé... Trabajar en un bar, como hacía en la universidad. Nos buscaríamos la vida.

Pero una cosa era segura: mantener a Mike en la empresa sería fatal para la moral del equipo y para mi amor propio. Dejaría de ser mi empresa; no sería más que su títere. El mensaje que mandaría a la empresa sería que el ego de una persona estaba por encima de todo lo que representábamos.

Llamé a nuestros inversores principales y a los más cercanos a Mike, y les comuniqué mi decisión. Todos y cada uno de ellos estuvieron de acuerdo en que era la única opción viable.

Escribí un artículo algo tópico para Pando revelando la noticia a nuestros lectores, sin proporcionar detalles truculentos ni editorializar. Esbocé el correo electrónico que mandaría a nuestros inversores. Estábamos listos para cancelar su dirección de correo electrónico de Pando y su acceso para escribir en nuestra web. Practiqué lo que iba a decirle.

Me aseguraría de no pedir perdón. No abriría la puerta a ningún tipo de debate. Era una decisión final. Ya estaba hecho. Simplemente, le estaba informando de lo ocurrido.

Daba vueltas por el salón. Sentía que estaba a punto de vomitar. Quería terminar con el asunto, pero no quería dar el paso.

Lo llamé, me salió el contestador automático y choqué los cinco con nadie en particular, porque estaba sola en mi salón. Es vergonzoso, pero la verdad era que estaba encantada de poder despedir a Mike oyendo solo una grabación de su voz. Este hombre sabía cómo manipular (en el mejor de los casos) o abusar verbalmente (en el peor de los casos) de las personas que lo rodeaban en su vida personal y profesional. Quería echarlo. Tenía que informarle de ello, pero ahí terminaba mi responsabilidad.

Dejé el mensaje y se acabó. No volví a hablar con él nunca más, excepto una vez, de pasada, en un cóctel.

Esta fue mi primera gran prueba como CEO, y su traición terminó por demostrar que no hay mal que por bien no venga. Durante el año siguiente, Mike quedaría involucrado en un escándalo mucho más serio y oscuro relacionado con cómo trataba a las mujeres. A partir de entonces se retiró del mundo de la tecnología y de la vida pública, invirtiendo menos, escribiendo menos e incluso dejando de participar en los eventos de *TechCrunch* de los que tanto le gustaba presumir y por los que cobraba generosamente.

Puede que despedir a Mike fuera lo correcto, pero empezó a quedarle claro a todo el mundo, a nuestro equipo y a nuestros inversores, que la narrativa de que Pando se convertiría rápidamente en el «*TechCrunch* 2.0» no se haría realidad. *TechCrunch* estaba contratando talento y creciendo agresivamente con el tráfico que le mandaba AOL, aunque hubiera perdido la agudeza vociferante de sus días de gloria. No iba a dejar de ser la web que el mundo de la tecnología leía cada mañana para ponerse al día de lo ocurrido.

Fue por esta época cuando *The San Francisco Magazine* publicó un artículo sobre mí titulado *It Ain't Easy Being Queen: Sarah Lacy was supposed to rule the tech-media blogosphere. But there have been a few glitches along the way* («No es fácil ser la reina: Sarah Lacy iba a dominar la blogosfera tecnológica, pero se encontró con algunos problemas técnicos por el camino»).

No todo lo dicho en el artículo era fiel a la realidad, pero el titular era merecido. De hecho, lo de los «problemas técnicos» se quedaba corto. Pero hablaban de unos «problemas» algo extraños. Incluía una enorme foto brillante en la que aparecía yo en mi salón, hablando con periodistas y con Eli en brazos. Los editores, queriendo ayudar, habían dibujado flechas en la fotografía, como si se tratara de una estrategia de campo de fútbol, señalando los «problemas» de mi vida. «Problemas» como: «no trabajamos en una oficina. Hay días en los que hasta quince empleados se amontonan en la casa de Lacy para trabajar. Ella asegura adorar el alboroto, pero tiene que quedarse despierta hasta tarde para escribir. El café es una de las claves». En *TechCrunch* había un montón de blogs que funcionaban desde las casas de sus fundadores. Hay quien diría que no pagar los alquileres de locales comerciales en San Francisco es una decisión financiera de lo más sabia.

Mi niñera se ofendió en particular porque el artículo tenía una flecha que señalaba a Eli y lo describía como «Problema número 1» en la fotografía. Efectivamente, puede que este fuera el mayor error del artículo. Eli fue quien me inspiró para hacer todo esto. Eli me mantenía cuerda. Eli era mi arma secreta. El hecho de que lo vieran como «Problema número uno» demuestra el prejuicio que existe contra las madres en nuestra cultura. Y este artículo lo había escrito otra madre.

El artículo resultó jugar a nuestro favor. Nos pintó como a unos recién llegados, guerreros, peleones con proyección de futuro, dignos de un artículo de varias páginas, pero sin darnos una publicidad exagerada. Al fin y al cabo, era parte de un número acerca de cómo la industria tecnológica estaba destrozando San Francisco. Esperábamos un punto de vista cínico.

También otro tipo de «prensa» resultaron ser distracciones frustrantes. Los blogs de cotilleo y la sección de comentarios anónimos me despedazaban sin piedad a diario. En general, por cosas que no había hecho ni dicho. Llevaba años lidiando con este fenómeno y tenía un sistema sencillo para ocuparme de ello: no leerlo. Siempre terminaba por desaparecer y, al final, nunca tenía importancia. No conozco a ninguna mujer preeminente en mi industria que no tenga que vivir con este tipo de cosas. Pero la mayoría de mis empleados jóvenes jamás había experimentado algo así. Sumado al resto de problemas, era agotador tener que explicar una y otra vez que lo mejor era no hacer caso.

Pero había un germen de verdad en el artículo de *The San Francisco Magazine*. Empezaba a quedar claro que, si queríamos que Pando triunfara, tendríamos que convertirlo en algo distinto y novedoso. Y tendría que descubrir cómo hacerlo yo sola, sin apoyo. Ni siquiera mis inversores superestrellas podrían ayudar. No podía esperar que me dieran información suculenta que no darían a otro periodista si no estaba dispuesta a hacerles favores. Ninguno de los inversores formaba parte de la junta directiva y, de manera intencional, ninguno se jugaba gran cosa apoyándonos. Era un arma de doble filo.

Durante esta época, Andrew Anker desempeñó un papel fundamental ayudándome a tomar forma como CEO. Las reuniones de la junta directiva eran brutales. Tenía muy buen ojo para detectar mis puntos débiles y, no solo los exponía, sino que los empapaba en ácido y bailaba claqué encima para prepararme. Todavía sufro ansiedad en los días previos a las reuniones de la junta. Pero, al contrario que lo que me producía Mike, esta ansiedad, al menos, era del tipo productivo. Cuando se está al cargo de una empresa por primera vez, el sentimiento de «un momento, ¿quién me ha dado una empresa?» se supera rápidamente, igual que el impacto cuando te dejan marcharte a casa con un bebé diminuto y frágil a los pocos días de parirlo. Se empiezan a tomar decisiones, a hacerlo lo mejor posible, a elegir por qué camino continuar sin dar más vueltas a las posibles ramificaciones. Y nadie en la empresa puede cuestionarlo —excepto la junta directiva.

Una tarde de aquel primer verano de dirigir Pando, Geoff acababa de llegar a casa desde Las Vegas, y decidí tomarme una pausa del caos y pasear con él hasta la esquina para comprar unos burritos. Estaba contándome cosas acerca de su máster, su trabajo en Las Vegas y que esperaba poder pasar más tiempo en San Francisco en un futuro cercano.

—Estupendo —dije—. Porque tu mujer y tus hijos te necesitan aquí.

—Espera, ¿has dicho hijos? —contestó.

Efectivamente, volvía a estar embarazada. Evie no fue un accidente. Quería que Eli tuviera una hermana, y no preveía que mi vida fuera a simplificarse en los años siguientes. En ese momento, ya no me daba miedo lo que la maternidad pudiera hacerme. Eli me había convertido en mejor persona.

Capítulo 8

LA TIRANÍA DEL PATRÓN

Lo que buscaba desesperadamente a principios del 2012 era un nuevo modelo a seguir. Una especie de patrón para el liderazgo femenino. Algo que hubiera visto funcionar, en lo que pudiera creer y que pudiera aplicar a mi propia vida.

Ya no quería ser un hombre y, hasta entonces, las mujeres de rango superior para las que había trabajado y a las que había admirado no aceptaban su femineidad en general.

Me sentía perdida sin un patrón. Y ese sentimiento me llevó a reflexionar acerca del modelo general del espíritu emprendedor de Silicon Valley, por mucho que a Silicon Valley le guste mirar hacia otro lado.

El valle se enorgullece de ser un lugar que rompe los moldes, que acepta con los brazos abiertos a los inadaptados, que revienta los modelos de negocio tradicionales.

¡Somos tan radicales que financiamos a gente que no ha terminado la universidad y nunca ha tenido trabajo para que funden compañías enteras!

Sí que es algo radical. O lo era la primera vez que lo hicieron. Cuando se convierte en el nuevo patrón para todo lo que financian, no están reventando nada. Los mayores inversores de capital de riesgo de la industria, de hecho, lo han reconocido. En 2008, durante una charla en la National Venture Capital Association, John Doerr (uno de los principales inversores de capital de riesgo de la historia de Silicon Valley) le dijo a Mike Moritz (otro de lo mismo): «Si te fijas en [el fundador de Amazon Jeff] Bezos, en [el fundador de Netscape Marc] Andreessen, en [el cofundador de Yahoo] David Filo o en los fundadores de Google, resulta que todos son hombres blancos, cerebritos que abandonaron sus estudios en Harvard o Stanford y que no tienen ningún tipo de vida social». Doerr lo llevó más lejos, diciendo: «Esto se correlaciona más con el éxito que cualquiera de los otros factores indicadores observados en los mejores emprendedores».

Lo más impactante de estas palabras (aparte del hecho de que omiten la existencia del otro cofundador de Yahoo, el asiático Jerry Yang) es que usan el reconocimiento de patrones para justificar descaradamente la discriminación contra las mujeres y las minorías. Doerr implícitamente aconseja al resto de inversores asistentes que hagan lo mismo. ¡He aquí el secreto para tener tanto éxito como John Doerr y Mike Moritz!

Los inversores de capital de riesgo que llevan décadas en la industria incluso alegarán que el «reconocimiento de patrones» es su ventaja particular. Y no es del todo mentira. Es cierto que hay similitudes en cómo se construyen las grandes compañías. No es casualidad que tantísimas surjan de un lugar donde la gente ha replicado el fenómeno una y otra vez.

Pero esta adherencia ciega a «encontrar el próximo...» Netscape, Amazon, Google o Facebook también desemboca en muchas discriminaciones inconscientes en Silicon Valle, y sirve para excusar muchos comportamientos reprobables que alienan a las mujeres y las disuade de querer trabajar en *startups*.

Piénsenlo. Ya he citado una montaña de pruebas que demuestran que las mujeres, los equipos con igual representación de género y, en particular, las madres superan a los hombres y los equipos mayoritariamente masculinos en múltiples niveles. Olvídense de lo que es justo. Me conformaría con que la avaricia motivara mayor inclusión.

Pero, en términos de igualdad, Silicon Valley ha retrocedido desde que estos datos empezaron a quedar claros. Hay menos mujeres como socias solidarias en firmas de capital de riesgo que durante la burbuja puntocom y en las nueve compañías tecnológicas más importantes, las mujeres forman aproximadamente un tercio del personal laboral.

No suena tan mal hasta caer en la cuenta de que entre los ingenieros con sueldos altos y notoriedad solo un 10 % de ellos son mujeres. Un análisis que comparaba más de medio millón de salarios, realizado por Glassdoor, mostró que la brecha salarial en el mundo de la tecnología —en particular en tareas de programación— es de un 28 %. Compárenlo con la brecha salarial que existe en general en el mundo laboral según datos de Glassdoor: un 5,9 %.

Los inversores de riesgo se enorgullecen de tomar decisiones financieras basándose en sus instintos, y resulta que los instintos siempre se sienten más cómodos apostando por alguien que les recuerde a sí mismos. De los espectaculares 60.000 millones de dólares de capital de riesgo invertidos en 2017, las mujeres que fundan empresas solo recibieron un 7 % (cuando la encuesta estudia a las CEO que son mujeres, el número disminuye), y los fundadores de empresas negros recibieron un poco menos del 2 %. La cantidad de mujeres negras fue tan pequeña que ni aparece en la estadística. No es coincidencia que casi el 98 % de inversores de riesgo en equipos de inversión de alto rango sean varones blancos o asiáticos. «Me deprimo cada vez que leo una nota de prensa acerca de una empresa de inversiones de riesgo que se enorgullece de haber añadido a otro tipo más a sus filas», dice la inversora de riesgo Aileen Lee, que abandonó Kleiner Perkins para poner en marcha su propia empresa con una mayoría de mujeres. «Sé que hay mujeres al mismo nivel que provienen de las mismas empresas y tienen un sinfín de dificultades para lograr que estas empresas se dignen a entrevistarlas. Pero estamos hablando de empresas pequeñas y privadas, donde el equipo de inversiones entero puede ser un grupo de ocho o diez personas. Pasan mucho tiempo juntos. Muchos de estos tipos son hombres blancos heterosexuales, y solo se sienten cómodos rodeados de otros tipos como ellos. Quizá les da miedo que alguno de sus comentarios pueda ofender a las mujeres. Piensan "tengo una buena vida y no quiero sentir que no puedo ser yo mismo en la oficina"».

Fijémonos en Facebook en particular. No es solo una de las compañías tecnológicas con más éxito del planeta en este momento, también es una de las más progresistas y francas en lo que a la igualdad de género se refiere. El CEO, Mark Zuckerberg, sentó un precedente para los hombres de su empresa cuando se tomó dos meses de baja por paternidad a principios de 2016. Y su COO, Sheryl Sandberg, es la líder más famosa y admirada del mundo de la tecnología, en particular si tenemos en cuenta las dificultades por las que ha pasado Mayer en Yahoo. Sandberg, además, es una de las líderes que habla de manera más franca acerca de la importancia de apoyar a las mujeres.

Facebook ha prometido una y otra vez que la paridad de género no es solo un objetivo, sino que es «esencial» para la misión y el futuro de la compañía. Facebook está valorada en unos 330.000 millones de dólares y se encuentra entre los puestos más altos de las listas de empresas en las que los profesionales de la tecnología desearían trabajar.

Si combinamos el mensaje que mandan sus directivos, su posición en el mercado y los recursos con los que cuentan, Facebook debería ser líder en igualdad, ¿no? Al fin y al cabo, es la empresa que ha conectado a miles de millones de personas del planeta y ha sido pionera en irradiar wifi desde el espacio para conectar aún más. Comparado con esto, contratar a más mujeres y minorías raciales debería ser lo más fácil en la lista de tareas de Facebook, ¿no?

En el informe sobre la paridad de género, o la presencia de mujeres en la empresa, que publicaron en 2015, Facebook reveló que solo había contratado a siete personas negras más que el año anterior, pese a que habían contratado a 1231 nuevos empleados. Según estos datos, Facebook solo empleaba a cuarenta y cinco trabajadores negros, de unos 4263 trabajadores totales. La plantilla de mujeres negras en Facebook aumentó... una persona, hasta alcanzar la suma total de once.[36]

Está claro, teniendo en cuenta las opiniones expresadas por Sandberg, que deberían haber mejorado bastante más en lo que a igualdad de género en el trabajo se refiere, ¿verdad? Pues no. A lo largo del mismo periodo de tiempo, Facebook logró disminuir el porcentaje de trabajadores varones en toda la empresa un 1 %, representando un 68 % del total. El equipo tecnológico estaba formado por un 84 % de hombres, cuando el año anterior había sido un 85 %.

En Pando tenemos un dicho: cuando una empresa tecnológica alega que un problema es «demasiado difícil» de solucionar, lo que significa es que solucionarlo no es una prioridad de verdad.

Piensen en lo que las compañías tecnológicas han logrado desde el nacimiento de Internet. Han desmontado prácticamente todas las in-

---

36 «La suma total de once»: NEATE, R.: «Facebook Only Hired Seven Black People in Latest Diversity Count», *The Guardian*, 25 de junio de 2015, https://www.theguardian.com/technology/2015/jun/25/facebook-diversity-report-black-white-women-employees (consultada el 27 de septiembre de 2018).

dustrias del mundo. Han cableado el planeta. Si viven en una gran ciudad del primer mundo, con solo pulsar un botón del teléfono pueden recibir prácticamente cualquier cosa en su casa en menos de una hora. Se han creado billones de dólares. ¿Y me van a decir que a Facebook le resulta muy difícil encontrar a más de una mujer negra al año para contratarla para que trabaje para la empresa? Tristemente, una encuesta anónima llevada a cabo por LinkedIn que abarcó a seiscientos empresarios, ejecutivos e inversores del mundo de la tecnología demostró mi cínica conclusión. Hay que ver las cosas que admiten los hombres blancos cuando saben que su nombre no aparecerá en la página... Si los primeros capítulos del libro acerca del poder de la maternidad las inspiraron, puede que quieran ir a por una copa de vino antes de leer esta parte. Yo las espero.

El resultado: a los hombres blancos que trabajan en el sector tecnológico la paridad se la trae al pairo.

Menos de un 5 % de los hombres blancos que respondieron a la encuesta dijeron que consideraban la falta de presencia de mujeres en la industria un problema grave. Tres de cada cuatro encuestados no estaban enterados de ninguna iniciativa que pretendiera aumentar la presencia femenina en sus compañías o carteras de valores. El 40 % de encuestados varones dijo que los medios de comunicación malgastan demasiado tiempo dando la vara con la falta de paridad de género en la industria de la tecnología.

Un empresario blanco incluso llegó a tildar de «tontería» que hubiera que comprometerse a crear equipos paritarios. Otro dijo que crear equipos paritarios «no tenía nada que ver con su negocio». A no ser que se dedique a construir páginas web dirigidas exclusivamente al Ku Klux Klan, una se pregunta por qué no cree que su empresa deba reflejar por lo menos su base de consumidores o su cartera de clientes. Hace falta despreciar a las mujeres y a las minorías étnicas para asumir que escuchar sus puntos de vista no proporcionaría ninguna ventaja en absoluto al negocio, o que directamente no encajarían en la empresa.

Pese a los inacabables esfuerzos por «sensibilizarlos» sobre este asunto, la gran mayoría de los hombres blancos que participaron en la encuesta parecían felizmente ignorantes del machismo y el racismo presentes a diario en la industria. Mientras un 80 % de inversoras dijo haber visto casos de machismo en el mundo de la tecnología, solo un 28 % de los hombres afirmó lo mismo. Casi un 50 % de los inversores que no eran blancos afirmaron haber visto casos de racismo, mientras que solo un 24 % de los inversores blancos afirmó lo mismo. Un 43 % de empresarios no blancos habían visto casos de racismo, solo un 10 % de los blancos afirmaron lo mismo.

¿Cómo puede haber tal desconexión en una misma industria? Apostaría a que en parte se debe a que los hombres blancos a menudo no se dan cuenta de que están haciendo o diciendo cosas machistas o racistas, de la misma manera en que un jefe racionaliza que está «ayudando» a una mujer cuando le niega el ascenso a una madre trabajadora.

Una de las mujeres que participó en la encuesta dijo que un inversor le preguntó cómo pensaba «dirigir una empresa como mujer casada». No sé ni qué significa eso. Un fundador afroamericano señaló que algunos inversores blancos «amablemente» le presentaron a inversores afroamericanos, con el pretexto de que ellos «estarían más interesados en su empresa».

Cuando Jess Lee fue contratada como la primera socia inversora de Sequoia Capital, a la muy conocida Aileen Lee le preguntaron repetidamente por qué iba a cerrar su propia empresa para unirse a Sequoia. El apellido no era la parte difícil. La gente, sencillamente, estaba confundiendo a las dos mujeres asiáticas que hay en la industria. Merece la pena citar el texto que colgó Aileen Lee en Facebook:

> Veamos, ¿debería sentirme alagada, insultada o limitarme a no hacer caso al hecho de que cierta cantidad de personas me hayan confundido con mi amiga y gran CEO Jess Lee, y que crean que voy a unirme a Sequoia Capital y cerrar Cowboy Ventures? ¿Acaso creen que el trabajo que llevamos a cabo en Cowboy Ventures no es gran cosa; que si me dieran la oportunidad optaría por unirme a una firma que legendariamente solo ha contratado hombres; o que no vale la pena distinguir a las mujeres asiáticas que se dedican a la inversión de capital de riesgo? (Porque también suele pasar que nos confunden con Theresia Gouw y Ann Miura-Ko...). Me lo pregunto.

Ya lo sé. Denle al vino, que ya acabo.

Aun así, pese a que el 95 % de varones blancos encuestados no considera que todo esto sea un problema, el 40 % está harto de oír hablar del asunto, y el 75 % no sabe de ningún programa destinado a solucionarlo; los inversores encuestados estimaron que, en un periodo de cinco años, un tercio de sus carteras serían empresas fundadas por mujeres y equipos étnicamente diversos. Los empresarios esperaban un progreso igual de rápido: de alguna manera, confían en que dentro de cinco años la mitad de las personas que contraten sean mujeres y minorías étnicas. Estos hombres han admitido que no consideran este asunto un problema o una prioridad, así pues, ya saben, se arreglará de un modo u otro. Porque eso es lo que ha pasado siempre en la historia de los derechos de las mujeres y las minorías.

De manera similar, la mayoría de las personas que respondió a una encuesta sobre el estado de las *startups,* de First Round Capital, creía que (¡como por arte de magia!) en catorce años la industria tecnológica reflejaría la misma proporción en cuanto a etnia y género que la de la población de Estados Unidos. ¿Cómo va a ocurrir esto si la mayoría de los hombres encuestados creen que es un problema de «falta de profesionales cualificados» que no pueden controlar, y la mayoría de las mujeres encuestadas opina que es un problema de discriminaciones inconscientes o consecuencia de la falta de mentoras y modelos femeninos a seguir? ¿Qué se supone que es lo que cambiará de repente? ¿¡Quién sabe!? En mi experiencia, en el mundo de la tecnología, estas preguntas se responden con pocas palabras: «Verás, Sarah, yo soy optimista...».

La experiencia de Amy Errett, CEO de Madison Reed, demuestra lo difícil que es lograr que una empresa sea más diversa si esta ya se ha homogenizado. Si ha habido esfuerzos por contratar a ingenieras y se ha fracasado. Pese a liderar una empresa que representa el empoderamiento de las mujeres, con un equipo ejecutivo formado mayoritariamente por mujeres, sus programadores son, por mayoría abrumadora, hombres, y todas las mujeres entrevistadas «expresan incomodidad ante la idea de encontrarse catapultadas a un mundo de machos», dice ella. Si la inclusividad no empieza desde el principio, es brutalmente difícil ponerse al día más adelante, asegura.

Ya no hay que ser un cierto tipo de hombre para trabajar en nuestra empresa, pero aun así me paso la vida peleando contra estas tendencias de machito. Cierro los ojos y, si no presto atención durante quince minutos un viernes por la tarde, sacan las pistolas de plástico y se dedican a dispararse con proyectiles de espuma. ¡Son cosas de chicos! Tengo que irrumpir con el «no, no, no, guardad las pistolas, chicos». No es malicia, es que se dejan llevar por la testosterona.

Ambas encuestas —pese a ser deprimentes— ofrecen la única explicación real a la pregunta de por qué la diversidad sigue siendo prácticamente inexistente en el mundo laboral de la tecnología. Si Silicon Valley diera prioridad a este problema, a estas alturas ya lo habrían solucionado. No es tan difícil. Contraten equipos inclusivos desde el principio, y sigan contratando y ascendiendo a mujeres y minorías étnicas desde el principio. El talento está ahí. El problema es que los guardianes que controlan quién entra no sienten ningún deseo por ayudar.

***

Durante mucho tiempo, la explicación aceptable acerca de por qué las empresas tienen un personal tan homogéneo se resumía en dos palabras que absolvían a los guardianes y líderes de toda responsabilidad: la fuente, el suministro. El argumento es algo así: hay más hombres estudiando informática. La mayor parte de empresarios son técnicos. Los mejores inversores de riesgo son los que tienen experiencia en el campo. De modo que, hasta que no haya más mujeres estudiando informática y fundando empresas tecnológicas con mucho éxito, su ausencia será tan sencilla de justificar como afirmar que no están cualificadas para ocupar los puestos de CEO o de las juntas directivas o como socias en la inversión de capital de riesgo.

Mike Moritz, de Sequoia Capital, usó esta excusa en los tiempos remotos de diciembre de 2015, antes de que la compañía contratara a Jess Lee. Cuando le preguntaron por qué Sequoia (la mayor compañía de inversión de riesgo de Silicon Valley) todavía no había contratado a una socia inversora, dijo que era porque «no estaban dispuestos a rebajar sus expectativas» y echó la culpa a la falta de candidatas. Que Internet al completo reaccionara con pura indignación es señal de cuánto se han empoderado las voces de las mujeres y las minorías en Silicon Valley.

La periodista Jessica Nordell echó un cubo de agua fría a todos los apologistas que alegaban que simplemente «había metido la pata». Según señaló: «Nadie le preguntó: "¿Están dispuestos a rebajar sus expectativas?". No, esa es la pregunta que oyô en su cabeza cuando le preguntaron acerca de contratar mujeres. Esa fue su asociación mental. He aquí un mapa de su conexión sináptica: mujeres → expectativas rebajadas».

Sus comentarios fueron particularmente indignantes porque el propio Moritz no cuenta con experiencia alguna como empresario o programador. Mike Moritz era periodista antes de convertirse en inversor en Sequoia.

Efectivamente, si repasan la lista de algunos de los inversores de capital de riesgo más venerados de Silicon Valley (Mike Moritz, Bill Gurley de Benchmark, John Doerr de Kleiner Perkins, Fred Wilson de Union Square Ventures, David Sze de Greylock) verán que la gran mayoría jamás ha fundado una empresa. Así que vuelvan a repetírmelo: ¿cuáles son estas «expectativas» aprobadas por toda la industria que haría falta rebajar para incluir a las mujeres? Pese a que se crucificó a Moritz por hacer esos comentarios en público, mientras, en privado, los hombres de las encuestas de LinkedIn y First Round también señalaron como causa la falta de candidatos para explicar la penosa falta de diversidad en el mundo de la tecnología.[37]

Antes de leer estos estudios, suponía que no tendría que hablar del mito del suministro, porque la reacción ante las palabras de Moritz demostró que habíamos progresado, ¿no? Pues no. Así que dediquemos unos momentos a enterrar este mito de nuevo.

Para empezar, no andamos cortos de mujeres instruidas entrando en el mundo laboral. En 1981, las mujeres dejaron atrás a los hombres en cantidad de títulos universitarios obtenidos; para el 2016, se proyecta que la ratio será de 3 a 2. Muchísimas mujeres con educación superior trabajan para distintas empresas. En Stanford y UC Berkeley, según un artículo de *Forbes* de 2015, el 50 % de los alumnos de introducción a la

---

37 Grotescamente, un 35 % de los encuestados por LinkedIn dijo que no había obstáculo alguno. No sé ni cómo digerir eso. ¿Están diciendo que encuentran multitud de candidatos y candidatas de minorías étnicas, pero que simplemente deciden no contratarlos?

informática son mujeres.[38] Hablando de la diversidad en general, un estudio de *USA Today* descubrió que, en las universidades más prestigiosas, los alumnos de informática negros o hispanos se gradúan al doble del ritmo al que las empresas los contratan,[39] es decir, solo emplean a la mitad de titulados.

El problema es el machismo y el racismo sutiles que continuamente evita que las mujeres y las minorías étnicas alcancen mayores niveles de éxito dentro de las empresas.

Algunos datos más acerca de cómo el problema no se soluciona con más candidatos. Extraído de un estudio de 2016 de McKinsey y LeanIn. Org llamado *Women in the Workplace* [Mujeres en el lugar de trabajo]:

• Por cada 100 mujeres que reciben un ascenso a gerente, se asciende a 130 hombres.

• Solo un 20 % de las mujeres con títulos de vicepresidenta sénior van encaminadas a ser CEO.

• Las mujeres que negocian una subida de sueldo o un ascenso tienen un 30 % más de posibilidades de sufrir represalias en forma de críticas negativas, acusándolas de «mandonas», «agresivas» o «intimidantes».

• Cuando las mujeres piden comentarios acerca de su rendimiento, es menos probable que los reciban o que se les permita hablar con ejecutivos de alto cargo de la empresa.

Como ya detallamos en el primer capítulo, estos problemas son aún más pronunciados para las madres. Y luego tenemos casos de mujeres que directamente abandonan la industria por culpa de la hostilidad del entorno. Como las madres que parecen «excluirse voluntariamente» de sus carreras profesionales porque estaban hartas de enfrentarse al prejuicio del muro maternal, estas mujeres suelen marcharse en silencio

---

38 «El 50 % de los alumnos de introducción a la informática son mujeres»: MARCUS, B.: «The Lack of Diversity in Tech Is a Cultural Issue», *Forbes*, 12 de agosto de 2015, https://www.forbes.com/sites/bonniemarcus/2015/08/12/the-lack-of-diversity-in-tech-is-a-cultural-issue/#4a50e72079a2 (consultada el 27 de septiembre de 2018).

39 «Al doble del ritmo al que las empresas los contratan»: WEISE, E.; GUYNN, J.: «Tech Jobs: Minorities have degrees, but don't get hired», *USA Today*, 12 de octubre de 2014, https://www.usatoday.com/story/tech/2014/10/12/silicon-valley-diversity-tech-hiring-computer-science-graduates-african-american-hispanic/14684211 (consultada el 27 de septiembre de 2018).

(en general) del sector de la tecnología; y la creciente cultura de «bro-gramadores»[40] de Snapchat, Y Combinator y Uber solo empeora la situación.

Uno de los ejemplos más absurdos de esta cultura lo detalló una exingeniera de Uber, educada en Stanford y autora de éxitos de ventas técnicos llamada Susan Fowler. La empresa prometió cazadoras de cuero para todos los miembros de la organización, tomaron las medidas de los trabajadores e hicieron el pedido. Entonces, un día, dijeron a las únicas seis mujeres del grupo que a ellas no les darían esas prendas porque «no había suficientes mujeres en la organización como para justificar el pedido». Esto lo afirmaba una empresa que ha conseguido casi 9.000 millones de dólares en inversiones de capital.

> Contesté y dije que estaba segura de que Uber podría encontrar un hueco en su presupuesto para comprar cazadoras de cuero a las, qué, ¿seis mujeres?, si podían permitirse comprarlas para más de ciento veinte hombres —escribió Fowler en un post de su blog de 2017 en el que lo rebeló todo acerca de la cultura tóxica de Uber—. El director me contestó diciendo que, si las mujeres queríamos igualdad de verdad, tendríamos que comprender que lo más igualitario era que no nos compraran las cazadoras. Dijo que, puesto que había tantos hombres en la organización, habían obtenido un descuento sustancioso que no se aplicaría a las de las mujeres y, según su argumento, no sería igualitario ni justo entregar a las mujeres unas prendas que habían costado un poco más que las de hombre.

Estamos hablando de una empresa que contrató a Beyoncé para su fiesta de empleados en Las Vegas.

Un investigador llamado Kieran Snyder entrevistó a más de setecientas mujeres que abandonaron la industria tecnológica tras pasar en ella una media de siete años. Resultó que prácticamente todas dijeron que disfrutaban de su trabajo, pero que no soportaban el «entorno discriminatorio».

---

40 Nota de la Trad.: Traducción del inglés *brogrammer*, un acrónimo de *bro* (*brother*/hermano) y programador; es un término coloquial para denominar a un programador estereotípicamente masculino.

Un estudio realizado por Nadya Fouad, para la National Science Foundation, encuestó a más de 5300 mujeres con títulos de ingeniería a lo largo de los últimos cincuenta años, y descubrió que el 38 % no trabajaba como ingenieras. «¡Es el entorno, imbéciles!», dijo para resumir sus hallazgos. «Hay una pérdida de talento gigantesca, innecesaria y costosa en un campo que se supone que se enfrenta a una falta de talento», escribió una ingeniera (entonces) embarazada llamada Rachel Thomas acerca de este problema.

Que a las mujeres se las aparte del mundo de la tecnología es grave, porque ahora mismo es donde se encuentran la gran mayoría de oportunidades económicas y de creación de riqueza. Y trata de pasar por ser una meritocracia. Así que, si el problema no es que no haya mujeres a las que se pueda contratar, ¿qué está pasando? ¿Es que la industria tecnológica está llena de machistas tóxicos y punto?

Algunos hay, sin duda. Créanme, los conozco. Pero uno de los problemas más perniciosos es la discriminación inconsciente y la sobredependencia del reconocimiento de patrones. Los inversores de capital de riesgo suelen dejarse guiar por lo que su intuición les dice acerca de los emprendedores, porque, con frecuencia, todavía no tienen ni un negocio ni un producto que evaluar y, en muchos casos, ni siquiera tienen un historial que consultar. Y cuando no hay cualificaciones escritas y cuantificables en las que basarse, los prejuicios entran a hurtadillas.

Sobran las pruebas acerca de la existencia de la discriminación inconsciente. En un artículo en *Medium* acerca de por qué las mujeres se marchan de las empresas tecnológicas, Thomas hizo una lista entera:[41]

• Un estudio llevado a cabo por la Harvard Business School, Wharton y MIT Sloan descubrió que los inversores preferían una propuesta de negocio cuando la presentaba una voz masculina que la misma propuesta, exactamente igual, cuando la presentaba una voz femenina, un 68 % contra 32 %. A la de la voz masculina la consideraban «más persuasiva, lógica y basada en los datos».

---

41 «Elaboró una lista entera»: THOMAS, R.: «Si piensas que la falta de mujeres en tecnología es un problema de filtraciones, no estuviste prestando atención». David T. Marchand (trad.). *Matajuegos,* 6 de junio de 2016, https://www.mata.juegos/es/2016/07/mujeres-tecnologia/ (consultada el 27 de septiembre de 2018).

• Un estudio de Yale descubrió que el claustro de ciencias de seis universidades importantes consideraba los candidatos a gerente de laboratorio «significativamente más competentes» cuando se les asignaba de manera aleatoria un nombre masculino. También se les ofrecía un salario más alto que a candidatos idénticos con nombres de mujer.

• Harvard y Carnegie Mellon University estudiaron las reacciones ante hombres y mujeres leyendo el mismo guion en el que pedían un aumento de sueldo. ¿Lo adivinan? A las mujeres se las consideró «más difíciles de tratar y menos amables», mientras que a los hombres no se los percibía de manera negativa en absoluto.

Estos solo son algunos ejemplos de la gigantesca cantidad de datos de investigación que demuestra la omnipresencia de la discriminación inconsciente a la que se enfrentan las mujeres, sean madres o no.

La pregunta no es si esto «es verdad». La pregunta es qué hacen los varones blancos que guardan las puertas de la industria tras leer estos estudios.

La importante firma de inversiones Greylock, por su lado, exigió que todos los socios pasaran por sesiones de entrenamiento relacionado con la discriminación inconsciente para intentar desarrollar herramientas que les permitieran combatir un problema que no habían sabido que tenían. Y entonces llegó la reacción de un inversor de capital de riesgo llamado John Greathouse, de Rincon Ventures. En 2016, Greathouse publicó en una página de opinión de *The Wall Street Journal* sus conclusiones con respecto a estos estudios, utilizándolos para argumentar que las mujeres que quisieran fondos deberían, simplemente, ocultar su género, usando iniciales en los documentos que presentaran y en los perfiles de las redes sociales y, desde luego, no colgar ninguna foto.

Efectivamente, los socios varones de Greylock consideraron que era hora de cambiar su actitud. John Greathouse, sin embargo, adoptó otra postura: en lugar de eso, eran las mujeres las que tenían que ajustarse a la realidad del patriarcado (se disculpó, tarde, tras una protesta generalizada).

Estamos hablando de extremos, pero, según mi experiencia, los hombres más poderosos de Silicon Valley suelen situarse en un campo o en el otro: las mujeres deben cambiar para ajustarse al mundo, o el mundo debería cambiar para incluir a las mujeres. Si volviera a poner en marcha mi empresa ahora mismo, plantearía preguntas a mis candidatos para tantear su opinión al respecto.

Y, por supuesto, hay otra manera de combatir todo esto: romper el molde.

Capítulo 9

NECESITAMOS UNA SHERYL

Gran parte de la cultura de Silicon Valley se explica con una sola estadística: el 95 % del dinero generado aquí proviene de solo el 5 % de los acuerdos conseguidos. Algo tan relevante como doblar el dinero de los inversores en unos años no significa nada para ellos, porque los beneficios tienen que cubrir todas las pérdidas que experimentan, apoyar proyectos cuando solo son ideas normalmente acaba en desastre.

No importa cuántas mujeres funden empresas de éxito que generen dinero para los inversores, la industria seguirá idolatrando e intentando repetir el modelo de las pocas personas que han levantado esos rarísimos «superunicornios» valorados en 100.000 millones de dólares o más. Para romper el molde, una compañía de cien millones de dólares, o incluso una empresa de mil millones, se queda corta. Mike Maples de Floodgate lamentaba este hecho mientras se quejaba de que muchas mujeres fundan empresas de comercio electrónico porque —aparte de eBay y Amazon— del comercio electrónico no suelen surgir grandes empresas. Pueden contar con los dedos de una mano las empresas de comercio electrónico estadounidenses que se han vendido por más de mil millones desde que estalló la burbuja puntocom.

Como les dirán los buscadores de patrones, hará falta un «Mark Zuckerberg en mujer» para cambiar las discriminaciones inconscientes que han permeado en esta industria. Que yo sepa, todavía no la hemos avistado, pero con un poco de suerte esto cambiará para cuando estén leyendo este libro.

Mientras tanto, las mujeres de Silicon Valley tienen a Sheryl Sandberg.

Tras la fama de Sandberg en Facebook y la carrera estelar que ha desarrollado Facebook como empresa que cotiza en bolsa, un nuevo patrón ha surgido en Silicon Valley en algunas de las empresas más prometedoras. De repente, una serie de empresas ha contratado a ejecutivas con carácter para que sean las segundas al mando.

En empresas que superan los 10.000 millones de dólares están Belinda Johnson, de Airbnb; Gwynne Shotwell, de SpaceX; está Marne Levine, COO de Instagram; y Francoise Brougher, de Square. Con respecto a los «unicornios» está Claire Johnson, COO de la empresa de pagos Stripe. Y encontramos aún más ejemplos entre las empresas preeminentes valoradas en menos de 1.000 millones de dólares, como Zeena Freeman, de Shyp; Kristin Schaefer, de Postmates; y Stacey Brown Philpot, que era la segunda al mando hasta que quedó a cargo como CEO de TaskRabbit.

Al contrario que con Sandberg, casi nadie escribe sobre estas mujeres. De hecho, se ha hablado muy poco de esta tendencia. Pero, una vez que empiecen a fijarse, verán aparecer segundas al mando de repente por todo Silicon Valley. ¿El motivo? Tiene poco que ver con la paridad de género. Es el reconocimiento de patrones: el ejecutivo número dos más notorio y exitoso de Silicon Valley resulta ser una mujer.

En la misma encuesta deprimente de LinkedIn que reveló tantos de los prejuicios de los hombres blancos en esta industria, Sandberg era la única mujer que recibió algo de respeto. El 92 % de los encuestados eligió a un hombre como «líder por el que sentía más admiración», con Elon Musk, Steve Jobs, Bill Gates, Jeff Bezos y Mark Zuckerberg en los primeros puestos del *ranking*, en este orden. Sandberg fue la única mujer elegida por más de un 1 % de los encuestados.

El impacto que ha tenido Sandberg entre los buscadores de patrones ha sido enorme, por varios motivos.

Para empezar, no ha caído en las trampas habituales en las que caen otras ejecutivas. No está al mando de una empresa orientada principalmente a un público femenino, como Sheila Marcelo, de Care.com. Facebook no forma parte de un campo discreto y minoritario, como Sunrun, de Lynn Jurich. Tampoco lidera una compañía de Silicon Valley que esté haciendo aguas, como Marissa Mayer. Ni es uno de los gigantes vetustos de la tecnología, como Safra Catz, de Oracle, o Ginni Rometty, de IBM.

Ayuda que Facebook fuera el «superunicornio» por excelencia de su época. Una Sheryl en Twitter o en LinkedIn no habría tenido el mismo impacto cultural. Sandberg destaca tanto no solo porque Facebook haya obtenido tanta fama y tanto éxito, también porque ha hecho algo que he visto hacer a muy pocas mujeres a su nivel en Silicon Valley: se ha levantado, ha exigido y recibido crédito por sus contribuciones a su empresa, y lo ha hecho mientras reconocía y celebraba ser mujer y madre. Usó el ascenso de Facebook para crear su propia marca personal, y esa marca no era ni de «tipa legal», ni de cerebrito con *glamour* como Marissa Mayer. Es lo más cerca que hemos llegado en Silicon Valley a una líder modelo «mamá oso», feminista y dispuesta a ponerse del lado de las mujeres (aunque sus críticos dicen que Sandberg es una radical reticente).

Sandberg a menudo invita a las mujeres de Silicon Valley a su casa para cenar y relacionarse con las distintas líderes del mundo del entretenimiento, la tecnología y el gobierno. Aunque hay muchas mujeres poderosas en su lista, también aparecen mujeres que no tienen tanto poder. Sandberg es dura con las mujeres con las que hace de mentora, pero también parece genuinamente interesada en que suban.

Kim Scott, que desde entonces ha fundado una empresa de software de gerencia llamada Radical Candor, cuenta la historia de cuando acababa de unirse a Google y rendía cuentas ante Sandberg. Hizo una presentación a la alta gerencia acerca de cómo iba AdSense (*spoiler*: ¡fantástico!). Scott pensaba que la reunión había ido bastante bien, porque se quedaron impresionados con los resultados y le preguntaron qué recursos necesitaba para seguir adelante. Pero Sandberg habló con ella después y subrayó que Scott había usado demasiadas muletillas. Sandberg le preguntó si era por los nervios, e incluso sugirió que Google le pusiera un *coach* para mejorar su forma de hablar en público. Kim no estaba haciendo demasiado caso a la crítica y, al final, Sheryl fue directa al grano:

—¿Sabes, Kim? Veo que no acabas de recibir el mensaje. Voy a tener que decírtelo más claro. Cuando se te escapa un «bueno…» cada tres palabras, pareces tonta.

Vaya. Hay muchas maneras de digerir eso. Pero Scott cuenta esta historia como un ejemplo de gerencia efectiva. Sandberg fue sincera (dolorosamente sincera) acerca de algo que se temía que impediría el progreso de Scott y que tenía fácil solución. Podía permitirse ser sincera porque Scott sabía que se preocupaba por ella. «Preocuparse por alguien personalmente facilita mucho algo que hay que hacer a menudo para ser buenas líderes: estar dispuestas a cabrear a la gente», dice.

Esa es Sheryl. También es una actitud muy maternal como jefa: cariñosa pero firme. En sus cenas, insiste en servir más comida a todo el mundo, advirtiéndoles de que es «¡una madre judía!».

Sandberg comprende de manera brillante el atractivo de la vulnerabilidad, algo que mujeres más duras, como Meg Whitman y Carly Fiorina, nunca lograron. Y, puesto que llegó una generación más tarde, contaba con los éxitos de estas mujeres como base. Tuvo más libertad para mostrarse vulnerable. La primera vez que conocí a Sandberg fue entre bambalinas, en un evento justo después de que la nombraran COO de Facebook. Me dijo que se había puesto *jeans*, no solo porque en Facebook todo el mundo va así, sino porque por fin le cabían los pantalones de antes del embarazo. Funciona. Debería ser más difícil conectar con Sandberg (con su casa tan limpia que parece que los niños no viven allí, sus ingresos de miles de millones y su imagen impecable, sin un pelo fuera de lugar), pero no lo es.

Cuando el marido de Sandberg, Dave Goldberg, murió de forma trágica y repentina, compartió su tristeza abiertamente en Facebook. Incluso admitió, meses más tarde, que su vida como madre sola la había convencido de que las críticas que había recibido su éxito de ventas, *Vayamos adelante*, tenían razón. No había considerado ni sabido lo difíciles que son las cosas para las madres solteras.

Al ser capaz de mostrarse vulnerable, al no sentir miedo de los estigmas de ser mujer, Sandberg se presenta como una persona simpática, competente y con confianza en sí misma. Esas son tres cualidades que Mayer, Fiorina, Whitman y muchas otras ejecutivas superiores de Silicon Valley no han logrado mostrar al público.

Si los rumores de que a Sandberg le interesa un futuro en política se convierten en realidad en algún momento, brillará. Tiene la asombrosa habilidad de parecer una mujer más, igual que ustedes, pero a la vez resultar rematadamente intimidante. Por mucho que se presente como una amiga que ha lidiado con los mismos problemas que yo, siempre estoy nerviosa cuando hablo con ella. Puede que me vea reflejada en sus palabras, pero también sé lo poderosa que es y nunca estoy segura de lo que opina de mí. Todo esto no lo digo para criticarla, sino para aclarar: es un soplo de aire fresco que sea capaz de presentarse como mujer femenina, pero también intimida e inspira respeto. Nadie cree que Sandberg sea una pusilánime. Por lo que sé por mi experiencia y lo que he oído de otras personas cercanas a ella, logra no ser ni un martillo ni un clavo.

Que desempeñara un papel tan público como una de las arquitectas responsables del éxito de Facebook, y que Facebook esté en la corta lista de compañías que podrían alcanzar un valor de un billón de dólares algún día, ha revolucionado la perspectiva sobre el potencial de las mujeres en el mundo tecnológico... y, en particular, sobre el potencial de las madres. Ha presentado su maternidad como una manera de parecer cercana y dura a la vez.

«¡Soy una madre judía!». Y todo esto es... en general, bueno.

Muchas personas del mundo de la tecnología se han fijado en Facebook, se han vuelto hacia sus jefes jóvenes y sin experiencia, pero que encajan en el molde, y han comunicado a sus reclutadores: «Necesitamos una Sheryl». He oído esas palabras exactas pronunciadas por bocas de empresarios e inversores de capital de riesgo en repetidas ocasiones. «Tenemos que encontrar una Sheryl». «Lo que necesita de verdad es una Sheryl». «Creemos que esta podría ser nuestra Sheryl».

Antes de que Facebook empezara a cotizar en bolsa, la gente decía: «Necesitamos un Eric Schmidt», a quien contrataron como CEO de Google antes de su oferta pública de venta. Que el término para describir a la persona que toda compañía tecnológica debe reclutar sea ahora un nombre de mujer no es un cambio insignificante. Y así, emerge un nuevo patrón: el ascenso de las número dos en compañías poderosas y con futuro, todas de repente y a la vez. Este nuevo molde pone a las mujeres en la segunda posición de más responsabilidad dentro de algunas de las mayores compañías del mundo de la tecnología, y en las *startups* que aspiran a convertirse en ellas.

Dejémoslo claro: es un progreso. Y todo progreso es bueno. Varias mujeres con las que he hablado acerca de esta tendencia, como la cofundadora de Cloudflare, Michelle Zatlyn, esperan que el hecho de que más mujeres sean COO en compañías notorias y con dinero sirva para preparar a la siguiente generación de mujeres en altos cargos, que serán capaces de pasar a sentarse en juntas directivas, a dirigir las mayores compañías de la lista de *Fortune 500* o convertirse en socias en las mejores firmas de inversión. «La gente tiene carreras profesionales largas», dice Zatlyn. «Puede que sus siguientes papeles sean de CEO».

No solo eso, sino que, como segunda al mando, una mujer puede tener un impacto tremendo en cuanto a paridad en la empresa Pese a la trillada imagen de la «pelea de gatas», varios estudios han demostrado que una de las consecuencias de tener a más mujeres en posiciones de responsabilidad es que se crean más posibilidades para otras mujeres. En empresas donde la última responsable es una mujer, existe el doble de probabilidades de que se apoye más a otras mujeres; las juntas directivas de grandes empresas que cuentan con al menos tres mujeres suelen contratar a otras mujeres más a menudo para puestos de responsabilidad de nivel C.

Sandberg y su colaborador, el escritor Adam Grant, han atacado el mito de la «pelea de gatas», escribiendo en *The New York Times* que no hay nada que demuestre que las chicas o las mujeres se comporten más maliciosamente que los hombres; es más, las mujeres tienen que lidiar además con las expectativas sobre su comportamiento:

> Simplemente, lo que se espera de las mujeres es que sean más simpáticas. Estereotipamos a los hombres como agresivos y a las mujeres como amigables. Cuando las mujeres rompen el estereotipo, las juzgamos con dureza. «Un hombre tiene que comportarse como Joe McCarthy para que se le tilde de implacable —se lamentaba Marlo Thomas—. Lo único que tiene que hacer una mujer es dejarles en espera al teléfono».

Con frecuencia, las mujeres en entornos muy dominados por hombres se atrincheran y defienden su territorio, y les preocupa que defender a otra mujer las haga quedar mal. El fenómeno de la «abeja reina» existe, lo que pasa es que este comportamiento no es inherentemente femenino. «Es una manera natural de reaccionar ante la discriminación cuando formamos parte de un grupo no dominante», escriben Grant y Sandberg.[42] Por consiguiente, cuantas más mujeres haya en una empresa y cuanto más poder posean, menos «peleas de gatas» habrá. Un gran ejemplo de esto es Google, que se convirtió en uno de los mejores sitios

---

42 «Cuando formamos parte de un grupo no dominante»: SANDBERG, S.; GRANT, A.: «Sheryl Sandberg on the Myth of the Catty Woman», *The New York Times*, 23 de junio de 2016, https://www.nytimes.com/2016/06/23/opinion/sunday/sheryl-sandberg-on-the-myth-of-the-catty-woman.html (consultada el 27 de septiembre de 2018).

para las mujeres que quisieran labrarse una carrera en el mundo de la tecnología. Contratos tempranos como los de Marissa Mayer y Susan Wojcicki establecieron las pautas de la inclusión de mujeres, e incluso ayudaron a crear políticas de empresa feministas en lo que podría haberse convertido muy fácilmente en una empresa con cánones claramente patriarcales puesta en marcha por dos tipos blancos de Stanford.

Katie Stanton trabajó para Google durante seis años y solo tuvo a mujeres como superiores. Es algo significativo porque, por aquel entonces, tenía tres hijos de menos de tres años. Me contó lo siguiente:

> Recuerdo cuando hice la entrevista por teléfono con Google, estaba usando el sacaleches escondida dentro de un armario para que mis hijos no me interrumpieran. Recuerdo que intentaba hablar de manera articulada y, no sé cómo, logré que me contrataran. Recuerdo hablar con mi jefa [Joan Braddi] y decirle: «Quiero este trabajo, de verdad, pero tengo que irme a las cinco de la tarde cada día porque tengo tres niños que no llegan a los tres años, y tengo que ir a recogerlos de la guardería». Recuerdo que me contestó: «Pues claro, por supuesto». Recuerdo que me sentí tremendamente aliviada y empoderada.

No es sorprendente que la mayoría de las segundas al mando de las que hemos hablado en este capítulo hayan salido de la cantera de Google.

No es que la paridad en Google esté mucho más presente que en el resto de la industria, es que las mujeres que había tenían altos cargos. Hay una diferencia enorme entre tener una mujer como ejecutiva de nivel C al mando de *marketing* o de recursos humanos, y tener a una mujer como COO de la compañía entera. Las mujeres necesitan patrones nuevos tanto como los hombres que controlan las juntas y el capital.

También está el factor del modelo a seguir cuando pensamos en la notoriedad de Sandberg (al revés que en el caso de la mayoría de las segundas al mando de Silicon Valley, que se han beneficiado de su ejemplo). Las mujeres tienen casi cuatro veces más probabilidades que los hombres de temer fracasar en sus carreras por culpa del género, según un estudio realizado por McKinsey y LeanIn.Org. «El reconocimiento de patrones funciona en ambas direcciones», dice Scott, que ha formado o trabajado con muchas de estas mujeres. «Hay muchas mujeres que también piensan: "tendría que convertirme en COO"».

Es un motivo más para que las mujeres que he mencionado más arriba (segundas al mando de Airbnb, Stripe, Instagram y otras grandes compañías) se pongan en pie, reclamen que se les reconozcan sus méritos y exijan que se les preste atención, como hizo Sandberg. Tienen que aceptar que les hagan entrevistas, aunque les fastidie que sea por su género. Tienen que dar charlas en las conferencias sobre esta industria. Tienen que contratar a escritores fantasma que plasmen sus convicciones feministas. Tienen que escribir artículos de opinión para *The Times*. ¿Tan difícil es abrir la puerta para las que vienen detrás?

Así que sí: la tendencia es positiva. Y, aun así, es difícil olvidar que Eric Schmidt fue CEO y Sandberg es COO. La reclutaron, básicamente, para hacer lo mismo en Facebook que Schmidt había hecho en Google, pero no le otorgaron el título. Al hablar con varios empresarios e inversores de capital de riesgo acerca de las fenomenales «Sheryls» que habían contratado, unos cuantos comentaron que pudieron contratar talento de mayor calibre para posiciones de número dos gracias a la discriminación inconsciente contra las mujeres que reina en la industria. Casi se describía el asunto como... un «truco» de dirección.

Las mujeres en el mundo de la tecnología se estaban beneficiando del hecho de que Sandberg fuera la segunda persona más poderosa en una de las mayores compañías del mundo. Pero ¿acaso el hecho de que no fuera fundadora o CEO no las estaba relegando a una especie de gueto de ejecutivas de alto *standing*? Hablé con varias personas que afirmaron creer que, simplemente, a las mujeres se les daba mejor mantener el orden que ser visionarias. A ver, es mejor que relegarnos a fregar suelos, pero...

Una noche llamé a Kim Scott, tarde, cuando las dos ya habíamos acostado a los niños, para que me diera su opinión sobre todo esto. Había trabajado cerca de Sheryl y muchas de estas recién elevadas segundas al mando y, como formadora de los CEO de compañías como Twitter, Dropbox y Stripe, estaba involucrada en muchas de estas conversaciones de «¡consíganme una Sheryl!». Además, es el tipo de persona que da charlas acerca de la misoginia en su casa los viernes por la noche. Si hay alguien que pueda estar informada sobre este asunto y cabreada, es Kim. Pero lo que hizo fue suspirar exasperada, subrayando que nunca llegaríamos a ninguna parte si cada vez que una mujer subía un escalón lo veíamos como algo negativo. Me dijo: «En cuanto pasa algo bueno, salen estas narrativas por todas partes. Celebrémoslo, en vez de desanimarnos».

Lo entiendo. Es como quejarse de que Hillary Clinton «solo» ganara el voto popular por millones de votos. También es una victoria que una mujer llegara tan lejos. Mayores agujeros en las barreras laborales, bla, bla, bla.

Otros observaron que la posición de COO era, sencillamente, la adecuada para muchas de estas mujeres en particular. No eran necesariamente las visionarias dedicadas a crear un producto; más bien, eran las personas que brillaban en las operaciones, en la precisión de dirigir una gran compañía y construir equipos de venta formidables. La única vez que logré que la elusiva Safra Catz hablara conmigo, me dijo que consideraba que las apariciones en los medios de comunicación y los artículos sobre Oracle eran una pérdida de tiempo, que ella solo se concentraba en los números.

Aunque es cierto que lo más probable es que hayan tenido que trabajar mucho más duro para llegar adonde están, no hay nada que indique que estas mujeres quisieran ser CEO o fundadoras de empresas y alguien les negara la oportunidad. Scott, por ejemplo, ha rechazado posiciones similares en grandes compañías y ha preferido fundar su propia empresa.

Desde luego, hablando de compañías que cotizan en bolsa, ser una operadora excelente no descalifica a nadie para ser CEO. Catz es ahora coCEO de Oracle, mientras que otros hombres «visionarios» que en su momento fueron considerados herederos de Larry Ellison han pasado sin pena ni gloria. Tim Cook era una especie de «Sheryl» para Steve Jobs, y heredó su puesto. Sandberg, desde luego, se encuentra en los primeros puestos de la cortísima lista de candidatos a dirigir Facebook si a Mark Zuckerberg lo atropellara un autobús. Desde el punto de vista de Kim, hay una diferencia entre una «ejecutiva de nivel C» cualquiera y una segunda al mando. De acuerdo, concedo que esto es verdad. Pero, aun así, soy una escéptica; no creo que sea tanto el progreso como muchas mujeres desearían.

Fíjense en la carrera de Renée James. Peleó con uñas y dientes para escalar de gerente de productos a presidenta de Intel. Se la consideraba una de las mujeres más influyentes en el mundo de los negocios. Sus dotes eran tales que era una de los dos candidatos internos a convertirse en el siguiente CEO de Intel cuando Paul Otellini se jubilara. De hecho, ella y el otro candidato, Brian Krzanich, sugirieron convertirse en coCEOs.

La junta directiva no les hizo caso y otorgó el puesto a Krzanich. James dimitió dos años más tarde (naturalmente). Al contrario que prácticamente cualquier hombre con ese tipo de currículum, a James le costó obtener un puesto de CEO, según un artículo de *Fortune* en el que hablaban de las distintas experiencias de las mujeres que habían aparecido en su lista de mujeres más poderosas a lo largo de los años. «Era la presidenta de una compañía enorme, mucho mayor que la gran mayoría de empresas que hay por el mundo —dijo James a *Fortune*—. Pero aun así la gente dice: "Sería una CEO primeriza". ¿Saben cuántas personas han dicho eso? Es de locos».[43]

James terminó por aceptar un papel de «ejecutiva de operaciones» en la empresa de telecomunicaciones, medios y tecnología de Carlyle Group. Como dice *Fortune*, es el tipo de papel hacia el que tienden los ejecutivos «cuando su carrera empieza a declinar».

No es un caso aislado, según *Fortune*. Ciento veintiséis mujeres cayeron de su lista entre el 2000 y el 2015 por múltiples motivos. «Solo un 13 % de las mujeres que han aparecido en nuestra lista, todas ellas con carreras increíbles construidas en grandes compañías y en los años más productivos de su vida laboral, obtuvieron otro papel significativo en una gran compañía que cotice en bolsa».

De las cincuenta y pico mujeres que han logrado convertirse en CEO de una compañía de la lista *Fortune 500,* solo dos lograron ser CEO de otra compañía *Fortune 500.*

Quizá no debería sorprendernos que la mujer más respetada del mundo de la tecnología ni siquiera sea CEO. Incluso cuando las mujeres rompen las barreras laborales, estas parecen reaparecer delante de ellas más adelante. Y estas son las mujeres afortunadas.

El destino de Marissa Mayer es el más habitual. Como CEO de Yahoo, para alcanzar el puesto más alto, Mayer tuvo que rendirse ante algo que Michelle Ryan y Alex Haslam, de la Universidad de Exeter, lla-

---

43 «Es de locos»: REINGOLD, J.: «Why Top Women Are Disappearing from Corporate America», *Fortune*, 9 de septiembre de 2016, http://fortune.com/women-corporate-america (consultada el 27 de septiembre de 2018).

man «el acantilado de cristal». Ah, sí, las mujeres pueden lograr puestos de CEO, claro que sí; pero solo en empresas en crisis. Los candidatos varones comparables tienen más opciones, así que las empresas (como, por ejemplo, Yahoo) pueden hacerse con un CEO de mayor calidad si contratan a una mujer.

La Utah State University estudió a todas las mujeres CEO de la lista *Fortune 500* y descubrió que el 42 % fueron nombradas cuando sus empresas estaban en crisis. Los nombramientos masculinos en circunstancias parecidas son del 22 %. Y lo que es peor: solo el 13 % de las mujeres que desempeñaban estas tareas también recibieron el título de presidentas de la junta directiva, lo que ocurre con el 50 % de los hombres. Eso les brinda menor poder e influencia, y además anuncia este hecho ante el mundo entero, según señala el mismo artículo de *Fortune*.

PricewaterhouseCoopers publicó otro estudio que demostraba que al 38 % de mujeres CEO se las apartaba del puesto en un periodo de diez años, lo que solo ocurre con el 28 % de los hombres CEO. Un estudio de la W.P. Carey's School of Business, de Arizona State, concluye que las mujeres CEO tienen un 27 % de probabilidades de pelearse con accionistas activistas, que usan su púlpito para advocar agresivamente cambios en una empresa que cotice en bolsa. Los hombres tienen menos de un 1 % de probabilidades de enfrentarse a lo mismo.

A estas mujeres se les ofrecen puestos peores en empresas en crisis, se les otorga menos poder para que las mejoren, se les da menos tiempo para que se noten los cambios y, gracias a su género, son objetivos para los activistas.

El artículo de *Fortune* afirma lo siguiente:

Cuando no logran sacar a la empresa de la crisis, se hace la siguiente confirmación: las mujeres no tienen lo que hace falta. No están a la altura. Como dijo la expresidenta de Intel, James: «Serán pioneras. O encuentran la tierra prometida o mueren».[3]

Lo que viene a continuación les sorprenderá: estudio tras estudio se ha demostrado que a las mujeres les interesa menos convertirse en CEO

---

44 «Encuentran la tierra prometida o mueren»: *Ibid.*

que a los hombres. Según McKinsey y LeanIn.Org, solo el 40 % de mujeres sienten interés por convertirse en CEO, mientras que el 56 % de hombres sí están interesados; tanto madres como mujeres sin hijos alegaron que «no quieren presión». En una encuesta realizada para estudiar la industria de la publicidad, solo el 11 % de las ejecutivas dijeron que querrían estar al mando.

¿¡Me pregunto por qué!?

«Los hombres suelen tener el ego más frágil que las mujeres», dijo Kim Scott, la vez que me suspiró con cansancio. «Lo que lleva a la gente a perseguir el poder es un ego frágil. El papel de CEO puede llegar a ser bastante desagradable de desempeñar. Creo que hay muchas mujeres que no sienten la necesidad de pasar por ello».

En algunos casos puede que sea así. Pero la idea de que las mujeres sencillamente no quieren ser CEO supone no tener en cuenta que estas mujeres han presenciado el desarrollo de las carreras de las dos superestrellas de Google: Mayer, la más famosa, que se convirtió en CEO, y la entonces menos conocida Sandberg, que ganó muchísima más notoriedad como COO. ¿Qué trayectoria elegirían ustedes? Cada mujer toma su propia decisión, sí, pero es una decisión basada en las realidades del machismo institucionalizado. Observar que las mujeres no tienden a convertirse en «líderes de productos visionarios» es como decir que no son brillantes en las matemáticas o las ciencias. Puede que sea algo fundamentado en pruebas empíricas, pero también es el resultado de un mundo que no lo espera de ellas.

Así que sí, podemos desear que la mujer más admirada del mundo de la tecnología sea CEO y no COO. Pero, viendo lo que tuvo que aguantar Mayer, ¿pueden culpar a Sandberg por haber tomado el camino que tomó?

Me entusiasma pensar que hay tantas mujeres acercándose al puesto de CEO, convirtiéndose en las segundas ejecutivas con más responsabilidad en algunas de las empresas más grandes y más emocionantes de Silicon Valley. Pero todo este progreso anecdótico todavía no ha aumentado el porcentaje de empresas tecnológicas que tengan a mujeres en el nivel C o en la junta directiva. Y no estoy convencida de que esto conlleve una marea inevitable de influyentes mujeres CEO dentro de unos años.

Capítulo 10

¿SE LO ESTÁN PASANDO BIEN?

Para cuando Evie cumplió los seis meses, yo era más que consciente de todas las partes de Pando que no funcionaban en absoluto. Pese a haber recaudado 2,5 millones de dólares, el dinero escaseaba —otra vez— y no contábamos con una manera de generar ingresos. Me había pasado la vida entera de la empresa dando de mamar a un bebé o embarazada. Trabajaba constantemente para generar el suficiente dinero (a través de inversores o ventas o milagros) para mantener una sala de prensa con una docena de personas. Había días en los que me sentía como si el mundo entero estuviera viviendo de mí; en el caso de mis hijos de forma literal, porque todavía daba el pecho a Evie; y en el caso de la empresa de forma metafórica, puesto que estaba reclamando cada favor hecho y aprovechando cada contacto que había cultivado durante mi vida profesional para mantener el negocio a flote. Sentía que cada mañana me despertaba atontada, me servía un café y me cortaba las venas para que todos los chupasangres pudieran subsistir.

Y encima no funcionaba. Durante esa época, otros compañeros de la industria me preguntaban si «me lo estaba pasando bien».

¿Lo decían para tocarme las narices? No me lo estaba pasando bien, ni siquiera un poco. Estaba viviendo muchas emociones: era gratificante contratar y tutelar periodistas jóvenes infravalorados, fue emocionante cerrar un trato de publicidad de seis cifras, fue divertidísimo cuando mencionaron nuestra empresa en la comedia de HBO, *Silicon Valley*, tras solo dieciocho meses de existencia, era un subidón de adrenalina cuando desvelábamos una historia importante. Pero nada de esto era «pasárselo bien». Era mucho más profundo. Me sentía como si me vibrara la piel.

Y luego están todos los chismorreos, que siempre sentía como algo personal y horrible y pública y embarazosa y constantemente, constantemente bajándome los humos.

Así era la empresa. Tampoco «me lo pasé bien», exactamente, aprendiendo a ser madre. Jamás había experimentado algo como aquel amor estático, inyectado directamente en vena, que sentía al sostener a mis bebés entre los brazos. Pero había noches en las que miraba el reloj y pensaba: «¿Cómo narices voy a entretener a Eli durante las dos horas que quedan antes de acostarlo?» o «Por favor, Evie, duérmete de una maldita vez». Sobre todo porque, más de la mitad del tiempo, estaba sola con ellos.

Mi vida era como una versión sin drogas y totalmente legal de una película de Scorsese. Subidones estimulantes en los que me sentía como la reina del mundo, seguidos tras breves momentos por bajones que me dejaban sollozando a solas en la habitación. ¿Saben aquello de que solo una pequeñísima parte del espectro de luz es visible al ojo humano? Podía aplicar eso al abanico emocional en el que había vivido antes de tener a mis hijos y de fundar mi empresa. Eli, Pando e Evie habían volado esas barreras por los aires, y ahora habitaba en los márgenes del espectro de luz emocional cuya existencia había desconocido hasta ahora. No es ahí donde una «se lo pasa bien». Una «se lo pasa bien» en una fiesta de pijamas. Una «se lo pasa bien» en Disneyland. Una «se lo pasa bien» en su primera fiesta universitaria.

—No, no me lo estoy pasando bien —espetaba a quien me preguntaba—. Y más vale que funcione, caray, porque no pienso fundar otra empresa en mi vida.

Tampoco podía regodearme en mis dificultades. Las cosas iban aún peor en la empresa de periodismo de investigación de Paul, NS-FWCORP.

Lo único que nos había mantenido por encima de los números rojos era una paliza emocional administrada de manera rutinaria, cada seis semanas, por Andrew en las juntas directivas (que te den, Andrew). Pero Paul había recaudado solo una quinta parte del capital que habíamos recaudado nosotros y pagaba mejor a sus empleados. Y no tenía una junta directiva que lo apaleara cada seis semanas y lo mantuviera a flote (gracias, Andrew). Así que, básicamente, yo era el Andrew voluntario de Paul.

Hablábamos a diario y me dedicaba a molestarlo interrogándolo acerca de su índice de gastos y sermoneándole acerca de los riesgos de dirigir una empresa fundamentándose en los escenarios más optimistas. Exponía sus problemas igual que Andrew exponía los míos. No era amable. Pero ¿acaso habría sido mejor morderme la lengua y verlo fracasar? Era mi mejor amigo.

Al fin, en octubre del 2013, quedó claro: tendríamos que recaudar más dinero. Otra vez. No sería fácil. Por suerte, un nuevo asesor y miembro de la junta directiva, Mike Tatum, había tenido una idea. Resulta que Tatum también era de Tennessee y sugirió que recaudara dinero de un sindicato de inversores sureños. Nashville no es exactamente un centro internacional de inversiones de capital de riesgo, pero su idea era plausible. Además, habíamos decidido celebrar nuestra gran reunión anual en Nashville, así que había una ventaja empresarial legítima en la colaboración. No solo eso, sino que Pando pretendía convertirse en una publicación orientada al mercado general, por lo que nuestra base de inversores debería reflejar ese objetivo. Tatum sudó la gota gorda para presentarme a los inversores sureños, entre ellos a un tipo llamado Vic Gatto, que quería hacer un trato con nosotros, pero estaba abandonando su empresa y todavía no tenía una nueva fuente financiera. Noticias buenas y noticias malas.

Fue por esa época cuando tuve que ir a Dublín. Cosas que normalmente serían un placer parecen una tortura cuando se tiene un hijo de un año, un bebé de pecho y una empresa a punto de hacer aguas. Una de estas cosas es la excusa anual para viajar a Irlanda para la conferencia llamada F.ounders. Sí, el nombre incluye el punto. Por si opinaban que Yahoo! no era un ejemplo lo bastante ridículo como nombre corporativo para una empresa de Silicon Valley. La idea era ir a Dublín con un montón de altos cargos, beber, conocer a Bono, hacerse un *selfie* con él con el signo de la paz y una sonrisa petulante, elegir el filtro de Instagram adecuado y llamarlo trabajo.

Todo el mundo a mi alrededor ponía la reunión por las nubes. Me habían invitado un par de veces, pero siempre había declinado. La primera vez acababa de dar a luz a Eli, y la segunda vez acababa de fundar Pando. Además, como mucho suelo ir a dos conferencias al año. Las conferencias son para los jóvenes, sin hijos y sin ataduras, que pueden capear las brutales resacas que resultan de beber con colegas y competidores hasta las tres de la madrugada. Yo ya no era nada de eso. Estaba en plena penitencia. Pero, ese año, el organizador me escribió y me dijo que muy pocas personas habían rechazado la invitación tres años seguidos y que no tenía excusa. Otro inversor me apremió a ir, con el objetivo de establecer conexiones provechosas. Al fin y al cabo, estaba intentando recaudar dinero y construyendo un negocio basado en la publicidad. De acuerdo. Lo peor era que se celebraba en Halloween, y Halloween es el día favorito del año de Eli, sin rival comparable. Ese año iba a disfrazarse del monstruo de las galletas. Era el primer Halloween de Evie, que iría disfrazada de calabaza. Había sido idea de Eli. Eli adoraba las calabazas hasta tal punto que se las llevaba a la bañera y dormía con ellas meses antes de la llegada de Halloween. Habría calabazas por todas partes, su hermana pequeña sería una de ellas. Y yo me lo tendría que perder para pasar el rato con Bono y beber con inversores de capital de riesgo.

Mi relación con Geoff estaba en un momento delicado. Insistía en que, si no íbamos a estar en San Francisco, debería poder pasar el día favorito de Eli con él y la pequeña Evie. Así que Megan y los niños hicieron las maletas y se fueron a Las Vegas, mientras yo volaba hacia Europa. Fue más duro que el viaje a China, cuando Eli tenía seis semanas. Cuanto mayores se hacían, más difícil era dejarlos atrás.

Resultó que Paul estaba en Londres celebrando el sexagésimo cumpleaños de su madre. Andrew y yo habíamos sopesado si adquirir NSFWCORP era una buena idea. Tenían un público leal, una tecnología mucho mejor que la nuestra y muchos puntos fuertes que a nosotros nos faltaban. Sabía (gracias a ser la «Andrew» extraoficial de Paul) que NSFWCORP se acercaba a su fin. ¿Sería este el momento? Le dije a Paul que se reuniera conmigo en Dublín para hablarlo. Como amiga, estaba preocupada. Como CEO de Pando, sabía que era el momento perfecto para atacar.

Dios mío, fue un viaje horroroso. Conocí a muchas personas maravillosas con las que sigo teniendo una relación cercana. Algunas noches me reí tanto que terminé con calambres en los costados. Dublín es una ciudad fantástica, pero me dedicaba a correr entre actividades (como, por ejemplo, visitas a la Guinness Storehouse) para apresurarme de vuelta al hotel, sacarme la leche, escribir artículos y seguir dirigiendo la empresa. Estaba muy triste por el asunto de Halloween. El disfraz de la pobre Evie, que había pedido a través de Amazon, nunca llegó, y pasó la noche vestida simplemente de Evie. ¿Cómo es posible que ningún adulto solucionara tal problema? Especialmente estando en Las Vegas, una ciudad donde la gente anda disfrazada por la calle cada día del año. Y en medio de todo esto, Paul y yo entablamos negociaciones con nudillos de acero sobre la adquisición de NSFWCORP por parte de Pando.

Aparté todo lo que sentía por él como mi mejor amigo y me mostré completamente despiadada en las negociaciones. No tenía elección. Era mi trabajo como CEO, y nosotros también estábamos a meses de la ruina. No tenía ninguna garantía de que el nuevo esfuerzo por recaudar fondos fuera a funcionar, y adquirir su empresa añadiría un valor demostrable a nuestro índice de gastos. Mi junta directiva y el mundo entero sabían que era mi mejor amigo. No le hice ningún favor al tratarle igual que habría tratado a otra persona en su situación.

Para cuando nos fuimos de Dublín, teníamos las bases de un trato. Dejé que de los detalles menores se encargara Andrew, que fue muchísimo más despiadado de lo que yo había logrado ser (que te den, Andrew vs. gracias, Andrew).

Paul y yo regresábamos «a casa», a Las Vegas. Paul todavía vivía allí; Geoff, Megan y los niños seguían allí después de Halloween. De hecho, compartíamos apartamentos para ahorrar, puesto que Geoff solo pasaba allí dos semanas al mes, y los niños y yo apenas viajábamos hasta allá.

Me moría de ganas por ver a los niños de nuevo y por sustituir el atroz sacaleches por mi preciosa hija pequeña. Pero mi matrimonio no iba bien. En las últimas etapas del embarazo de Evie, Geoff pasaba dos semanas o más al mes en Las Vegas, y además necesitaba más tiempo para terminar el máster, con los viajes que eso conllevaba. Entre el estrés por la empresa, un hijo pequeño y un embarazo, estaba empezando a perder la cabeza.

Pero que los niños y yo pasáramos más tiempo en Las Vegas tampoco era una buena solución. Mi filosofía como madre para ocuparme de un niño pequeño lleno de energía era «¡salgamos de casa antes de que la derribes!». Pero en Las Vegas hacía demasiado calor como para que Eli jugara fuera, por lo que trabajar en el apartamento era prácticamente imposible. El desarraigo estaba haciendo mella en todos nosotros (apartando a Eli de sus clases de natación y de su grupo de juegos, a Megan de su novio y sus perros, y a mí del lugar donde Pando tenía su base), y ¿para qué? Apenas veíamos a Geoff cuando lo visitábamos. Venía para cenar con los niños y bañarlos, y entonces volvía a irse.

Parecía que no podíamos ponernos de acuerdo en nada. Hablaba acerca de pasar «tiempo de calidad» con Eli (y, más adelante, Evie) antes de acostarlo, como si fuera su tío. Noche tras noche, Megan y yo nos recostábamos en el sofá viendo *Gran hermano* o la telerrealidad de turno.

Dos casas para una familia de cuatro personas, más los viajes y pagar a Megan por sus veinticuatro horas de trabajo nos estaba costando una fortuna, y nuestro matrimonio solo parecía empeorar.

Llegados a cierto punto, miré a mi alrededor, a Megan, a los participantes de *Gran hermano* que había en la pantalla y me pregunté: «¿Por qué estamos aquí? Podríamos estar haciendo lo mismo en San Francisco, y nos saldría más barato».[45]

Una noche, de vuelta en San Francisco, justo después del nacimiento de Evie, Geoff y yo tuvimos una pelea de las gordas. Eran las nueve y media, Eli estaba dormido (bendito fuera) e Evie, que apenas tenía unas semanas de edad, estaba chillando. Me la amarré al pecho y le dije a Geoff que me iba a dar un paseo para que le diera el aire. Nuestra cuidadora nocturna, Anna, que nos había ayudado a sobrevivir a las primeras semanas con ambos niños, llegaría a las diez.

Agarré las llaves de casa, meciéndome de un lado a otro en ese extraño ritual que hacen todos los padres, intentando que Evie se durmiera. Con el tono de voz más controlado posible, dije:

—Me voy a pasear con Evie. Cuando Anna llegue, tú y yo saldremos de esta casa. Nos vamos a largar bien lejos y pediremos algo con alcohol. Y entonces aclararemos qué es lo que vamos a hacer con este matrimonio.

Paseaba por el barrio, estaba enfurecida y llorosa. Me daba mucha pena que Evie tuviera que presenciarlo todo, pero también me consolaba tenerla conmigo. Sentía que el amor permeaba el portabebés Ergobaby y rezumaba contra mi pecho, aunque por dentro se me estuviera partiendo el corazón. ¿El divorcio inminente de los padres sería más

---

45 Puede que sea la primera persona de la historia que ha pronunciado esas palabras.

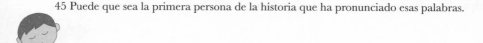

o menos traumático para el desarrollo mental de un bebé que ser secuestrado *in utero* en Nigeria?

No podía creer lo rápido que había pasado de una vida aparentemente perfecta a que esta se desmoronara. Anna nos había visto a Geoff y a mí en nuestros momentos más frágiles, rendidos a las dos de la madrugada en pleno pánico parental de «¡¡Dios mío!!» con Eli, y siempre decía a las otras cuidadoras que éramos «asquerosamente adorables». Que Geoff era muy atento conmigo. Que éramos una de las pocas parejas para las que había trabajado que nunca se separaría.

Claramente, el ambiente en nuestra casa era algo distinto esta vez, solo dieciocho meses más tarde. Cuando dieron las diez, le entregué Evie a Anna, y Geoff y yo nos plantamos en el bar del barrio y pedimos dos tragos de Jägermeister y una cerveza para compartir. Le planteé tres opciones a Geoff:

—O vamos a terapia, o nos separamos o nos divorciamos, porque la situación no hace más que empeorar cada día, y no quiero criar a nuestros hijos en este entorno.

Estaba de acuerdo con mi diagnóstico, pero no quería aceptar ninguna de las opciones.

No ha sido hasta ahora cuando he reconocido las similitudes entre la decisión de presentarle a Geoff la realidad de nuestra situación matrimonial, mi debate interior acerca de mi regreso a *TechCrunch* y la ansiedad que sentí cuando tuve que despedir a Arrington. En las tres situaciones sabía cuál era la decisión correcta. Simplemente, no sabía si era capaz de tomarla.

Aquel año Geoff y yo pasamos las navidades separados, los niños se vinieron conmigo a Memphis. No tenía ni idea de lo que ocurriría. Me comprometí a ir a terapia de pareja, y estuvimos yendo durante unos nueve meses. Nos vino muy bien para superar el enorme espacio de resentimiento mutuo que habíamos creado entre los dos a lo largo del año previo y para aprender a comunicarnos de nuevo. Pero llegó un momento en el que mi terapeuta me preguntó por qué estaba haciendo todo eso. Contesté que quería poder mirar a mis hijos a la cara, si alguna vez me preguntaban, y decirles con total sinceridad que había hecho todo lo posible por mantener la familia unida. Subrayó que eso no era lo mismo que querer salvar el matrimonio. Era una buena terapeuta.

Durante esa época me peleé muchísimo con uno de los dilemas existenciales básicos de la maternidad: todos saben que, para ser una buena madre, es imprescindible cuidar de una misma. Pero seguir el consejo (cuando significa negar a mis hijos algo tan gordo como que sus padres sigan juntos) es otra cosa. Sencillamente, no sabía dónde estaba la línea entre ser demasiado egoísta y demasiado poco egoísta. Haría cualquier cosa por mis hijos. Pero ¿qué significaba eso, al fin y al cabo?

Una noche, obtuve la respuesta. Estaba meciendo a Eli antes de acostarlo. Tenemos un ritual muy elaborado para la hora de dormir llamado «Eli (o Evie) *rock you*», que a estas alturas ya abarca libros, canciones, una lista de reproducción de música de Sonos que no tiene nada de relajante y consiste en pop para adolescentes, durante la cual canto *Shake It Off*, seguida de *Party in the USA*, y entonces salgo de la habitación e irrumpo de nuevo para ciertos segmentos de *Bang Bang;* momentos más tarde, Eli se duerme mientras escucha a Kesha. Hubo una época en la que el ritual incluía escenas enteras de *Frozen*. Para cuando lean este libro, es posible que contenga una coreografía de hip hop.

Incluso cuando tenía una niñera a tiempo completo, siempre acaparaba el privilegio de mecer a Eli y a Evie. Me di cuenta desde el principio: la persona que mecía a Eli por la noche era la que recibía más abrazos al día siguiente. «¡Buenas noches, Megan! ¡Lo siento, papá!». Los abrazos de Eli e Evie eran como visiones de la faz de Dios en el infierno que fue mi otoño de 2013. Me agotaba hacer la escena de *Frozen* hasta el día en el que Eli dijo que no quería verla más. Desde entonces, me entrego en cuerpo y alma a mis interpretaciones de *Shake It Off*, como si fuera Lin-Manuel Miranda en su última noche interpretando a Hamilton. Hay un número limitado de veces que querrá oírme. Nunca sé qué noche será mi canto del cisne.

Esta noche en particular, estaba abrazando a Eli mientras lo mecía. Me di cuenta de que era un gesto desesperado. Estaba aferrada a él. Casi como un parásito. Comprendí que Eli e Evie se habían convertido en el total de mis conexiones emocionales y físicas con otros seres humanos. De algún modo, estaba obligando a mis hijos a desempeñar el rol emocional que debería haber tenido mi marido. Ningún niño debería sufrir la presión de ser la única fuente de estabilidad y apoyo emocional de su madre.

«Vaya por Dios», pensé de repente en aquel momento, aferrada a mi hijo. Lo comprendí: eso es lo que significa cuidar de una misma para poder cuidar de los niños. Entendí, de repente, ese cliché. Pensaba que estaba sosteniendo el matrimonio por ellos, pero en ese momento comprendí que, si permanecía en aquella relación, terminaría por causarles daños irreparables.

Tenía que encontrar una manera de ser feliz por mí misma, para poder estar ahí y ser su madre. No podía vivir solo para ellos. Tampoco podía vivir solo para Pando. Tenía que encontrar la manera de vivir para mí misma. No la SARAH LACY (™) en mayúsculas, ni la mamá de Eli e Evie. ¿Seguía existiendo esa persona?

«Tenemos que divorciarnos». Es lo que pensé allí mismo, en la habitación de Eli, mientras se dormía en mi regazo.

Capítulo 11

ALAS, ZARPAS, COLMILLOS

Hasta ahora, puede que estén de acuerdo conmigo. Sí —puede que piensen—, el patriarcado ha envenenado nuestra cultura, seduce a los hombres para que piensen que tienen la responsabilidad moral de estar al mando y carga a las mujeres con un sentimiento de culpa cada vez que intentan cambiar el sistema.

Quizá les haya convencido de que las nociones preconcebidas acerca de la discapacidad que causa la maternidad son mamarrachadas, la maternidad nos hace más productivas, creativas y empáticas y nos hace capaces de aguantar lo que nos echen.

Con un poco de suerte, he argumentado con éxito que los datos por sí solos no cambiarán nada. Estamos inundados de estudios que demuestran definitivamente que una mayor igualdad de género y paridad en la economía nos harían a todos más ricos. Pese a todo, los números no cambian. Resulta que los hombres blancos no piensan renunciar al poder solo porque les hayamos mostrado una serie de gráficos y estudios.

Si queremos que las cosas cambien, tendremos que hacer algo más que mostrar datos. Tenemos que señalar el machismo y la misoginia cuando los veamos. Tenemos que denunciarlo cuando los vivamos. Salir a la calle, ponernos en huelga, asegurarnos de que los lugares a los que vamos y los productos en los que gastamos el dinero reflejen nuestra opinión. Y tenemos que insistir y seguir haciéndolo por mucho que el patriarcado (y las vocecitas del patriarcado que viven en nuestra cabeza) nos diga que somos unas aguafiestas, o que nos ofendemos por nada o que somos unas alborotadoras.

Pero prepárense: al patriarcado no le gusta que lo delaten. Una noche lluviosa del noviembre de 2014, en Londres, el editor de BuzzFeed

Ben Smith me informó de que Uber, la compañía privada del mundo tecnológico más grande y machista del globo, acababa de poner un millón de dólares sobre la mesa para hacerme callar. Por aquel entonces, unos 18.000 millones de dólares (ahora ya son casi 70.000) dependían del éxito continuado de Uber, y casi nadie había logrado vender una sola acción porque la empresa todavía no había salido a bolsa.

Desde más o menos 2012, Pando había sido una de las únicas voces críticas en medio de una prensa de negocios enamorada de Uber. Subrayamos la hipocresía de la compañía: anunciaban una postura libertaria y disruptiva cuando las leyes no les convenían, pero estaban bien dispuestos a gastarse más que otras industrias en cabilderos y hacer sus propios tratos por la puerta de atrás cuando les parecía necesario. Subrayamos el historial mixto que tenían con la seguridad de sus clientes y la consulta de antecedentes de sus empleados. Una de nuestras periodistas fue a los juzgados de San Francisco y salió con el certificado de antecedentes criminales de un conductor acusado de asalto, después de que Uber jurara y perjurara que sus consultas de antecedentes habían filtrado a cualquiera que tuviera un pasado delictivo.

Pero lo que me convenció para borrar la aplicación en 2014 fue el preocupante patrón de machismo y misoginia que estaba creando la compañía. Cuando publicamos un artículo acerca de pasajeras que sufrían asaltos en vehículos de Uber, los ejecutivos dijeron a nuestra periodista que una de las mujeres atacadas estaba borracha y «vestida de manera provocativa». Esto por parte de una compañía que había argumentado ante los entes reguladores que merecían un tratamiento especial porque estaban ayudando a las mujeres a llegar a casa sanas y salvas si habían bebido. Era otra ronda de la defensa de Brock Turner y todos los demás violadores universitarios.

Luego está el asunto del artículo en su blog, titulado *Rides of Glory* (Paseos gloriosos), en el que la empresa se vanagloriaba de las relaciones de una noche de su base de usuarios gracias a los datos de los viajes contratados. Y luego está la entrevista para GQ en la que el CEO de Uber, Travis Kalanick, se refirió a su habilidad para conseguir mujeres cuando quisiera con un desafortunado juego de palabras: *Boob-er*, *boob* (teta) y el nombre de su compañía. Finalmente, está la campaña publicitaria de Uber en Lyon, Francia, en la que compararon a sus conductoras con prostitutas.

No sé cuál fue el factor desencadenante, exactamente. Quizá fue el hecho de que tuviera una hija. Tal vez el encontrarme finalmente en una posición lo bastante sólida como para decir lo que quisiera sin temer las consecuencias. Quizá fuera el poder derivado de convertirme en madre, o simplemente es que me había hartado de décadas de micromachismos.

Fue una combinación entre el mundo que se estaba convirtiendo en mucho más abiertamente machista, en esta oleada de «brogramadores» hipermasculinos, y mi radicalización progresiva, tal como Gloria Steinem dijo que les pasa a las mujeres según se hacen mayores. En este día en particular, hablando de esta empresa en particular, supe que ya había tenido bastante.

Nunca fui el tipo de periodista que cree que la persona al mando de una empresa tenga que ser una santa. Me traía bastante sin cuidado que la compañía estuviera alterando la industria del taxi. Pero la falta de respeto fundamental hacia las mujeres en todos los niveles de la compañía me daba miedo. Aseguraban a las mujeres que eran el servicio más rápido y seguro para regresar a casa, pero la empresa que había detrás era tan profundamente misógina que, cuando las mujeres sufrían ataques a manos de sus conductores, echaban la culpa a las víctimas en vez de aceptar la responsabilidad. Comparaban a sus conductoras con prostitutas. Y el CEO se dedicaba a bromear en revistas para hombres acerca de lo estupendo que era que el éxito de Uber —logrado gracias a esas mismas mujeres— le permitiera «triunfar» también con muchas mujeres.

No eran solo estas ofensas, también era el hecho de que nadie fue despedido cuando estos incidentes salieron a la luz. Parecía que a la compañía le daba igual. Y eso puede crear una cultura que da bastante miedo. La cultura de cada compañía se crea alrededor tanto de lo que dicen y hacen, como de lo que se callan o no hacen. En mi artículo expliqué por qué había borrado la aplicación.[46] Me daba igual que Uber asegurara

---

46 «Por qué había borrado la aplicación»: LACY, S.: «The horrific trickle down of Asshole culture: Why I've just deleted Uber from my phone». Pando.com, 22 de octubre de 2014, https://pando.com/2014/10/22/the-horrific-trickle-down-of-asshole-culture-at-a-company-like-uber/ (consultada el 27 de septiembre de 2018).

(sin aportar fuentes de ningún tipo) que sus vehículos eran más seguros que los taxis tradicionales. Lo sabía por experiencia: Uber prefería volverse contra las víctimas. No valía la pena arriesgar mi seguridad ni la de las mujeres a las que quería, sobre todo cuando Lyft ofrecía un producto prácticamente idéntico.

Como muchos de nuestros artículos previos acerca de Uber, recibió mucha atención. No hicimos un daño significativo a la cantidad de descargas de la aplicación ni a su habilidad para ganar dinero, pero sí que dañamos la reputación de la marca en Silicon Valley y su capacidad para contratar a gente nueva. Y el talento es el alma de Silicon Valley. Uber, finalmente, decidió que solo había una manera de hacerme callar: destruir mi vida personal y mi reputación por cualquier medio necesario.

Siendo unos machistas básicos, me echaron un vistazo y vieron lo que pensaron que era una debilidad flagrante: era madre. En el mundo animal, todo el mundo sabe que es mala idea interponerse entre una madre y sus cachorros. Una mamá cisne es capaz de romperle el brazo a un hombre adulto con una sola ala, si el hombre está amenazando a sus polluelos. Una mamá ardilla saltará al cuello de un perro mucho más grande que ella si se acerca a sus crías. Hay un vídeo en YouTube de un adorable conejito de cola de algodón destripando a una serpiente que se metió en su madriguera. Ahí estaban los machitos de Uber.

En una cena extraoficial llena de periodistas en Nueva York, Kalanick estaba intentando lavar su imagen ante la prensa. No ayudó que, al otro lado de la mesa, un ejecutivo de Uber llamado Emil Michael estuviera detallándole a Ben Smith su plan para silenciar a varios periodistas, empezando por mí.

En el reportaje de Smith se puede leer lo que sigue:

> Durante la cena, resumió la noción de gastarse «un millón de dólares» para contratar cuatro investigadores que buscaran información sobre sus oponentes y cuatro periodistas de élite. El equipo podría, según él, ayudar a Uber a contraatacar a la prensa: rebuscar en «sus vidas personales y sus familias» y hacerles probar su propia medicina a los medios de comunicación.
> Michael estaba concentrado en una periodista en particular, Sarah Lacy, editora de una página de Internet acerca de Silicon Valley, PandoDaily, una voz en ocasiones combativa dentro de la industria [...].

Se sugirió que un plan como el que sugería Michael podría causar problemas para Uber.

Michael respondió: «Nadie sabrá que hemos sido nosotros».

Más adelante, Michael intentó quitarle hierro, diciendo que estaba «desahogándose» y que solo era «un discurso de borracho». Pero, para ser un supuesto borracho desahogándose, le detalló a Smith un plan bastante preciso. Michael sabía qué tipo de equipo quería y con cuánto personal. También tenía un presupuesto pensado. A Smith le contó al detalle el tipo de cosas que intentaría difundir entre la prensa para acallarme, en particular atacando a mi familia. Incluso diría que deberían hacerme responsable a mí si alguna de las mujeres que había desinstalado Uber era víctima de un ataque en un taxi tradicional.

Caminaba de un lado a otro frente a la puerta de un restaurante indio en Londres, con el teléfono móvil pegado a la oreja, mientras Smith me relataba todo esto y me preguntaba si tenía algún comentario. Había pasado mi carrera cabreando a gente en Silicon Valley y trabajando con otros periodistas brillantes que se dedicaban a lo mismo. Y, aun así, nunca había oído a alguien proponer una revancha tan malvada.

Pensé en Eli e Evie. En ese momento estarían vestidos con sus pijamas de dinosaurios y gatitos, riendo y corriendo por la casa en un último esfuerzo desesperado por evitar acostarse. Tal vez estaban mirando a la luna, recordando todas las veces que les había dicho que, estuviera donde estuviese, siempre estaríamos mirando la misma luna, aunque no estuviera a su lado para darles las buenas noches.

Si este plan para investigar a sus críticos era el asunto del que presumían en una cena con periodistas, ¿había alguna parte del plan para silenciarme de la que no se atrevían a vanagloriarse?

En el vídeo de YouTube del conejito, un experto de *National Geographic* explica que el conejo no destripa la serpiente como venganza por haber matado a dos de sus crías. Lo hace porque una cría había sobrevivido. Destripar la serpiente es la única manera de asegurar que no regrese a terminar el trabajo. El conejo no está tomando represalias; actúa impulsado por la fuerza todopoderosa del amor protector que corre por las venas de una madre cuando sus hijos están en peligro.

Cuando Smith publicó su artículo y aparentemente todos los medios de comunicación del universo empezaron a perseguirme para que hiciera alguna declaración, se me presentaron dos opciones. Podía seguir mi plan habitual cuando estallaba un escándalo a mi alrededor: dejar que mi trabajo hablara por mí y esperar a que las cosas se calmaran. O podía aprender del conejo de cola de algodón.

Me parecía claro que la única manera de asegurar que Uber nunca llevara a cabo su plan era extender la cobertura mediática tanto como pudiera, de manera que el mundo entero conociera sus amenazas. Era la única manera de mantener a mi familia a salvo. Hacer tanto ruido, llamar tanto la atención y resultar tan omnipresente que, en sus reuniones en la sala de guerra (sí, en serio, llamaban su sala de conferencias la «sala de guerra») alguien le dijera a Michael: «¡No vale la pena! ¡Déjalo correr!».

También tenía otros motivos. Michael dejó claro que yo no sería la única periodista a la que atacaría. También había oído las calumnias que los ejecutivos habían inventado acerca de las mujeres víctimas de agresiones sexuales en sus vehículos. Quería que quedara constancia, de la manera más exagerada posible, de que así es como Uber trata a las mujeres. Sabía que tenía un megáfono a mi disposición, no como otras personas, y sabía que tenía la suerte de que hacer ruido y llamar la atención formaban parte de mi trabajo. También era afortunada en el hecho de que trabajaba para mí misma y controlaba mi junta de directivos. No había jefe que pudiera pararme los pies.

Uber seguiría atacando mujeres y ¿qué probabilidad había de que la siguiente víctima dispusiera de los mismos lujos que yo? Si otra historia parecida salía a la luz, quería que la víctima en cuestión recibiera el beneficio de la duda inmediatamente. Mi furia maternal se extendía más allá de mi familia y cubría a todas las mujeres que podrían ser objetivos para esta empresa.

Así que hice como el conejo de cola de algodón. Realicé docenas de entrevistas en televisión. Mi historia se publicó en el *USA Today*, en *The New York Times*, en *The Washington Post*. Saltaba al ataque en las redes sociales cada vez que alguien intentaba defender o normalizar estos comportamientos. Condené a los inversores de Uber, con nombres y apellidos, por fingir apoyar a las mujeres en nuestra industria, pero quedarse en silencio ahora. Algunos también eran nuestros inversores. Hice que la noticia me abarcara más que a mí: era prueba de la cultura tóxica y misógina que me había llevado a borrar la aplicación desde el principio.

No disfruté con nada de esto. Uno de mis inversores mandó su equipo de seguridad a mi casa cuando la historia estalló en las primeras veinticuatro horas y mi cara aparecía en todos los medios como la enemiga de Uber. Tras un asesoramiento de seguridad inicial, determinaron que varios guardas armados me seguirían a mí y a mis hijos durante dos semanas. Incluso tuve que ir con escolta armada al concierto infantil de *Yo Gabba!*

Muchos «amigos», e incluso inversores, se volvieron contra mí. Algunos de nuestros inversores ni siquiera respondían a mis correos electrónicos. Los esbirros de Uber (entre ellos, y hablo totalmente en serio, el actor Ashton Kutcher) me pusieron verde, desde tildarme de «periodista sospechosa» a acusarme de estar «disfrutando» de la atención de los medios de comunicación.

Básicamente, me he pasado dos años (y seguimos contando) en un entorno de trabajo muy hostil cuando se trata de cubrir noticias sobre esta compañía. Pero he seguido publicando artículos sobre Uber, arrojando luz a las profundidades de los fraudes y problemas que tuvieron con su operación en China, un año antes de que la compañía por fin se retirara del país por completo. Fuimos una de las primeras publicaciones que se preguntó si su modelo corporativo básico funcionaría. No podía hacer menos que seguir publicando la verdad acerca de Uber, sin que importaran las consecuencias, si no habría estado haciéndole el trabajo sucio a Michael, igual que la culpa hace el trabajo sucio del patriarcado en las mentes de las mujeres. Si mis propios miedos sobre la seguridad, la estabilidad y mi reputación lograban censurarme, habría sido como dejar que una versión distinta del plan de Michael funcionara. No puedo permitir que gane alguien que amenaza a mi empresa, a mis hijos y mi integridad.

En 2016, un juez confirmó mi intuición de que se trataba de algo más que la diatriba de un ejecutivo borracho. Pese a que Uber negó sus intenciones de contratar a profesionales para que investigaran a sus oponentes y los desacreditaran, eso es exactamente lo que hizo la empresa con un tipo llamado Spencer Meyer, demandante en un pleito contra Uber, y con su abogado, Andrew Schmidt.

Uber contrató a una empresa de detectives privados, con un pasado vinculado a la CIA, y puso en marcha una investigación poco ética sobre las vidas personales y profesionales de Meyer y Schmidt, llamando a sus allegados y mintiendo acerca de su identidad para sonsacarles información que pudieran usar contra ellos. Los ejecutivos de Uber incluso quedaron en evidencia mintiendo e intentando ocultar todo esto al tribunal.

Según se supo, era la cuarta vez que Uber contrataba a esta empresa. Como se mostró en los documentos judiciales, el contacto de Uber escribió en un correo electrónico: «Me gustaría que todas las comunicaciones al respecto las mantuviéramos a través de un *chat* encriptado para evitar un problema potencial si se descubrieran». El juez ordenó que entregaran la clave de encriptación al hallar que los mismos ejecutivos de Uber habían mentido cuando se les había preguntado si habían contratado a esta empresa. El juez de primera instancia Jed Rakoff, al descubrir todo esto, dijo: «Es imposible que el tribunal no encuentre perturbador este deplorable incidente», y añadió que las tácticas usadas eran posiblemente de naturaleza «delictiva».

Pero muchos periodistas barrieron el escándalo bajo la alfombra. No fue hasta 2017 cuando mis primeras acusaciones acerca de la peligrosa cultura misógina de Uber quedaron ampliamente vindicadas. Susan Fowler, ingeniera, destapó la misoginia descarada y sistemática que existía en la empresa, desde proposiciones sexuales por parte de gerentes a cortinas de humo creadas por el departamento de recursos humanos. Era estremecedor que una persona hubiera experimentado tanto machismo en un solo año en una empresa.[47]

Cuando su historia salió a la luz, la prensa y el público general creyó a Fowler al cien por cien, gracias al historial bien conocido que tenía Uber en lo que a mujeres se refiere. Y la siguiente mujer que dé un paso al frente en Silicon Valley tiene aún más posibilidades de que la crean, gracias a que Susan sacó su historia a la luz.

No lo pasamos bien. Pero es la única manera de terminar con toda esta basura. Cuando una mujer hace frente a un entorno hostil, todas nosotras

---

47 N. de la Ed.: Véase el artículo de Rosa Jiménez Cano titulado «¿Por qué Uber es machista pero no se da cuenta?», publicado por *El País* el 29 de junio de 2017. En línea: https://retina.elpais.com/retina/2017/06/29/innovacion/1498726090_802082.html

tenemos que apoyarla. Hay una teoría de gerencia en favor de las mujeres muy popular ahora mismo, llamada la *shine theory*, según la cual unas mujeres hacen brillar a otras, se anima a las mujeres a amplificarse las unas a las otras cuando aportan algo valioso en una reunión, por ejemplo. Esta es una manera más agresiva de contrarrestar los gestos del patriarcado. Cuando una mujer da un paso adelante, hay que levantarse y aguantar el chaparrón con ella. La madre soltera y escritora neoyorquina Rachel Sklar lo hizo cuando Uber pretendió culparme por sus ataques; yo lo hice por Susan Fowler y muchas otras. No dejen a ninguna mujer sola ante la tormenta.

Al trabajar en un entorno laboral hostil, enseguida se aprende a distinguir quiénes son amigos y quiénes son enemigos. La revelación puede romperles el corazón, pero lo importante es concentrarse en quienes las apoyan. Cuando las defiendan, no olviden las diferencias que existen entre ustedes, pero acepten las disculpas sinceras.

Manden inmediatamente a paseo a cualquiera que diga que (a) es una histérica, (b) está haciendo una montaña de un grano de arena, (c) que está llevando a cabo una *vendetta* o (d) que está obsesionadísima con esa persona/personas/empresa. Es increíble que eso de «estás obsesionada» lo usemos ya contra las chicas en el colegio si hablan demasiado sobre un chico, y luego lo usamos cuando crecen y pretenden que un hombre hecho y derecho responda por sus acciones.

Mis respuestas siempre son las mismas: (a/b) amenazaron a mi familia; (c) ¿cuándo he publicado algo que no fuera cierto?; (d) mi trabajo es escribir acerca de empresas en el sector de la tecnología, y Uber es la mayor *startup* en la historia de Silicon Valley, escribir constantemente sobre ellos es mi trabajo. No me meto en una discusión profunda de estos puntos, me limito a repetir estas respuestas una y otra vez.

En un entorno laboral hostil, hay que ser un disco rayado. Porque su plan es lograr que nos cansemos más pronto que tarde, e incluso convencerlas de que el problema lo tienen ustedes («¡Es que no servía para su puesto!», «¡La actitud que tenemos aquí no es para todo el mundo!», «¡Sencillamente, no encajaba!»). Quieren convencerlas de que están locas. Así que documéntenlo todo. Sepan que hay gente escuchando y que las cosas están cambiando, aunque no siempre lo vean. Rodéense de un grupo de apoyo que pueda verificar que no están locas en aquellos momentos de debilidad en los que la situación empiece a afectarlas.

Esos momentos llegarán. No significa que sean débiles, significa que no son como ellos.

Guarden con cariño todos los correos electrónicos, conversaciones o tuits de aquellas personas que les dicen cuánto ha significado para ellas que estén enfrentándose a la misoginia. Léanlos cuando quieran rendirse. Susan Fowler se puso en contacto conmigo en el punto álgido de su escándalo con Uber, simplemente para preguntarme cómo logré mantener la cordura y cuándo terminaría todo. Le dije que lo peor pasaría en unas semanas, pero que, tristemente, nunca termina. Incluso cuando Uber esté enterrada y olvidada, habrá otros enemigos a los que hacer frente.

Mi respuesta a cómo mantuve la cordura fue aún más inútil para ella: mis hijos. Abrazarlos al final de un largo día era la prueba más clara que tenía en los momentos más duros de que todavía quedaba bondad en el mundo. Había pasado mi vida entera creyendo que Silicon Valley era en general un buen sitio, pero me habían arrancado ese convencimiento de cuajo.

Viendo la cara de Susan, me trasladé de nuevo a esos días tras la erupción de mi propio escándalo con Uber. Quedé profundamente perturbada al ver la maldad, mezquindad e inmoralidad de todo el asunto. En particular porque yo no era una bloguera anónima de la que nunca hubieran oído hablar. Había sido amiga de estas personas durante años. Los cofundadores, inversores y ejecutivos de Uber habían estado en mi casa; algunos de ellos incluso habían sostenido a mis hijos en brazos.

Me habían alabado por ser una periodista franca y sin miedo; incluso nos habían financiado. Hasta que mi periodismo sin miedo afectó a una de las empresas privadas más grandes de la historia de Silicon Valley. Entonces mis hijos y yo nos convertimos en poco más que los daños colaterales que van de la mano de la «disrupción» (ya saben, como los taxis o la típica violación en un Uber que pasa de vez en cuando). Mis hijos se habían convertido en los huevos proverbiales que hay que romper para hacer esa tortilla de la que siempre hablan los inversores y los empresarios.

Nunca olvidaré lo que Emil Michael y Travis Kalanick hicieron pasar a mis hijos durante esas semanas. Eli e Evie estaban confundidos y alarmados por los hombretones con pistolas que estaban en nuestra casa día y noche, y que nos acompañaban a todas partes, en esos grandes vehículos negros en los que ahora teníamos que viajar. Los hombretones que estuvieron al fondo del aula el día de su recital de Acción de Gracias en la guardería, con trajes negros y auriculares.

La primera noche, entré en el salón y me encontré a Eli cenando mientras miraba mi cara en la televisión, que probablemente tendría que haber estado apagada, pero en casa todos estábamos alterados y asustados. La de la televisión era una mamá distinta a la que estaba acostumbrado a ver, más seria. Me preguntó por qué estaba saliendo tanto en la televisión aquel día.

—Bueno —dije, arrodillándome a su lado; aquel día no era la primera vez que las lágrimas me dejaban marca en el maquillaje—. Mamá es periodista. ¿Sabes lo que es eso?

—No —dijo.

—De acuerdo, bueno, ¿te acuerdas de cuando, en *Frozen,* Hans parece muy simpático al principio y a muchas personas les cae bien, pero luego resulta que es muy muy malo? Parte del trabajo de mamá es descubrir si las personas son como Hans, y decírselo a todo el mundo.

Eli miró al guarda armado que se erguía en la puerta entre la cocina y el salón, un hombre tan alto que tenía que agacharse al cruzar el umbral.

—¿Y estos quiénes son? —preguntó Eli.

—Ayudan a mamá a enfrentarse a los malos —dije.

Una fotografía de Emil Michael apareció en la pantalla.

—¿Es ese Hans, mamá?

—Pues sí —dije, abrazando a Eli y mirando aquella cara engreída en la televisión que había causado el caos en mi mundo. Lo único que aliviaba el dolor de ver su rostro era el amor que emanaba Eli en aquel momento.

Ver la fotografía de Susan era como ver mis fotografías y vídeos de esa época: una mezcla de conmoción, entumecimiento y la sensación de haberme quedado hueca. Estaba rodeada de muchas personas que me apoyaban, pero esta era la primera vez que podía hablar con alguien que sabía exactamente lo que se sentía al ser el blanco de esa empresa. «No estás loca», nos repetíamos la una a la otra. Y este es el mejor motivo para dar la cara. Los entornos laborales hostiles triunfan cuando aíslan a las mujeres y las hacen sentir como si fueran las únicas que tienen un problema con la manera de hacer las cosas.

Las campañas de difamación están diseñadas para que parezcan algo muy personal, pero si dan un paso atrás y observan la manera en la que se ataca a las mujeres verán que casi siempre siguen el mismo patrón: incompetente → zorra → corrupta.

Después de que Uber viniera a por mí, empecé a atisbar el patrón usado para atacar a otras periodistas cuando estas se habían enfrentado a hombres poderosos. La campaña de difamación de los hermanos Koch contra Jane Mayer, de *The New Yorker*. El CEO de Tinder, Sean Rad, diciéndole al *Evening Standard* que él había llevado a cabo «su propia investigación» sobre el historial de Nancy Jo Sales, de *Vanity Fair,* añadiendo que había «unas cuantas cosas sobre ella, como persona, que les harían cambiar de opinión». El acoso incesante de Megyn Kelly, de Fox News, por parte del equipo de Donald Trump y Trump en persona.

Había tres estrategias. Minimizar a la mujer: «Megyn Kelly no es muy buena periodista». Insinuaciones sexuales: «Hay unas cuantas cosas sobre ella, como persona, que les harían cambiar de opinión». O acusaciones de corrupción: «Jane Mayer es una plagiadora».

Que las acusaciones no sean ciertas no importa, igual que con las acusaciones que Uber lanzó contra mí. De hecho, es casi más frustrante cuando la narrativa que se inventan contra una es pura mentira, porque no deja de funcionar por ello. Las personas que «defienden» a las periodistas se concentran tanto en por qué en sus vidas personales no debería importar que terminan por difundir la ficción inventada sobre ellas, que al final queda grabada en las cabezas de la gente. No es por nada que el mismo proceso exactamente ocurra una y otra vez con las mujeres influyentes. Funciona.

Tras sobrevivir a una década de estos ataques, ver cómo atacaban a otras periodistas, presenciar la elección presidencial estadounidense de 2016 y leer las obras de la filósofa Kate Manne y la psicóloga social Amy Cuddy, empecé a ver qué fácil, universal y efectivo es destruir la credibilidad de una mujer.

Incompetente → Zorra → Corrupta.

A veces, las tres a la vez. Alguna de las tres mentiras quedará. Además, cada una puede usarse para reforzar las otras dos.

Más allá de Uber, estas tácticas se han usado para atacarme y desacreditarme durante diez años. Cuando a alguien no le gustaba lo que había escrito o una de las entrevistas que había llevado a cabo en algún acontecimiento, las cosas siempre viraban hacia lo perturbadoramente sexual a una velocidad alarmante. Amenazas de violaciones en grupo. Alegaciones de que flirteaba con el tipo al que estaba entrevistando. O peor. Y siempre venía con una ración de tratar de empequeñecerme, lo que empezó a ser más difícil según ganaba en experiencia. Lo fantástico del periodismo es que el trabajo que he hecho a lo largo de mi carrera siempre está ahí, con mi nombre visible. Si publicaba artículos de calidad de manera consistente, recibía encargos cada vez mayores, me contrataban para escribir libros, viajaba por el mundo escribiendo artículos, aparecía en la televisión y me pagaban miles de dólares por dar charlas, y, así, era más difícil que alguien consiguiera banalizar mi trabajo. Básicamente, era obvio que no iba a desaparecer.

Era entonces cuando sexualizarme les resultaba útil. Si alguien tenía que admitir que mi trabajo era bueno, lo importante era cuestionar el porqué. ¿Por qué conseguí yo una exclusiva? ¿Cómo tenía acceso a tanta gente importante de Silicon Valley? Era tanta la difamación, el convencimiento de que no podía habérmelo ganado por méritos propios (trataban de minimizarme) que si aceptaban que me lo había ganado, tendría que ver evidentemente con mi sexualidad.

Décadas de estos ataques (en público y en privado) habían causado estragos. Fueron una parte importante de mi armadura de «tipa legal», esa armadura que creía que necesitaba para hacer mi trabajo, y del odio y la vergüenza que sentía por ser mujer. Al contrario que a muchas mujeres profesionales, a mí se me reconoce mi trabajo, porque lo firmo con mi nombre. Lo que pasa es que no siempre se le daba crédito a mi cerebro y al trabajo duro.

Pero algo fascinante ocurrió cuando me convertí en madre. Internamente, descubrí el poder y la fuerza que poseía como mujer. Externamente, la mayor parte de ataques sexuales se desvanecieron. Y cuando puse en marcha la empresa, recaudando dinero de algunos de los inversores más prestigiosos del mundo, los ataques que banalizaban mi trabajo también desaparecieron rápidamente.

Solo quedaba una línea de ataque: la mujer corrupta. Fue casi como un *ballet* coreografiado. De la noche a la mañana, ya no era tonta. Ya no era incompetente. Ya no me ponía ropa provocativa ni conseguía entrevistas por flirtear con hombres. De repente era un titán corrupto de la industria.

Aguanté un año entero de ataques constantes de blogs de cotilleo como *Gawker*, y otras páginas web que publican citas sin referencias, insinuando que me había confabulado con mis inversores para escribir artículos favorables sobre ellos o sus empresas.

La realidad no importaba. No importaba que Pando fuera solo una de las docenas de publicaciones sobre tecnología que habían recaudado fondos de inversores. No importaba que Pando hubiera recaudado menos dinero en toda su existencia que el que recaudaban algunas de estas publicaciones en una sola ronda. No importaba que blogs como *Tech-Crunch* y *Gigaom* tuvieran fundadores que también invertían en las *startups* sobre las que escribían. No importaba que estuviéramos constantemente escribiendo artículos críticos sobre nuestros inversores o sus empresas. Vivía en el mundo de la posverdad, antes de que las elecciones de 2016 lo mostraran sin ningún tapujo.

Por aquel entonces, no sabía que esto era un guion ya practicado. Pensaba que era simplemente su reacción a mí, a mi persona. En realidad, lo único relevante era mi género y mi negativa a encajar en el patrón correcto para que los hombres poderosos se sintieran más relajados y pudieran controlarme.

Pando continuó concentrándose en el tipo de periodismo antagonista que solemos crear y, al final, el cuento de la «corrupción» se convirtió en objeto de burlas. La mayor compañía de la historia de Silicon Valley no tiende a amenazar a la familia de alguien que es una «apologista pagada» de la industria.

Cuando llegó 2016, de repente, dejé de recibir la cantidad habitual de hostilidades, y eso se debió en gran parte a que me convertí en madre. Pero ¿cómo ocurre tal cosa? Amy Cuddy (la psicóloga social que nos enseñó a todas las «posturas de poder») lo explica con sus «cuadrantes» en un artículo para *Hardvard Business Review* coescrito con Matthew Kohut y John Neffinger.[48]

---

48 «Con Matthew Kohut y John Neffinger»: CUDDY, A. J. C.; KOHUT, M.; NEFFINGER, J.: «Connect, Then Lead», *Harvard Business Review*, julio-agosto de 2013.

Cuddy ha estudiado las percepciones alrededor de los dos rasgos principales que definen a los líderes: ser temidos o ser amados. Competencia o calidez. Estos dos rasgos, según ella, son responsables de hasta el 80 % de las «corazonadas» que sentimos acerca de las personas y dan forma a cómo interactuamos con ellas. Y suelen ser juicios rápidos, casi exclusivamente fundamentados en señales no verbales.

La sencilla matriz de Cuddy, que muestra las categorías cálido/incompetente, frío/competente, frío/incompetente y cálido/competente, lo explica todo, desde la discriminación inconsciente, hasta la «lógica» tras la «penalización maternal» y la «bonificación paternal», hasta incluso qué sociedades tienen más probabilidades de sufrir un genocidio.

Estas percepciones están preprogramadas en nuestro instinto de supervivencia. Evaluar la calidez de una persona es una parte fundamental del instinto supervivencia: ¿pretende esta persona hacerme daño? Evaluar la competencia es una función secundaria a su calidez: si esta persona pretende beneficiarme o hacerme daño, ¿qué probabilidad hay de que lo logre?

La calidez es lo primero que se percibe, según Cuddy, y es más importante, en la «evaluación» total de una persona, que incluso la competencia. Pero existen muy pocas personas en el cuadrante cálido/competente. «Las personas tienden a percibir la calidez y la competencia como inversamente proporcionales —escribe Cuddy—. Cuanto más competente es una persona, menos cálida necesita ser. Y viceversa: alguien que parece muy amable no debe de ser demasiado listo».

Esto muestra la trampa en la que caí como gerente antes de tener hijos: el respeto se gana a gritos, siendo dura. Mostrar calidez, pensaba, llevaría a una pérdida de respeto profesional.

Los cuadrantes de Cuddy pueden explicar —y predecir— casi todos los prejuicios y sesgos a los que se enfrentan las personas. Uno de los más interesantes de estudiar es el cuadrante «frío/competente», que, según Cuddy, causa envidia en los demás. «La envidia —nos cuenta—, implica tanto respeto como resentimiento».

¿Adivinen en qué cuadrante caen las mujeres trabajadoras, los profesionales negros o asiáticos, los judíos e incluso los tutsis en la sociedad de la Ruanda pregenocidio? Así es, frío/competente, el cuadrante que despierta envidia.

El cuadrante cálido/incompetente, por otro lado, despierta pena. Este cuadrante puede no recibir respeto, pero tiende a recibir compasión y ayuda.

Aquí es donde la cosa se pone interesante para las madres trabajadoras: ser mujeres profesionales las pone en el cuadrante frío/competente, pero a las madres trabajadoras se las considera cálidas/incompetentes. A los hombres, por otro lado, se los percibe como cálidos y competentes cuando se convierten en padres: he aquí la penalización maternal (incompetencia) y la bonificación paternal (calidez sin que la competencia se resienta).

Efectivamente, a las madres trabajadoras se las considera menos competentes que a cualquier otra categoría de manera significativa. Tras todo lo que había leído acerca del prejuicio del muro maternal, no me tomó por sorpresa. Lo que me llamó la atención fue una bonificación sobre la que Cuddy habla poco: convertirme en madre me hizo «cálida», o agradable, y por lo tanto digna de compasión y simpatía en vez de odio o envidia. Si solo se quedan con una única cosa de este libro, que sea esta: cambiarán de cuadrante en el mismo instante en el que se conviertan en madres, y no tendrá absolutamente nada que ver con ustedes como personas. La percepción repentina de que son incompetentes explica el prejuicio laboral al que se enfrentan el 60 % de las madres. Explica el mito de la revolución de excluirse. Es el motivo por el que a las mujeres como Sheila Marcelo se las anima a mentir sobre su maternidad. No tiene nada que ver con lo bien que concilien sus vidas profesionales y personales. Pasarán a otro cuadrante en el mismo segundo en el que se conviertan en madres. Desde el embarazo, incluso antes de que su criatura tome su primer aliento.

Pero tengo buenas noticias: ¡si entienden cómo funciona el juego, no todo es negativo!

Recuerden, «solo» el 60 % de las mujeres se enfrentan al muro maternal. Si hubiera estado trabajando para una empresa gigantesca y con prejuicios, este cambio repentino de cuadrantes podría haber causado que me arrebataran las mejores posiciones, o que mi artículo no llegara a la portada, o que me perdiera un ascenso. Pero resultó que mi jefa era yo. Mi mayor problema, antes de tener hijos, eran las oleadas de odio que recibía cada día. Así que la verdad es que cambiar de cuadrante me benefició más de lo que me perjudicó.

La obra de Cuddy apoya esta teoría. La competencia, según escribe, es más fácil de mantener que la calidez. Alguien con logros cualitativos (un título o un diploma prestigioso, por ejemplo) no será percibido como incompetente de repente porque se le dé mal algo, como jugar al billar, por ejemplo. Pero dar una sola patada a un perro les marcará para siempre como el tipo de persona que da patadas a los perros. La maternidad aumentó mi «calidez» significativamente, pero el haber logrado hitos profesionales fáciles de medir objetivamente tras tener hijos (recaudar fondos, fundar una empresa, crear una marca reconocible) combatió la tendencia natural de los demás a verme como más incompetente por culpa de la maternidad.

Cuanto más orgullosa me mostraba de mi maternidad (incorporando a mis hijos en cada aspecto de mi vida, apareciendo embarazada en el escenario, en la televisión y en fotografías durante dieciocho meses, hablando sobre mis hijos y el poder de la maternidad), menos odio recibía. Los mensajes de odio más perturbadores, los de naturaleza sexual y violenta, prácticamente habían desaparecido para cuando me quedé embarazada de Evie. Eso fue la parte más tácticamente estúpida de que Emil Michael prometiera «ir a por mi familia» en vez de seguir la línea narrativa de la «mujer corrupta» que usaban el resto de mis detractores. No solo enfureció a mi mamá osa interior, sino que, al atacar mi maternidad, Uber solo logró que el público sintiera compasión por mí, no resentimiento.

Habiendo vivido este cambio de percepción tan pronunciado en mis propias carnes, me fascinó que cada discurso de la Convención Nacional Demócrata de 2016 presentara a Hillary Clinton como madre y abuela. El riesgo obvio era que se la viera como incompetente, pero era la candidata con más cualificaciones en su currículo, claramente. Ningún ciudadano que no estuviera ya convencido de su competencia, comparada con la de un hombre que había llevado a varios negocios a la bancarrota y jamás había ocupado un cargo público, iba a votar por ella, en cualquier caso. Para los partidarios de Trump, su competencia era prueba de su corrupción. Querían a alguien incompetente en lo político. Alguien ajeno a la política.

Las elecciones de Bush/Gore demostraron otra de las conclusiones de Cuddy. La calidez, a fin de cuentas, es la cualidad más importante. El público percibía a George W. Bush como alguien más cálido, pero más incompetente (el tipo con el que irías a tomar una cerveza), mientras que a Al Gore lo veían como inteligente (competente) pero frío y robótico. Bush ganó.

Así que la campaña de 2016 se concentró en el mayor punto negativo de Clinton (igual que ocurrió con Al Gore): la frialdad percibida. Y la manera más eficaz de que una mujer fría/competente se vuelva cálida es convertirla en madre. Y funcionó, en parte. Clinton obtuvo el mayor aumento de apoyo experimentado por un candidato al cerrar una convención. Ganó el voto popular. Simplemente, no bastó para ganar la presidencia.

Hay algo muy liberador en comprender que mostrarse como una madre orgullosa puede proporcionar tantos beneficios en la vida pública como renegar de la maternidad. No es una debilidad, es un arma. La mentira me ayudó en un aspecto, pero me ayudó porque no me la creí y porque no dependía de ningún superior.

Capítulo 12

DE GOBERNADA
A SOBERANA

Me despierta la luz de la televisión. Esto ocurre cada noche, en algún momento entre las dos y las seis de la madrugada. Puede que vuelva a dormir, pero seguro que no regresaré a la cama. No he dormido en mi habitación de manera regular desde que Evie nació. Es una enorme habitación vacía en la que acumulo pilas de ropa limpia que Megan dobla con cariño y que nunca tengo tiempo de guardar en el armario.

En 2013, durante los meses que siguieron al nacimiento de Evie, dormía en la cama grande de su habitación. Ahora, un año más tarde, duermo en el sofá. Para empezar, ya no soy capaz de dormirme sin la distracción de la televisión. Para continuar, la cama me recuerda demasiado a mi matrimonio. Incluso después de decidir que necesitábamos divorciarnos, Geoff vivió en casa hasta agosto de 2014, más o menos. Después, sus cosas siguieron aquí durante otro año.

Apago la televisión, entonces, o me vuelvo a dormir, o agarro el portátil, que casi siempre tengo al lado, o me limito a mirar al techo. Megan llegará pronto para despertar a los niños. Sufro de estrés, pero, durante unas horas, disfruto del silencio.

***

Si Uber hubiera empezado su campaña de investigación contra mí, habrían descubierto enseguida que Geoff y yo nos habíamos adelantado a su labor y ya habíamos destruido el matrimonio sin ayuda de nadie. Estábamos en pleno divorcio. Se había marchado de casa y yo me había quitado la alianza, pero todavía no hablábamos de ello en público. Puesto que Geoff se pasaba media vida en Las Vegas desde que Eli tenía

163

pocos meses, la gente apenas se percató del cambio. Pero por dentro ya estaba tambaleándome por la soledad y la traición que acompañó el fin de mi matrimonio, antes incluso de que el asunto de Uber se plantara en mi vida e hiciera pedazos todas mis ilusiones sobre Silicon Valley.

Paul me cuidó como si estuviera incapacitada. Dormía en mi sofá por las noches y acudía conmigo a todas las entrevistas y apariciones. Delegaba en él la estructuración de mi tiempo, que se dedicó a priorizar y organizarlo todo, y se aseguró de que la empresa funcionara durante las dos semanas siguientes a las revelaciones de Emil Michael. Con paciencia de santo, me repetía una y otra vez adónde íbamos y quién era el público. La nueva realidad de mi mundo me pesaba tanto que me parecía casi imposible realizar las funciones más básicas. Era un cadáver que solo lograba cobrar vida cuando tenía una cámara delante o a mis hijos cerca. Geoff me regaló una botella de mi *whisky* escocés favorito. Durante las semanas siguientes, venía tan a menudo o tan poco a menudo como yo necesitaba. Se ocupaba de los niños tan a menudo o tan poco a menudo como me hacía falta. Pero eso era lo único que sabía hacer.

Cuando nos visitó tras la publicación de la noticia, le inquietaba mirarme. «Nunca te he visto así», dijo.

Me conocía desde hacía quince años. Me había visto dando a luz dos veces. Nos habían secuestrado juntos. Nos había juzgado un cavernícola. Nunca me había visto tan asustada. Los tres estábamos sentados en el salón en uno de los primeros días de mi campaña de conejo de cola de algodón. Los guardas acechaban junto a la puerta, esperando la comida india que había pedido. No se me permitía abrir la puerta en persona. Estaba echa un gurruño en el suelo, y Paul y Geoff estaban sentados en mi sofá modular con forma de L, cada uno en un extremo, a ambos lados de mí. Los tres teníamos una sola preocupación: la seguridad de los niños.

Mirando atrás, esa crisis fue el inicio de un cambio en mi relación con los dos hombres más importantes de mi vida adulta, mis dos mejores amigos, las dos personas con las que había compartido las tres cosas más importantes de mi vida: mi trabajo, mis hijos y mi corazón. En cierta manera, había pasado gran parte de mis treinta años entre Geoff y Paul. Tras publicar mi primer libro, Geoff no soportaba ni una conversación más sobre tecnología ni era capaz de escuchar un solo capítulo más. Estaba entusiasmado cuando Paul y yo nos hicimos amigos, y se alegró de que Paul asumiera parte de la carga. El cambio en la dinámica con ambos se hizo más pronunciado durante las semanas del estropicio de Uber y sus secuelas.

No era que a Paul le importara y a Geoff, no. Era algo mucho más fundamental. Paul fue el primer hombre, y cuento a mi padre en la suma, que comprendió cómo cuidarme. Y, en cierta manera, fue el primer hombre al que permití que me cuidara. Incluso cuando estábamos casados, lo cierto es que Geoff nunca intentó «cuidarme», y ese fue uno de los motivos por los que me casé con él. Cuando vivía en el sur de Estados Unidos, trabajando en un mundo dominado por hombres durante mi juventud, esta era una cualidad positiva. Por aquel entonces yo era una «tipa legal», y los tipos legales no necesitan caballeros dispuestos.

Geoff no se sentía amenazado en lo más mínimo, ni por mi éxito ni por el hecho de que gran parte de mi trabajo consistiera en pasar el rato con emprendedores jóvenes y muy ricos. Me hacía falta un compañero que sintiera tal respeto por mi carrera que prácticamente ni la tocara. Ya estaba peleando con tantas microagresiones machistas y dobles raseros que no podía lidiar con ello también en casa. Pero, en algún momento del camino (después de que los blogs de cotilleo empezaran a mentir sobre mí de manera habitual, tras las amenazas de muerte y violación que recibía cada día por Internet, después de que multimillonarios poderosos empezaran a presionar para que me despidieran de las publicaciones para las que trabajaba), lo que quería de mi compañero cambió.

Tras tener hijos, la sensación se intensificó. Sentía que estaba cuidando de tanta gente, entre Eli, Evie y Pando. Necesitaba a alguien que cuidara de mí cuando me derrumbara. La Sarah Lacy que era una «tipa legal» lo habría considerado una debilidad. La Sarah Lacy «guerrera feminista cabreada» sabía que no había que sentir verguenza de mimar y dejarse mimar, que la intimidad, la vulnerabilidad y la confianza con las personas a las que se quiere se traducen en fuerza.

Cada vez que mis hijos y yo salíamos de alguna gripe horrorosa (tras frotarles la espalda toda la noche, dosis de jarabes cada cuatro horas, darles baños para enfriarlos o, simplemente, abrazarlos por la noche mientras lloraban), me percataba de que estábamos mucho más unidos. Así es como se construye el amor incondicional e inquebrantable. Cuidando de las personas y dejando que te cuiden. No hay nada de débil o injusto en ello, si es recíproco.

Aquella semana, cuando Uber amenazó a mi familia y el mundo de las cámaras televisivas descendió sobre nosotros, necesitaba ayuda. Estaba aterrorizada. No sabía si esto iba a ser lo peor que pasaría o si habría algo mucho más pérfido en el horizonte. Si Paul y yo no hubiéramos tenido ya una relación estrecha en ese momento, no estoy segura de si habría podido confiar en alguien.

Antes de esa crisis, la idea de volver a salir con alguien me parecía ridícula. Ya tenía problemas para confiar en la gente antes de conocer a Geoff, y el divorcio no había mejorado nada. Mi vida como periodista me hacía sospechar de todo el mundo. Había pasado años acosada por los blogs de cotilleo, así que buscar pareja por Internet quedaba descartado, igual que intentar salir con alguien del mundo de la tecnología, lo cual eliminaba prácticamente a todas las personas que conocía.

Y además de todo esto, durante ese periodo mis hijos vivían conmigo casi exclusivamente y, dirigiendo una empresa, prácticamente no tenía tiempo libre. ¿Quién iba a quedarse lo bastante prendado de mí como para lidiar con todo eso? ¿Cómo iba a encontrar tiempo para conocer a alguien si pasaba todo el tiempo libre con mis hijos? Sencillamente, parecía que había demasiadas cosas en mi vida como para introducir a alguien nuevo a la historia.

Una noche, justo antes de que estallara lo de Uber, le estaba haciendo una lista a Paul de todas las cosas que nunca encontraría en una pareja. Él también había roto con su pareja recientemente. Tras escucharme con paciencia, me dijo:

—¿Te das cuenta de que acabas de describir nuestra relación? Excepto que no nos acostamos juntos.

Pues, hala, ya estaba dicho.

Paul y yo siempre habíamos tenido una relación especial. Nunca nos cansábamos de hablar y en casi todos nuestros proyectos éramos compañeros de escritura informales, revisábamos prácticamente todo lo que escribía el otro. Teníamos una relación raramente intensa, hablando por teléfono cada día en los periodos en los que nos llevábamos bien y peleándonos brutalmente en otros.

Si hubiera estado soltera cuando nos conocimos, estoy segura de que habríamos terminado por salir juntos. Pero estaba felizmente casada, y aquellos sentimientos que pudieran haber existido fueron enterrados en algún rincón oscuro —por el bien de los dos—. Mientras, habíamos pasado por muchas cosas juntos. Ayudé a Paul a dejar la bebida y él me ayudó a mí con... bueno, con prácticamente todo a lo que me había enfrentado en los últimos ocho años.

Pero pese a todo esto, en los meses siguientes a mi separación, no se me había ocurrido que podríamos terminar juntos, más que nada porque llevábamos ocho años siendo solo buenos amigos. ¿No sería raro? Pero entonces soltó esa frase y, de algún modo, los sentimientos que había enterrado empezaron a levantar la cabeza.

Este asunto del que no habíamos hablado durante tanto tiempo por fin estaba al descubierto, y nos pasamos el resto de la noche sentados en un silencio cargado. Al final, me limité a decirle:

—No podría arriesgarme a perderte como mejor amigo. Eres demasiado importante para mí. Tú y los niños sois lo único que tengo.

No volvimos a hablar de ello. Pero algo había cambiado palpablemente entre los dos.

Entonces Uber cambió el resto. Fueran cuales fuesen las intenciones de Emil Michael, dudo que alterarme tanto como para permitir que me arriesgara a empezar otra relación fuera parte de su plan. Nos unió a Paul y a mí de una manera que sorprendió a todo el mundo y a nadie a la vez. La manera que tenía de cuidar de mí me convenció de que me quería más de lo que me querría nadie, o posiblemente más de lo que nadie sería capaz. Y comprendí cuánto lo necesitaba. No necesitaba «un hombre». No necesitaba «un cónyuge». No necesitaba un «compañero de vida». Podría haber hecho todo esto sola, con mis amigos, con mis hijos a mi lado. Lo necesitaba a él.

Le dije a Paul lo que sentía, y luego se lo dije a Geoff.

Geoff reaccionó con muchas emociones, pero una de ellas, curiosamente, fue alivio. Creo que le preocupaba que cerrara la puerta a cualquier futura relación, y que solo sintiera cariño y confianza con mis hijos. Y se sentía muy culpable por ello. Había visto cuánto se preocupaba

Paul por mí como amigo y cuánto quería a los niños. Pero Paul también sentía mucho respeto por Geoff y mi pasado con él, y por Geoff como padre de los niños. Geoff y yo (pese a todo), todavía nos queríamos, y seguíamos deseando la felicidad del otro.

Aunque Paul y yo todavía no estábamos saliendo, aquel momento en el que los tres estábamos sentados, aterrorizados y rodeados de guardas armados, esperando a que llegara la comida india, fue el momento en el que nació mi nueva familia moderna. Lo que hubiera ocurrido entre los dos no importaba. Lo importante era que estábamos todos allí, para apoyarnos los unos a los otros y para los niños. Superaríamos aquel obstáculo.

Y he aquí la sorpresa: encontré mucha mejor conciliación familiar en mi divorcio que en mi matrimonio.

***

Tenemos que hablar de todo eso del matrimonio 50/50. En buena parte de la narrativa de no ficción para empoderar a las madres trabajadoras de los últimos diez años, el rayo de esperanza más optimista de todos ha sido la idea del matrimonio 50/50. Funciona más o menos así: ustedes hacen un pacto con sus maridos. Le explican que los dos saldrán ganando. Ustedes podrán tener una carrera profesional, pero ¡también será fantástico para él! ¡Cuanto más se ocupe él de la colada, más sexo desearán ustedes! ¡Si ustedes traen una nómina a casa, él no sufrirá la presión de ser el único que mantiene la familia! Se sentirá como un superhéroe si llega al punto de presentarse voluntario para las excursiones del colegio. ¡Prácticamente se ahogará entre tantas bonificaciones paternales recibidas!

Estoy parafraseando… Esto lo popularizó Sheryl Sandberg en su libro *Vayamos adelante,* pero sacó la idea de *Getting to 50/50: How Working Parents Can Have It All* (Alcanzar el 50/50: Cómo tenerlo todo como padres trabajadores), de Sharon Meers y Joanna Strober. Estos libros me fastidian. Hace años que me fastidian.

Estoy muy a favor de que los hombres se encarguen de la mitad de las tareas domésticas. Obviamente creo que las mujeres deberían trabajar si quieren trabajar. Lo que pasa es que me molesta que la idea dependa de pedirle permiso a un hombre. Si vamos a indicar a las mujeres cómo elegir a sus parejas, mejor no les digamos que negocien su derecho a trabajar. Digámosles que informen a los hombres de sus planes profesionales.

He debatido unas cuantas veces este asunto con Meers, a quien aprecio y respeto profundamente. Escribió *Getting to 50/50* porque se quedó horrorizada ante la marca que la «revolución de excluirse» dejó en las mujeres (el «imperativo biológico» que justificaba el muro maternal, el paso para culpar a las mujeres por no ser capaces de conseguir sus objetivos y la mentira de que no se puede tener todo). «Cuando les dicen a las mujeres que no pueden "tenerlo todo", lo que están diciendo es que no pueden tener lo mismo que ya tienen los hombres, lo cual es miserable», dice. Olé, olé y olé.

La parte con la que tengo problemas es la dimensión de estos libros como charla promocional para vender a los hombres que les beneficia que las mujeres trabajen. Estos libros representan un género de consejos «prácticos» para las madres trabajadoras: cómo sacarle el máximo provecho a la vida que ya tienen.

Meers ante mis objeciones dice lo siguiente:

> Desde luego, quiero dejar a mis hijos un mundo en el que mi hija crea que es su derecho indiscutible tener una carrera profesional, que saque a relucir lo mejor de sí misma, igual que mi hijo. Ese es el mundo que deseo. Quiero que mi hija persiga sus ambiciones con entusiasmo y sin arrepentimientos. Eso es lo que quiero. Pero la realidad es que aquí, en pleno 2016, si lo miramos de cerca, los resultados de las encuestas mejoran un poquito cada año, cada década, en lo que respecta a hombres realizando tareas domésticas. Hemos llegado lejos, pero todavía queda mucho camino por recorrer.

Estoy de acuerdo con el diagnóstico acerca de la situación actual. Pero mi problema con estas guías prácticas para alcanzar el éxito dentro del patriarcado es que no hacen más que reforzarlo. En el mejor de los casos, excluyen a muchas mujeres que quieren alcanzar la igualdad: aquellas que no encajan en la definición de matrimonio heterosexual de clase media-alta. En el peor de los casos, aquellas que encajan en la definición se sienten afortunadas si alcanzan el 49/51, porque si están negociando

169

para vivir la vida que quieren, es que no hay igualdad. Por mucho que el marido diga que sí. Según *Getting to 50/50,* lo que «libera» a las mujeres es creer que trabajar ayuda a sus maridos:

> Cuando dejamos de creer que el trabajo de una mujer daña a su marido —y comprendemos que, de hecho, lo va a ayudar—, liberamos a las mujeres para que vean la importancia de sus carreras profesionales con tanta claridad como los hombres.[49]

Este libro presenta muchos argumentos valiosos a favor de las madres trabajadoras: por qué no deberían sentirse culpables, los beneficios para los hijos de madres trabajadoras y consejos prácticos para sacar adelante un hogar con dos sueldos. Gran parte de ello era revolucionario cuando se publicó. Pero este es un argumento que vive felizmente en un mundo en el que es necesario obtener el permiso de los hombres para tener éxito. Podríamos decir que no es más que otro tipo de machismo benevolente. Si se comulga con este modelo aceptable de madre trabajadora, se les permitirá tenerlo todo.

Incluso (probablemente) para las mujeres blancas con educación superior y dinero, que pueden tener una cómoda existencia con conciliación familiar bajo un patriarcado tolerante, hay límites en la utilidad de todo esto. Puede que tengan un cónyuge que lo entienda (como el mío). Puede que tengan un cónyuge que se siente aliviado porque puedan pagar la mitad de las facturas (como el mío). Puede que tengan un cónyuge que prefiere ocuparse de la colada porque ustedes lo van a hacer mal (como el mío. Yo me ocupaba de cocinar). Puede que no cambien ni un solo pañal en las primeras dos semanas tras dar a luz (yo no lo hice). Pero la mayor parte de las mujeres no tienen cónyuges así. Empecemos por el hecho de que una no puede abrir Amazon y pedirse un cónyuge 50/50. Tienen que enamorarse de uno. Y estos tienen que enamorarse de ustedes. ¿Qué pasa si se enamoran de otra persona? Solo porque las mujeres que escribieron estos libros se enamoraron de hombres que las apoyaban no lo convierte en la norma para las demás. Mientras tanto,

---

49 «Con tanta claridad como los hombres»: MEERS, S.; STROBER, J.: *Getting to 50/50: How Working Parents Can Have It All.* Bantam Dell, Nueva York, 2009, p. 31.

«solo» el 60 % de las mujeres se enfrentan al muro maternal. Podrían argumentar que es más fácil solucionar los problemas con la conciliación laboral encontrando a un superior de mente abierta para el que trabajar, que encontrando la pareja perfecta con la que casarse. Sobre todo porque no tienen que comprometerse a dedicar el resto de sus vidas a trabajar para su jefe.

Pregunté a Meers qué diría si una mujer la parara por la calle y le dijera que había probado con sus consejos, que había intentado negociar su derecho a vivir la vida que quería, y su marido había dicho que no y punto. Meers me dijo que eso le había pasado, y que no había podido contestarle gran cosa. Le había sugerido que volviera a intentarlo, pero la mujer dijo que no podía. Era el fin de la discusión. Ese es el problema de pedir permiso. Los grandes emprendedores piden perdón, no permiso. Las grandes mujeres deberían hacer lo mismo.

Ah, y se lo advierto, señoras, con respecto al 50/50: hay una enorme diferencia entre que ustedes tengan una carrera profesional y que ganen más que sus esposos. Casi un 40 % de las mujeres casadas ganan más que sus maridos, ¿adivinan el impacto que tiene eso en el matrimonio? Aumenta las posibilidades de divorcio.

Un estudio de la Booth School of Business, de la Universidad de Chicago, observó a cuatro mil parejas casadas en Estados Unidos y descubrió que, una vez que la mujer empezaba a ganar más que su marido —sin que importara cuánto más— aumentaba la tasa de divorcio entre esas parejas. De hecho, la cantidad que ganara la mujer por encima de la del hombre no importaba en absoluto. Ella podría ganar un dólar más, o un millón más. Era el simple hecho de que ella ganara más dinero. Algunos estudios han mostrado que la mera idea de que una mujer gane más que su marido ya afecta a su comportamiento.[50] No solo eso, sino que, en general, las mujeres estadounidenses dedican unos cuarenta y cuatro minutos más al día que sus maridos a tareas domésticas. Cuando la mujer aporta el sueldo principal de un hogar, la diferencia se pronuncia aún más. Cuanto mayor era el sueldo de una mujer comparado con el de su marido, más compensaban… haciendo más tareas del hogar.

---

50 «Ya afecta a su comportamiento»: CASSINO, D.: «Even the Thought of Earning Less Than Their Wives Changes How Men Behave», *Harvard Business Review*, 19 de abril de 2016.

En una entrevista en la NPR, Mona Chalabi, de FiveThirtyEight, dijo: «Una mujer que gana mucho dinero intenta asegurarse de que su marido no se sienta amenazado. La idea es, básicamente, que los hombres se sienten algo emasculados cuando una mujer gana más que ellos».

Una investigación distinta llevada a cabo por la Universidad Cornell muestra que, cuando una mujer gana más que su pareja, afecta a su fidelidad. Un hombre con pareja (ya sea un matrimonio o simplemente una relación seria) tiene más posibilidades de engañar a su mujer si esta lo mantiene.

Piénsenlo. Denle un segundo. Estos consejos tipo 50/50 consisten en apelar al interés propio y racional de los hombres, esperando que el resultado sea la igualdad. Pero ponerle los cuernos a quien los mantiene no afecta al interés propio racional. Hay más factores que la economía manteniendo a las mujeres sumisas en muchos matrimonios (el ego masculino frágil, para empezar).

Y la conciliación no hará más que empeorar cuando se tienen hijos, porque la mayor parte del cuidado que requieren los recién nacidos recae por norma sobre la madre. «Tú friegas y yo cocino» se transforma rápidamente en «ya lo hago yo, que lo hago mejor y tú no sabes ni por dónde empezar». Antes de que se den cuenta, papá es un desconocido que vive allí.

No se corten, repasen la lista antes de casarse con alguien. Consideren el impacto que tendrá la persona con la que se están casando en sus carreras profesionales. Den voz a sus expectativas de que la otra persona haga la mitad de las tareas domésticas. Infórmenles (no les pidan permiso) si pretenden seguir avanzando en su carrera profesional. Y reconozcan que, para todo el mundo, lo que quieren y necesitan de su pareja cambiará a lo largo de su vida adulta (a mí me pasó, desde luego). Y, seamos sinceros, todas hacemos muchas promesas idealizadas cuando tenemos veinte años, que no podemos mantener cuando la vida se complica. Un estudio acerca de los graduados de la Harvard Business School muestra que la mayoría de las mujeres daba por sentado que sus carreras recibirían el mismo trato que las de sus parejas. En la práctica, el 40 % dijo más tarde que daban prioridad a la carrera de su pareja. De las mujeres que formaron parte del estudio, el 65 % de mujeres de la generación X y el 72 % de mujeres *baby boomers* dijeron que la responsabilidad principal de los niños recaía sobre ellas. Así es cómo suele quedar la «negociación» 50/50 tras una década de matrimonio.

Ni una sola vez tuve que negociar mi derecho a trabajar con Geoff; lo daba por supuesto porque ya me conocía. Ni siquiera discutimos la posibilidad de que yo dejara el trabajo tras tener hijos. Pero incluso nosotros caímos en la trampa de dejar que toda la responsabilidad recayera sobre mí cuando nos convertimos en padres. «¡Lo hago yo y ya está, es más fácil y terminamos antes!».

¿Saben lo que por fin nos dio igualdad de verdad? El divorcio. Ojalá hubiera sabido durante mi matrimonio lo que me enseñó el divorcio.

La mayor sorpresa me la llevé yo, porque también me había creído todas las mentiras que cuentan acerca del divorcio. Que cualquier matrimonio es mejor que un divorcio. Que el divorcio es, en cierto modo, un acto egoísta. Que el divorcio con niños pequeños es mucho peor que un divorcio sin hijos o con hijos mayores. Que el divorcio es un «fracaso». Las palabras «los matrimonios requieren esfuerzo» implican que, si el matrimonio termina, es porque alguien no se esforzó lo suficiente. Alguien se rindió. Y entonces son «productos dañados».

«Divorciada» está más o menos a la altura de «madrastra» en la lista de aspiraciones de las mujeres. La peor de todas las caras que me han puesto en los últimos cinco años es la «cara de divorciada del sur». Cuando alguien las toma de la mano, o del hombro, o les pone una mano en la rodilla y pregunta, con un susurro apenas audible: «¿Cómo lo estás llevando?». La asunción es que estamos de luto y lo seguiremos estando durante una buena temporada.

Me hizo falta una tonelada de terapia para ver genuinamente mi matrimonio no como un fracaso, sino como una exitosa relación de quince años que me permitió convertirme en una versión mejor de mí misma, labrarme una carrera profesional fantástica, comprar una casa en San Francisco, tener la confianza en mí misma para fundar una empresa y dar a luz a Eli e Evie. Esos son los elementos definitorios de mi vida y los compartí con Geoff. Y compartiremos a Eli y a Evie para siempre. ¿Considerarían algo de eso un fracaso?

No me malinterpreten. Hubo mucha furia, muchos gritos y mucho dolor. Durante las partes más truculentas del divorcio, hacía ejercicio nueve veces a la semana para dominar el estrés y la rabia. En una ocasión, entré en mi clase de yoga habitual de los martes por la noche, después de acostar a los niños, y le pregunté a mi profesora Estee: «Hipotéticamente hablando, ¿si matara a Geoff y me mandaran a la cárcel, consideraría venir a dar clases al penal?».

No solo dijo que sí (*namasté*), sino que improvisó un cambio de tema de la clase y la dedicamos a Kali:

—No se suele hablar mucho acerca de Kali en las clases de yoga… —empezó la clase de Estee aquella noche.

Por un buen motivo: Kali es una forma de Durga, que es básicamente la diosa más espantosamente agresiva de la mitología hindú. Kali derrota a los enemigos que los dioses masculinos no pueden derrotar, y entonces se bebe su sangre para celebrarlo y hace una especie de danza de la victoria ebria. Kali es básicamente la santa patrona de las mujeres que se están divorciando.

Si les digo que entré en estado zen a fuerza de hablar sobre una diosa cabreada que se bebe la sangre de los derrotados, entenderán que Geoff y yo no alcanzamos esta paz de la noche a la mañana. Pero cuando llegó el otoño del 2016, nuestro divorcio era básicamente idílico.

Hablo más a menudo con Geoff hoy en día que en los últimos años de nuestro matrimonio. Y también compartimos más acerca de nuestras vidas. Nos llevamos mejor y nos hacemos favores sin que nadie nos lo pida.

En la quinta fiesta de cumpleaños de Eli, de repente me percaté de que había estado sentada charlando con otras madres en vez de haciendo cosas, como en una pesadilla en la que se dan cuenta de que no han ido a clase en todo el semestre y ahora ha llegado el examen. Miré a mi alrededor sumida en el pánico y descubrí que Geoff estaba al cargo del castillo hinchable y haciendo fotos de los niños, y Paul había estado ocupándose de la comida y las bebidas, repartiendo gorros de papel e incluso empujando a un niño en el columpio.

Unas semanas más tarde, cuando tuve que marcharme de la ciudad de repente por trabajo, me percaté de que mi vuelo nocturno caía en una noche en la que me tocaban los niños a mí y que además coincidía con el cumpleaños de Geoff. Normalmente, estamos encantados si nos dan la opción de pasar otra noche con los niños, pero Geoff había planeado salir con sus amigos. Así que Paul recogió a los niños del colegio, los bañó, les dio de cenar y les cantó las canciones de buenas noches.

Geoff llegó a la mañana siguiente, después de que Paul los levantara, los vistiera, les diera de desayunar y los preparara para el colegio; Geoff se ocupó de prepararles la comida y se los llevó al cole. Más tarde, el mismo día, Eli terminaba temprano porque era el Día del Espíritu Escolar, justo cuando empezaba la carrera de triciclos de la guardería de Evie. Así que mientras yo me concentraba en mi trabajo en el otro lado del mundo, sin ningún sentimiento de culpa, Geoff fue al colegio de Eli, y Paul fue a la carrera de triciclos a animar a Evie.

Más recientemente, Geoff estaba llevando a cabo el ritual de buenas noches con Evie en su casa cuando esta, medio dormida, le dijo:

—Quiero a papá y a mamá y al Apple Paul.[51] Quiero a todos mis papis.

Y lo que es más importante, Geoff compartió esta anécdota conmigo porque pensó que era adorable y dulce, y no una amenaza a su posición como padre.

Aunque nuestros hijos no viven a tiempo completo con ninguno de los dos, ambos podemos dedicarles más tiempo que antes. Puesto que las pausas forman parte del calendario y ambos tenemos flexibilidad en los horarios del trabajo, ninguno de los dos tiene niñeras. Geoff no ha tenido que contratar a nadie desde que nos separamos, y yo he contratado el servicio quizá una docena de veces. Entre Geoff, Paul y yo, hay tres adultos con los que los niños siempre están contentos, y casi siempre hay uno de nosotros que está disponible para echar una mano si hay algún imprevisto.

Diseñamos nuestro calendario de custodia en vez de seguir los modelos de los demás. No hacemos una semana sí, una semana no, porque ninguno de los dos quiere estar sin los niños más de un día o dos. Solo hay dos días al mes en los que no los veo, y Geoff también los ve la mayoría de los días.

---

51 Debería explicar lo de «Apple Paul». Cuando estaba embarazada de Eli, solía referirme a Paul como «tío Paul» cuando hablaba de él con mi tripa. A Paul no le gustó.
—No soy tu hermano —me dijo—. Si voy a tener un título honorífico que no me he ganado, quiero elegirlo. ¿Por qué iba a elegir «tío»? Es muy rancio.
—De acuerdo, ¿qué título quieres? —dije.
—¡Capitán! No, ¡almirante! Quiero ser el almirante Paul.
Paul no había pasado mucho tiempo con niños pequeños y no cayó en que no sabrían decir «almirante». Eli se quedó con «Apple Paul» y así se lo presentó a Evie.
Fue una suerte. ¿Se imaginan: «esta es mi mamá y su novio, el tío Paul»?

Y lo que es mejor: ambos tenemos tiempo para estar solos. Geoff y yo, obviamente, no nos vamos de vacaciones ni a cenar juntos. Todos los miércoles tengo noche sin niños. También paso, cada dos fines de semana, uno sin ellos, pero aun así los llevo al colegio el viernes por la mañana y los acuesto el domingo por la noche, para que no sea tan duro. Siempre tengo una semana sin niños a finales de año, para relajarme y recargar pilas.

Al principio del proceso, lo odiaba. Me parecía antinatural pasar tiempo sin ellos; era como un castigo una y otra vez. Pero ahora que llevo unos años haciéndolo, comprendo que me ha hecho mejor madre.

Todos apreciamos más el tiempo que pasamos juntos y, sin que importe lo harta que esté de ellos, siempre sé que hay una pausa a la vuelta de la esquina. Si son unos monstruitos el martes, pienso en cuánto los echaré de menos el miércoles por la noche, y de algún modo me ayuda a apreciarlos más incluso en esos momentos tan frustrantes. Raramente siento la necesidad de tomarme un «descanso», porque forman parte de mi calendario habitual, me guste o no.

El tiempo que estoy obligada a pasar sin ellos también ha hecho que me esfuerce más conmigo misma y en mis relaciones como adulta. Mis hijos no pueden ser mi única fuente de fuerza emocional; no es justo para ellos. Tengo muchos más amigos ahora que cuando estaba casada, incluso que antes de los niños. Me ha obligado a hacer aquello que todo el mundo dice que las madres deberían hacer: tomarse tiempo para ellas mismas y mimarse un poco.

Me voy de minivacaciones, porque pasar varios días sola en casa es muy deprimente. He empezado a ir a retiros de yoga trimestrales que apenas puedo pagar, donde he podido conocer a un grupo increíble de mujeres fuertes (y algunos hombres que no se sienten amenazados por nuestra fuerza) de todas las edades, todos los ingresos y todo tipo de orígenes. Es lo más cercano a mi fantasía de pertenecer a una tribu amazónica como la de la Mujer Maravilla. Y es uno de los pocos grupos que he encontrado en mi vida adulta en la que solo soy yo, no Sarah Lacy (™) o la madre de Eli e Evie.

Nunca habría encontrado nada de esto sin el divorcio. La mayoría de los estadounidenses disponen de muy pocas vacaciones, ¿quién se iría de viaje exclusivamente sin su pareja y a menudo sin sus hijos?

En lo que a Evie y Eli respecta, he tenido que olvidarme de mucho de lo que creía obligatorio. «¿Se te daba bien controlar a Geoff cuando estabais casados?». Mi terapeuta tuvo que pasarse un año preguntándomelo para que entendiera el mensaje.

Sigue habiendo una cierta interdependencia entre los dos. Tenemos que ponernos de acuerdo en cosas como a qué colegio irán los niños o cuándo queremos tener las vacaciones. No puedo aceptar de repente una oferta de trabajo en otra ciudad. Pero, dejando de lado estas grandes decisiones, cada uno vive su vida.

Mientras los niños no estén en peligro, las normas que existan en su casa no son asunto mío. Tampoco es asunto mío lo que ocurra en su vida personal. Me parece importante no preguntar nunca si está saliendo con alguien. Asumo que me lo dirá cuando esté listo para decírselo a los niños. Pasé mucho tiempo angustiada por si planeaba trabajar como autónomo en vez de aceptar un trabajo a tiempo completo. Me preocupaba que no fuera capaz de pagar la mitad de los gastos escolares de los niños, como habíamos acordado. Me hizo falta mucha terapia para interiorizar por completo la realidad de que sus finanzas son su problema, no el mío. Alcanzar ese punto es liberador. Si mis hijos me comunican que en casa de papá se les permite hacer o decir algo, lo único que tengo que hacer es encogerme de hombros y decir:

—Yo no pongo las normas en casa de papá. Desahogaros mientras estéis allí, porque aquí no está permitido.

Geoff es responsable de su relación con ellos. Nada de «ya sabéis que papá os quiere mucho...» ni «lo que papá quería decir es que...», como se oye en otras familias donde la madre se ocupa de la mayor parte de la crianza de los hijos. Como madre, no tengo que explicar nada a los niños acerca de su padre, ni nada a Geoff acerca de Eli e Evie. Ellos tres saben más acerca de su relación que yo.

Estas son las lecciones que habría querido saber cuando estaba casada: que la vida de cada uno es, al fin y al cabo, suya, por mucho que un puñado de decisiones importantes requieran hablar con las personas con las que la comparten. Que cada progenitor tiene que tomar las riendas de la relación que mantiene con sus hijos y cuidar de ellos a solas, de manera habitual y durante varios días, para asegurarse de que no han descuidado la relación. Que todos los progenitores necesitan descansos programados (e incluso descansos obligatorios). Que siempre puedo estar ahí si Geoff me pide ayuda, pero no recae sobre mí la responsabilidad de solucionar problemas proactivamente si él comete un error, y menos si solo parece que va a cometer un error. Es asunto suyo.

Con el divorcio, nuestra técnica de cocrianza se resume en dos preguntas: ¿Están ambas partes esforzándose al máximo? ¿Tienen buenas intenciones? Si es así, el resto no importa.

Incluso los expertos del 50/50 dicen que los padres deben responsabilizarse de su relación con sus hijos. Meers y Strober citan a Stephanie Coontz, autora de *Historia del matrimonio,* al tocar este asunto:

> [Cuando las mujeres dejan el trabajo] no solo refuerzan la posición de segunda clase de las mujeres en el mundo laboral, sino que también refuerzan la posición de segunda clase del padre en la familia. La madre es la experta, y el padre nunca se pone al día.[52]

El divorcio obliga a los padres a ponerse al día a toda velocidad, sin red de contención. Conozco a «padres implicados» que nunca han tomado aviones solos con sus hijos, nunca los han tenido a ellos solos durante el fin de semana, que ni siquiera han llevado a cabo la rutina de acostarlos. Los padres divorciados, por otro lado, a menudo tienen que hacerse cargo de todas las necesidades de sus hijos, porque no hay nadie más que se pueda encargar de ellas.

Los padres aprenden a hacer las cosas a su manera, una oportunidad que no siempre tienen cuando los progenitores están casados. Una de las comidas favoritas de mis hijos son los «espaguetis de papá». ¿Acaso quiero saber qué llevan? Los comen para cenar una vez a la semana, y las visitas al médico me dicen que tengo dos hijos sanos y creciendo estupendamente. Me da igual si llevan polvos pica pica con manteca.

El divorcio forzó a Geoff a asumir responsabilidad cuando era necesario para él, y a mí a dar un paso atrás cuando era necesario para mí. En cierta manera, le dio espacio a él para ser más generoso y a mí para ser más egoísta.

---

52 «Papá nunca se pone al día»: MEERS, S.; STROBER, J.: *Getting to 50/50: How Working Parents Can Have It All.* Bantam Dell, Nueva York, 2009, XXIV.

No hace mucho, tras ver la película *Sing: ¡Ven y canta!*, Eli le comentó a Evie que era una suerte que no tuvieran un padre como Norman. Norman es un papá cerdo que trabaja todo el día, llega a casa agotado, cuando los niños ya están acostados, y se apalanca delante de la televisión mientras la mamá cerdo, Rosita, se ocupa de criar a los niños, limpiar y cocinar. Tiene que construir una máquina de Rube Goldberg para encontrar un rato y perseguir sus sueños, porque Norman se duerme cada vez que intenta pedirle ayuda.

—Norman ni siquiera sabe cómo cuidar de ellos —le dijo Eli a Evie—. Hay personas que tienen un papá bueno, y hay personas que tienen una mamá buena. Nosotros tenemos suerte de tener un papá y una mamá buenos.

Es fascinante que la conclusión que ha sacado tras ver el funcionamiento de una familia «tradicional» es que Evie y él han salido ganando al tener un padre que se ocupa de ellos, y no que han salido perdiendo porque su madre no está a su plena disposición todo el día.

No abogo por que se divorcien (es importante resaltarlo). Pero, caray, nuestro caso es de anuncio. Asistí a un retiro para madres después de que mis hijos llevaran cambiando de casa cada dos por tres durante un año, y me sorprendió lo poco identificada que me sentí con los problemas de las otras madres. Tardé unos días en comprender que muchas de sus preocupaciones (no tener nunca tiempo libre, no poder dedicarse a sí mismas, sintiendo siempre la presión por hacerlo todo ellas mismas porque saben hacerlo mejor) eran las mismas con las que había lidiado antes. Había sido el divorcio lo que me ayudó a ver más allá.

Y hay algo más: si no hubiéramos tenido hijos, no habría vuelto a hablar con Geoff. No habríamos ido a tanta terapia para mejorar las cosas. No lo habría perdonado. Iría por el mundo con el odio y la rabia a las espaldas. Puede que el favor más sorprendente que me han hecho mis hijos sea haberme obligado a desarrollar una relación positiva con la persona con la que he compartido la mayor parte de mi vida adulta.

No soy la primera mujer que reacciona con incomodidad ante la idea de que el marido adecuado puede solucionar la desigualdad de género. Ha habido un aumento tremendo de mujeres solteras (tanto divorciadas como aquellas que están esperando más y más tiempo para casarse) a las que les aterroriza caer en una trampa en la que sus vidas y decisiones ya no les pertenezcan, como documenta Rebecca Traister en su éxito de ventas *All the Single Ladies: Unmarried Women and the Rise of an Independent Nation* (Todas las mujeres solteras: mujeres no casadas y el crecimiento de una nación independiente).

El matrimonio, como institución, tiene muchos antecedentes graves. Está arraigado en un concepto legal que es un poco mejor que la esclavitud, pero por los pelos. Se fundamenta en la idea de *couverture,* que mantiene que la identidad de una mujer queda en suspenso durante el matrimonio, cuando se consolida con su marido, «bajo cuya ala, protección y techo ella lo realiza todo».[53] *Couverture* también llegó a significar que no podían existir acuerdos o contratos entre hombres y mujeres casados, porque una pareja casada formaba una única unidad, y es imposible firmar un contrato con uno mismo.

No fue hasta 1972 cuando el Tribunal Supremo de Estados Unidos decidió que las dos partes de un matrimonio eran entidades separadas con sus propios derechos individuales. Solo tres años antes de mi nacimiento.

Escribe Traister:[54]

Cuando alguien acusa de egoísta a una mujer soltera por el hecho de ocuparse de ella misma, es importante recordar que el simple reconocimiento de que las mujeres tienen identidades que existen independientemente de los demás, y sobre todo independientemente de maridos e hijos, es revolucionario en sí mismo.

Las feministas han predicho esta era de la mujer soltera desde hace más de un siglo. Susan B. Anthony dijo en 1877 que el «trayecto hacia la igualdad de género incluirá, por necesidad, un período en el que las mujeres dejen de casarse». No quería decir que sean malas feministas si quieren casarse, simplemente que sería una transición necesaria para pasar de «la posición de gobernadas a soberanas». «Debe haber una era de hogares autónomos y económicamente independientes», escribió.[55]

Reina de la casa, de golpe y porrazo.

---

53 «Ella lo hace todo»: TRAISTER, R.: *All the Single Ladies: Unmarried Women and the Rise of an Independent Nation*. Simon & Schuster, Nueva York, 2016, p. 41.

54 «Es revolucionario en sí mismo»: *Ibid.*, p. 27.

El aumento de las madres solteras puede ser emocionante o terrorífico, según quienes sean. Los hombres, por primera vez, se enfrentan al hecho de que puede que las mujeres no los necesiten. Algo que no es mala noticia para muchos hombres fantásticos, porque sus esposas y familias quieren estar con ellos. Compartir la vida con alguien a quien aman y criar a los niños con alguien que comparta sus valores es una manera de vivir maravillosa. No es que las mujeres tengan que estar solteras para ser buenas feministas.

La parte importante es que los hombres cada vez podrán contar menos con el patriarcado (su control sobre la libertad económica de las mujeres, sus mentiras acerca de la debilidad de las mujeres, su denigración de las madres solteras como origen de todos los males de la sociedad) para que les mantenga la cama caliente. Tienen que ganarse su lugar junto a nosotras y, en algunos casos, junto a sus hijos.

El rechazo a (o al menos reajuste de) todas las cargas que vienen de la mano del matrimonio queda reflejado en las estadísticas: en 2009, el porcentaje de mujeres casadas en Estados Unidos cayó por debajo del 50 %. Hasta 1980, la edad media a la que las mujeres se casaban por primera vez quedaba entre los veinte y los veintidós. Ahora es veintisiete. El 46 % de adultos menores de treinta y cuatro años nunca se han casado, un número que ha subido un 12 % en menos de diez años. Solo el 20 % de estadounidenses se casa antes de los veintinueve. Hay casi 4 millones más de mujeres solteras en 2014 que en 2010.[56]

El fenómeno ocurre a ambos extremos del espectro económico. Ya se aceptan (e incluso se glorifican) las madres solteras entre el famoseo y las ejecutivas de alto nivel en las grandes ciudades, se disparan las madres solteras de bajos ingresos y aumentan en todas las economías existentes entre las dos. No hay prácticamente nada que las madres solteras ricas y pobres tengan en común, excepto que ninguna de las dos estará con un hombre que no añada valor al hogar de manera absoluta e inequívoca. El tener un marido y punto ya no garantiza tal cosa.

Es igual que al hablar de cofundadores. Cuando encajan bien, con habilidades que se complementan, es mucho más fácil levantar una em-

---

55 «Autónomos y económicamente independientes». *Ibid.*, pp. 10-11.
56 «Más solteras en 2014 que en 2010»: *Ibid.*, p. 5.

presa con un cofundador que a solas. Cuando no es así, mejor solas que mal acompañadas.

Hay una distinción sutil entre el patriarcado comunicándoles que necesitan un hombre en su vida si quieren gozar de estatus social, estabilidad económica e hijos, y que ustedes elijan compartir sus vidas con un hombre o una mujer que amen. Debería surgir del deseo y añadir algo a sus vidas, no del miedo al vacío o de la necesidad de tener dueño.

Hay tantos consejos bienintencionados a los que me alegro de no haber hecho caso. «¡No tomes decisiones importantes sobre el matrimonio mientras los niños son tan pequeños!». «¡Quedaos juntos hasta que los niños tengan los dieciocho!». «¡No salgas con tu socio de negocios!». Vista desde fuera, mi vida personal es un ejemplo del millón de cosas que «no deberían» hacerse. Pero en la práctica, es uno de los arreglos de cocrianza más equilibrados y con más apoyo mutuo que he visto.

Se trata de la seducción vacía del reconocimiento de patrones una vez más. Gracias a Dios que no escuché.

La respuesta no es que tengan un matrimonio 50/50. La respuesta no es ser una madre soltera. La respuesta no es divorciarse de su marido y empezar a salir con su socio. El quid de la cuestión es que no hay una respuesta y las mujeres tienen que dejar de buscar «la respuesta» en libros como este. «La respuesta» es que las mujeres crean que se merecen la vida que quieren vivir. O, como escribe Traister: «la revolución está en la ampliación de las opciones».

Puesto que solo hace unos cuarenta y cinco años que el gobierno de Estados Unidos permitió a sus ciudadanas mantener legalmente su individualidad dentro del matrimonio, yo diría que ya va siendo hora de que las mujeres pasen por un periodo de «egoísmo».

Capítulo 13

LA PENALIZACIÓN DE LA MADRE SOLTERA Y LA BONIFICACIÓN DE LA MADRE SOLTERA

Abro los ojos, aterrada. ¿Dónde estoy? ¿Qué hora es? ¿A qué día estamos? Rápidamente, doy con las respuestas. La primera es, invariablemente, mi cama. Sola.

Es triste que despertarse en la cama a solas represente progreso en la vida personal, ¿no? Decidí (después de más de un año) que dormir en el sofá todas las noches era deprimente y poco saludable. Así que me compré una cama nueva. Una cama en la que solo he dormido yo. Una cama con un cabezal alto y acolchado para que, cuando mis hijos se meten en la cama conmigo por la mañana, podamos sentarnos cómodamente a charlar, hacernos mimos y leer libros. Es la cama para mi nueva vida de madre soltera.

Saqué las cosas de Geoff de mi habitación. Descolgué las fotos de la boda. Sustituí la montaña de sus álbumes de fotos con una ordenada fila de mis botas favoritas.

Paul, en general, se ha hecho con mi sitio antiguo y suele dormir en el sofá del salón. A estas alturas pasamos tanto tiempo juntos que pasa casi todas las noches con nosotros, pero no tanto como para explicar la situación a Eli e Evie. Además, a Eli le gusta aparecer en mi habitación sin previo aviso.

Para responder a la segunda pregunta, alargo la mano hacia un lado de la cama y busco mi teléfono: 6:50 h.

Siento que es lunes, porque mi cuerpo de treinta y nueve años está más dolorido de lo normal tras el fin de semana. Mi espalda siempre cuenta la verdad sobre mis niveles de estrés, y un fin de semana con dos niños pequeños es como una bola de demolición añadida. Permanezco tumbada en la cama y me escaneo el cuerpo mentalmente para adivinar cuánto me va a doler la espalda cuando me levante. Me pregunto si podría pasarme por el quiropráctico hoy, pero sé que no encontraré un momento hasta que haya empeorado del todo y no pueda ni andar.

Entonces pienso en los artículos del día. El lunes siempre es el día más duro de la semana. Cuando llega el viernes, nuestros periodistas ya se han convertido en cigarras, pero el lunes tengo que llevar a los niños al colegio, así que eso será problema de Paul durante una hora más.

Me obligo a ponerme en posición vertical antes de las 7:05; cargo la cafetera con una cápsula de café. Hace tiempo, me dedicaba a limpiar la cafetera, moler los granos y medir el café y el agua. Permítanme que me ría. Eli me ayuda colocando las cápsulas sin usar en una bandeja todas las noches. Es su «tarea del hogar» y la lleva a cabo con precisión ceremonial. Es el primero en recordármelo cuando se nos están acabando. Por suerte, hoy no es el caso.

Despejo la mesa de los restos de la noche anterior, guardo las boas de plumas, sombreros y Rayos McQueen que han quedado esparcidos tras el fin de semana mientras se hace el café. Pongo unas salchichas y un par de gofres precocinados en la tostadora. Saco platos y tenedores y los pongo en la mesa. Sirvo vasos de agua fresca «con hielo grande». Tomo un trago de café y parto a perturbar el descanso de las bestias.

Llamo suavemente a la puerta de Eli. Le gusta que lo avise antes de entrar. Entro susurrando en voz baja: «Buenos días, cariño». Me arrodillo a los pies de su cama con forma de bólido de carreras. Levanta la cabecita, medio dormido, baja de la cama y se sube a mi regazo, arrodillándose sobre mis piernas y poniendo los bracitos alrededor de mi cuello. Huele a cereales de frutas sudados. Infaliblemente, este es el mejor momento de toda la mañana. No me puedo creer que antes dejara que lo despertara Megan. ¿Acaso la hora de sueño adicional merecía perderse esto? El silencio de su habitación oscura, su cuerpecito de cuatro años, dormido y sudado, arrodillado en mi regazo. Su frente apoyada en mi hombro en gesto de confianza, seguridad y entrega.

Eli e Evie me pertenecen como nada me ha pertenecido antes. Son los logros de los que me siento más orgullosa, y la parte difícil ya está hecha. Están aquí. Nacieron sanos. Solo tengo que lograr no fastidiarlos de aquí en adelante.

Y, así de fácil, estoy despierta y en modo mami.

El día termina de manera parecida. El momento en el que les estoy cantando la última canción, dejan de intentar ganar tiempo y Eli y Evie se rinden al hecho de que es hora de acostarse. Se apoyan en mí, completamente convencidos de que siempre estaré a su lado y siempre los protegeré. Siento que mi corazón ha sido perforado como un huevo poché perfecto y que el amor se derrama sobre ellos como la yema dorada. No importa lo que haya ocurrido durante el día, lo mal que se hayan portado, qué peleas hayan empezado y con qué demandas nos hayan amenazado, no importa lo cerca que estemos ese día de declarar la bancarrota, no importa cuántos artículos tendré que escribir cuando pase este momento, este momento lo vale todo.

Estoy ganando dinero suficiente; tenemos un techo sobre la cabeza y puedo seguir pasando tiempo con ellos.

Antes de meter a Evie en su cuna cada noche, lo último que le susurro es aquello que espero que interiorice antes de que el mundo empiece a decirle que es demasiado o demasiado poco.

—Creo que eres perfecta —le digo.

—*Cdeo que edez pedfecta* —me susurra medio dormida.

Eli es emotivo e intenso, pero la inmutable Evie es un hacha en decirme lo que necesito oír en cada momento. Su horóscopo chino es una serpiente de agua, una combinación perfecta de manipulación e ingenio. De hecho, la serpiente se salta un turno agarrándose al talón del caballo. Y el agua es esencialmente imparable. Se abre camino entre las rocas y las grietas, adaptándose a cualquier tamaño, forma y obstáculo, excepto, quizá, el frío y el calor extremos. Pero, incluso así, el agua siempre puede regresar a su forma original. El agua es tan brutal y devastadora como esencial para la vida. Desde que era un bebé, pienso en ella cuando algún abusón amenaza a mi empresa. Evie no toleraría esto... No seré yo quien use la disciplina para apagar su ferocidad, porque el mundo ya lo hará por mí, tarde o temprano.

Me adentro en la cocina y entorno los ojos ante la luz brillante. Ollas, sartenes, tablas de cortar y coliflor rallada, cacharros por todas partes. Este otoño estamos probando un montón de servicios de ingredientes a

185

domicilio como Plated, Blue Apron y HelloFresh para Pando, y a Paul le ha servido como excusa para aprender a cocinar. Como resultado, comidas *gourmet* cocinadas en casa cada noche.

—Hola, supermamá, la cena ya casi está lista —dice. Me da un beso y una copa de vino.

En ese momento, pienso que mi vida está bastante bien. Y no me permito pensar en lo que venga a continuación. Me limito a estar presente y sentir la felicidad. Este momento pasará rápido, no hace falta que le meta prisa por marcharse.

En los momentos duros, me digo a mí misma que llegará un momento en el que el estrés y el trabajo se calmarán. La empresa ha tenido altibajos, pero es cada vez más fuerte. Incluso nuestras experiencias cercanas a la muerte empiezan a espaciarse más, y cada vez se nos da mejor solucionarlas. Llegará un momento en el que no sentiré el estrés insistente y constante diciéndome que el negocio puede irse al traste si no cerramos el siguiente trato de publicidad.

De manera similar, los niños crecerán. Me necesitarán menos.

La vida será más fácil.

Pero, en estos estallidos de euforia, no me siento preparada para que llegue todo esto. Los momentos como este, los momentos de pura felicidad y éxito, solo ocurren porque las batallas diarias son duras.

***

Me gusta describirme como madre soltera casi tanto como me gusta hablar de derrocar el patriarcado. He descubierto que, de algún modo, he logrado incorporar la bonificación paternal y sustituirla por la penalización maternal.

Menciónenlo como quien no quiere la cosa durante un vuelo. Les darán algo gratis, se lo garantizo. Se saltarán colas. La gente les dirá, con mucho sentimiento, que lo están haciendo muy bien, aunque sus hijos estén portándose como cavernícolas. La gente siente reverencia por la resistencia salvaje y la dedicación de la madre soltera... siempre y cuando sean ejecutivas blancas de éxito y vivan en una ciudad como Nueva York o San Francisco. No es tanto el caso si viven bajo el umbral de la pobreza o pertenecen a otro grupo étnico. De hecho, a las madres solteras pobres se las suele acusar de causar muchos de los problemas de nuestra sociedad.

No me malinterpreten: el patriarcado nos odia a todas. Simplemente se desahoga en las madres pobres porque son las más vulnerables.

Si hay algo que aterrorice más al patriarcado que las mujeres que controlan sus propios úteros o que exista la igualdad económica auténtica, es la normalización de la madre soltera. Cuando funciona, es la expresión definitiva de una mujer económicamente independiente que no ha renunciado a tener hijos. Cuando no funciona, esa mujer tiene que ser usada como ejemplo de tal fracaso.

Por primera vez en la historia de Estados Unidos, hay más mujeres solteras que casadas. El año en el que el matrimonio empezó a quedar estadísticamente desconectado de la maternidad fue 1992. Fue el año en el que, por primera vez, la media de edad del matrimonio subió por encima de la media de edad del primer hijo.[57] Y los políticos blancos «perdieron la razón».

En el mismo discurso en el que Dan Quayle atacó al personaje ficticio de Murphy Brown por tener un hijo sin tener marido, también respondió a una pregunta acerca de los disturbios en Los Ángeles de 1992 diciendo: «La anarquía social sin ley que hemos visto está directamente relacionada con la erosión de la estructura familiar».[58] ¡Y ustedes que pensaron que estaba relacionado con policías racistas! No, todo fue culpa de las madres solteras. Sobre todo, las de la televisión.

Dos años más tarde, Rick Santorum dijo: «Estamos viendo cómo se viene abajo el entramado social de este país, y se viene abajo por culpa de las madres solteras». En 1994, Jeb Bush se lamentó de que tener hijos fuera del matrimonio «ya no está estigmatizado». Hubo un momento en el que Rush Limbaugh exclamó, exasperado: «¿De dónde salen todas estas jovencitas blancas solteras?». Marco Rubio dijo que «la mejor herramienta para sacar a los niños y a las familias de la pobreza […] se llama matrimonio». En el 2013, senadores estatales republicanos de Carolina del Norte presentaron una propuesta de ley que requeriría a las parejas soportar un periodo de espera de dos años

---

57 «La media de edad del primer hijo»: *Ibid.*, p. 17.
58 «Erosión de la estructura familiar»: *Ibid.*, p. 16.

antes de poder divorciarse, y un senador estatal de Wisconsin intentó instaurar una ley que declarara que ser progenitor soltero era un factor conducente al maltrato infantil.[59]

En 2012, Mitt Romney dijo que un «gran paso» para contener la violencia en Estados Unidos era «[decir a] nuestros hijos que, antes de tener hijos, deberían pensar en casarse con alguien».

En 2013 Romney también soltó este magistral *concern troll:* «Algunas personas podrían casarse, pero eligen tomarse más tiempo, dicen para sí mismas. Otras esperan hasta bien entrados los treinta o los cuarenta antes de plantearse el matrimonio. Me temo que van a perderse mucha vida».[60] Increíble. Desde ese «dicen» tan casual que parece implicar que estas mujeres (y hombres) tienen intenciones ocultas, malvadas y nefastas, a la creencia de que una no está viviendo si está soltera. Esto no fue hace tres décadas, fue en 2013.

Aunque antes el matrimonio era esencial para que las mujeres mejoraran su posición social y económica (por no decir que lo era para tener una familia que no fuera rechazada por la sociedad), eso está cambiando. De hecho, un estudio de 2015 publicado en el *American Journal of Public Health* mostró que los hombres casados obtienen mayores beneficios para la salud que las mujeres casadas. No me fastidien. Casi en la mitad de los hogares de Estados Unidos es la mujer la que paga la mayor parte de la hipoteca y es la mujer la que lleva a cabo la mayor parte de los quehaceres domésticos.

Entenderán por qué este cambio resulta aterrador para los hombres que están apoltronados en el patriarcado. Es como levantarse un día y percatarse de que las leyes de la gravedad que regían su vida, la vida de su padre y la vida de sus abuelos, ya no se aplican. Ahora tendrán que esforzarse por mantener los pies en el suelo. Ya no será algo que «pasa y punto». Si no los necesitan para pagar las facturas ni para cumplir sus sueños de ser madre, los hombres tendrán que ganarse su lugar como padres y maridos de la misma forma que las mujeres llevan generaciones haciéndolo, teniendo que ganarse su lugar como iguales en la casa y en el trabajo.

59 «Factor que conduce al maltrato infantil»: *Ibid.*, p. 195.

60 «Me temo que van a perderse mucha vida»: *Ibid.*, pp. 34-35.

Y esto es lo único que es verdad para muchas madres solteras afluentes y para muchas madres solteras que viven bajo el umbral de la pobreza: si un hombre no agrega valor más allá de la donación de esperma, la mujer puede decidir que la vida es más fácil sin él, algo que no era tan cierto hace veinte años.

***

Jennifer Justice es una de esas mujeres para las que el numerito del matrimonio 50/50 tenía un efecto más disuasorio que incentivo. ¿Sexo a cambio de hacer la colada? ¿A eso lo llaman convincente? ¿Qué tal si en vez de eso contratan a alguien para que les lave la ropa?

Creció siendo hija de madre soltera, viviendo de las prestaciones sociales y entrando y saliendo de matrimonios pésimos. Para cuando cumplió los treinta, estaba saliendo con estrellas del *rock*, famosos y magnates de la industria, hombres muy alejados del tipo de señores que rondaban por su casa cuando era pequeña. Pero, aun así, para ella el matrimonio era lo mismo: una cárcel. Dice: «No quiero ni acercarme al matrimonio, a no ser que encuentre a alguien dispuesto a ser mi igual, que me deje hacer lo que quiera. No lo he encontrado en mis parejas jamás».

Asombrosamente, Jennifer Justice [justicia] es abogada. De hecho, fue la abogada y socia de Jay Z durante diecisiete años, y lo ayudó a levantar su empresa Roc Nation, un sello discográfico, agencia de talentos y productora musical, entre cuyos artistas están Rihanna, Demi Lovato, Dj Khaled, T.I. y muchos más. Sus amigos la llaman JJ. Su gran oportunidad llegó cuando estaba haciendo una entrevista de trabajo para convertirse en adjunta en un gran despacho de abogados especializado en el mundo del espectáculo. Mencionaron que representaban a un joven artista de *hip hop* llamado Jay Z, del que ella era fan. Esto fue durante la época dorada en la que los músicos contrataban a abogadas. Era habitual en el entorno *grunge* de Seattle, donde creció JJ. Muchos de estos artistas crecieron pobres, la mayor parte no tenían estudios y se sentían marginados en un sistema amañado. Muchos de ellos habían sido criados por madres solteras. Dice JJ:

Nirvana, Pearl Jam, Alice in Chains e incluso Sublime contrataron a abogadas. Supongo que tenía que ver con el asunto maternal. Las abogadas somos muy eficientes porque podemos hacer muchas cosas al mismo tiempo. No involucramos el ego en las discusiones. Solemos despachar las cosas rápido. Creo que, básicamente, era algo que encajaba con estos grupos.

JJ y Jay Z encajaron porque ambos eran forasteros en un sistema de hombres blancos, plagado de etiquetas e intermediarios. Él preguntaba por qué el sistema funcionaba de cierta manera; ella no solía tener respuesta. Puesto que JJ no se sentía particularmente incluida en el sistema, ejercía presión para cambiar las normas para Jay Z. «Teníamos una buena conexión. Al verlo crecer, yo también crecí. Llegué a una nueva perspectiva. En este caso, fue cierto que la ignorancia nos dio la felicidad. Empezamos a inventar nuevas maneras de hacer cosas dentro del negocio, porque si hay algo que se puede decir de Jay Z es que no tiene miedo. Toma decisiones según su instinto. Le trae sin cuidado lo que piensen los demás».

Jay Z no tardó en acaparar al menos la mitad de las horas de trabajo de JJ, y se convirtió en socia del despacho de abogados en tres años. Pronto se encontró tomando parte significativa en los cambios de la economía de la industria musical, en particular en el mundo del *hip hop*, donde habitan los mayores emprendedores del mundo de la música. Tras once años juntos en las trincheras, Jay Z la quería trabajando para él a tiempo completo.

Todos los neoyorquinos odian que se comparen sus vidas con *Sexo en Nueva York*, pero no me digan que la historia de cómo Jay Z le ofreció un trabajo no parece recién sacada de la serie:

Estaba con todas mis amigas. Acabábamos de empezar las vacaciones, una escapada corta de tres días a Malibú. Vamos por la primera copa de vino rosado, sentadas en el balcón con vistas a la playa. Y recibo un mensaje de texto de Jay que dice «¿Puedes llamarme?». Pensé: «Mierda, ¿ahora qué he hecho?». Le llamo y me dice: «Mira, me gustaría que vinieras a trabajar exclusivamente para mí». Y el tipo añade: «Tienes el fin de semana para pensártelo». Los dos nos echamos a reír, así que le dije: «De acuerdo, ya te llamaré».

Así que colgué el teléfono y me volví hacia mis amigas, que trabajaban todas en el mundo del cine. Les digo: «Madre mía, Jay Z acaba de ofrecerme un empleo a tiempo completo, trabajando exclusivamente para él».

He aquí la cita literal de lo que me contestaron: «Nena, por favor, más te vale decir que sí. ¿Me pasas el vino?».

Los años que siguieron fueron un torbellino del *glamour*, al mezclarse con la gente de esos círculos («Me lo estaba pasando muy bien y saliendo con una cantidad probablemente excesiva de tipos del mundillo») y el trajín de formar parte del equipo de seis personas que estaba construyendo Roc Nation («¿Cómo se encarga el diseño de un membrete?»). Pero llegó un punto en el que se sintió vacía. JJ quería tener hijos.

> He llegado hasta aquí. He viajado por todo el mundo. He llevado una vida espectacular. ¿Cuántos bolsos y pares de zapatos más me puedo comprar? No me va a hacer feliz. No soy religiosa en lo más mínimo, pero sentí algo espiritual... «¿Cómo he llegado tan lejos? ¿Por qué estoy yo aquí, y no otro miembro de mi familia? Tiene que haber algo más».
>
> La verdad, lo único que me quedaba por hacer era tener hijos para pasar a la siguiente generación todo lo que he aprendido. Sentía esa necesidad, no quería tener hijos solo porque es lo que toca. Fue algo muy calculado: hay algo más en la vida, en mi vida y en cómo he llegado aquí, algo que no es solo yo. Tenía muchas ganas de tener hijos.

No se le ocurrió que fuera un motivo para casarse. «Nunca me dio miedo hacerlo yo sola. De pequeña, todo el mundo a mi alrededor estaba criando hijos a solas. Incluso en mi vida adulta y en mi carrera profesional, la mayoría de las mujeres que conocía estaban criando a sus hijos ellas solas, casadas o no. En ningún momento me intimidó».

Las mujeres como JJ se habían mudado a Nueva York con veintipocos años, habían vivido en apartamentos mugrientos sin ascensor y habían conquistado la ciudad sin tregua en la era de *Sexo en Nueva York*, cuando las mujeres estaban tomando las riendas de sus vidas en una ciudad repleta de opciones románticas.

En la vida real, las mujeres de Nueva York de esta época no estaban inevitablemente obsesionadas por los zapatos, y muchas de ellas no terminaron con su propio Mr. Big, algo que no es necesariamente una tragedia. Muchas vivían en apartamentos preciosos, tenían el trabajo de sus sueños y disfrutaban de una red de amigas influyentes. Lo único para lo que no habían encontrado tiempo era para el matrimonio. ¿Por qué iba eso a impedirles tener hijos? Nueva York nunca les había impedido conseguir nada. No querían que nadie se compadeciera de ellas. Era un logro más.

Si los hombres fueran madres solteras, este es el *branding* que se inventarían. Lo tildarían de truco útil o de deporte de resistencia. «Ah, ¿te hizo falta un hombre para conseguirlo? A mí no».

Convertirse en madre no fue la batalla más dura a la que se enfrentó JJ. Fue la primera persona de su familia que asistió a la universidad, y la primera en convertirse en abogada. Eligió la profesión por pura paranoia, para asegurarse de ganar un sueldo digno. No le preocupaban los estigmas. Le pregunté cómo se las había arreglado para salir con tantos músicos y seguir siendo una mujer respetada en la industria. ¿Acaso no se enfrentaba a los mismos dobles raseros que el resto de las mujeres?

—Me limitaba a decir: «¿Saben qué? Los hombres se hartan de acostarse con gente del sector». Si me lo mencionaban, les espetaba: «Eres un hipócrita y no pienso aguantarlo».

JJ había dejado atrás el 50/50. Si eso era lo mejor que podía ofrecerle el matrimonio, si el 50/50 era la cumbre... No, gracias.

Tuvo a sus gemelos, Nico y Jack, ella sola, por medio de la fertilización *in vitro*. «Siendo madre soltera sin un padre a la vista, me lo planteé como "al menos siempre se tendrán el uno al otro". Me alegro de tenerlos a los dos. Es difícil, obviamente, pero es a lo que estoy acostumbrada».

Como tantas otras mujeres con las que hablé para este libro, sus hijos la cambiaron, pero no como la sociedad insiste. Su vida, sus prioridades y su sentido de lo que quería lograr dentro del negocio se concentraron. «Necesitaba ver si sería igual de buena sin Jay, si podía labrarme una carrera sin esa red de seguridad», dice.

Tras muchas conversaciones, dimitió. Se tomó tres meses libres, sus primeras vacaciones de adulta. Llevaba trabajando cuarenta horas a la semana desde que tenía catorce años, con la excepción de cuando estaba estudiando para las oposiciones y cuando trabajó dos meses a media jornada como baja por maternidad.

Se convirtió en la presidenta de cambios empresariales de Superfly, los productores de grandes festivales como Bonnaroo y Outside Lands. SuperFly había sido una acomodada sociedad de señores, y JJ les dio una inyección de ambición y estrógeno agresivo y sin remordimientos. En su primer año ya empezó a desarrollar una docena de nuevos festivales y eventos enormes, y nuevas colaboraciones.

En 2016 viajé a Nueva York a mirar más de cerca las vidas de esta nueva fuerza de madres solteras. ¿Eran las historias de JJ tan espontáneas y fáciles como sonaban? ¿Acaso estas influyentes madres solteras neoyorquinas tenían ejércitos de empleados domésticos? ¿Vivían en el mismo caos que existía en mi vida bajo la imagen elegante de «lo tengo todo controlado»?

Empecé por JJ. Abrió la puerta una mañana con el pelo mojado, sin maquillar y vestida con una bata de seda. Me presentó a Nico y a Jack con un gesto de mano mientras se deslizaba a su cuarto, de donde emergió diez minutos más tarde completamente arreglada, vistiendo un traje negro informal, con el pelo cepillado y el maquillaje justo. Hablaba mientras con los brazos y las piernas hacían una docena de cosas diferentes con eficiencia, como si estuvieran desconectados de su cuerpo. Se interrumpía de vez en cuando para decirles a sus hijos que se pusieran los zapatos o se apresuraran.

El apartamento estaba lleno de fotografías de famosos y dos osos de peluche gigantescos, sobre los que podría dormir un adulto. Regalos para Jack y Nico de Jay Z y Beyoncé. Ocupaban casi la mitad del salón.

—Son enormes, pero tengo que quedármelos —dice JJ. Su niñera por fin había logrado que Jack y Nico se pusieran los zapatos, mientras JJ los apilaba en un cochecito y ataba la correa de un perrito ladrador—. ¿Te imaginas si Frank Sinatra me hubiera regalado algo siendo yo bebé y mi madre lo hubiera tirado por ser demasiado grande?

Paseó con sus hijos hasta el colegio, saludó a los otros niños y a sus padres por su nombre y tuvo una rápida charla con su profesora, tras lo cual entregó el perro a la niñera para que regresaran ambos a casa. Pasó de modo mamá a modo jefa casi de inmediato; paró a por un café por el camino, un camino en el que se cruzó con media docena de neoyorquinos influyentes y famosos, con los que prometió juntarse para tomar algo muy pronto, antes de volverse y contarme quiénes eran. Cada instante de su vida estaba optimizado.

La mayoría de las mujeres que deciden tener hijos solas no lo logran con tantas comodidades y facilidades, y nadie lo sabe tan bien como JJ.

Lo único que Jack y Nico tienen en común con la infancia que vivió ella es la falta de padre. Y este abismo en su experiencia domina su mentalidad. Está obsesionada con el dinero y no piensa pedir perdón por ello, porque le da miedo volver a que le falte.

—Tener dinero no es solo un lujo en términos de lo que te permite hacer, sino que también lo es para tu estado mental —dice—. Cuando eres pobre y no tienes ni un céntimo, lo único en lo que piensas es en comer y en cómo pagarás el alquiler. No te paras a pensar: «¿De verdad me gusta esta persona? ¿De verdad quiero este trabajo? ¿Adónde debería ir de vacaciones?». Solo piensas: «¿Cómo voy a permitirme la gasolina? ¿Cómo consigo que mi vehículo no se estropee? ¿Cómo voy a comer? ¿Cómo voy a dar de comer a mi familia?». No quería tener que preocuparme por eso. Quería poder vivir mi vida. No me daba miedo ser madre soltera, pero me daba miedo ser pobre otra vez —continua—. Cuando has sido pobre de verdad, pobre como lo éramos nosotras, hasta el punto de que la comida no está asegurada... Sigues teniendo la mentalidad de persona pobre. Me preocupa no tener bastante para mis hijos.

Pese a la niñera, el apartamento en Nueva York y los osos gigantes que le regaló Beyoncé (¡Beyoncé!), en el interior de esta mujer aún hay un rincón en el que todavía es una niña pequeña viviendo en la pobreza, sin saber si se acostará con hambre. Y bajo la confianza en sí misma y la actitud de persona importante, es posible atisbar los problemas de inseguridad que plagan a tantas mujeres.

—A las mujeres se nos da fatal negociar para nosotras mismas —dice—. Pero ¿sabes qué? Soy una abogada fantástica, y ahora represento a dos clientes nuevos que se llaman Nico y Jack.

Pasé varios días en Nueva York siguiendo a supermadres solteras y urbanas como JJ. Stephanie Rudnick es una atleta del más alto nivel y está criando a dos niños ella sola, tras un matrimonio que no funcionó. Rachel Sklar se quedó embarazada por sorpresa durante un historia de verano, pero decidió seguir adelante y escribió sobre su experiencia con valor.[61] La autora y reportera de *Vanity Fair* Nancy Jo Sales tenía tantas

---

61 «Escribió sobre su experiencia con valor»: SKLAR, R.: «I'm 41, Single and Pregnant: Welcome to the New Normal». *Medium*, 29 de octubre de 2014, https://medium.com/the-list/im-41-single-and-pregnant-9b2da840a45a (consultada el 27 de septiembre de 2018).

ganas de tener hijos que organizó una cena para sus padres potenciales, todos ellos hombres con los que había tenido relaciones en el pasado, para decidir quién sería el padre.[62]

—No tenía 50.000 dólares para gastarme en un banco de esperma, y conocía a muchos hombres que eran buenos candidatos —dijo (terminó quedándose embarazada tras tener una aventura).

No todas estas mujeres habían tenido malas experiencias del matrimonio como JJ describe. Desde luego, no «odiaban a los hombres». Rachel, simplemente, no había encontrado a esa persona y, cuando se quedó embarazada con cuarenta años, se dio cuenta de que ser madre no tenía por qué depender de ello. Stephanie no pretendía que su matrimonio fracasara después de tener hijos, pero ahí estaba. Nancy Jo se había casado dos veces —incluso le habían prometido el asunto del 50/50 la segunda vez—. Pero no había salido como creía. «Adoro a los hombres, pero hay un fenómeno que ocurre cuando te adentras en una relación y de repente hay que hablar de trabajos, y dinero, y de quién es la culpa y todas estas mierdas por las que tenemos que pasar las mujeres —dice Nancy Jo—. Sencillamente, no creen que sea un asunto relacionado con la igualdad de género. Me gusta pasar el rato con ellos. Me gusta el sexo con ellos. Lo que no me gusta son las relaciones románticas con ellos. Así que pensé que quizá podría conservar solo las relaciones que me funcionan».

Fueron los hombres, no sus hijos, los que habían resultado ser un factor negativo para las carreras de estas mujeres. Sales dice que produjo el peor material de su carrera cuando estaba casada. Sus matrimonios la distrajeron de la persona que era y lo que era capaz de hacer, pero, como en el caso de Shirley Jackson, la carrera de Sales se disparó cuando se convirtió en madre. Hizo entrevistas con Graydon Carter para *Vanity Fair* embarazada de ocho meses y vestida con ropa de adolescente *skater*, «ridícula» porque le quedaba ancha. La contrataron al momento para escribir un artículo sobre Paris Hilton. Desde entonces, ha escrito dos libros que se han convertido en éxitos de ventas, y se hizo una película basada en uno. Dice Nancy Jo:

---

62 «Decidir quién sería el padre»: SALES, N. J.: «The Baby Dinner». *The New York Magazine*, 8 de noviembre de 1999, http://nymag.com/nymetro/urban/family/features/1375 (consultada el 27 de septiembre de 2018).

Cuando nació mi hija, me convertí en mí misma por completo. Ya no filtro mi existencia según los hombres. No soy la esposa ni la novia de nadie, no estoy buscando a alguien que se case conmigo o esperando que quieran tener un hijo a mi lado. Sé que por fin soy yo misma en mi relación con ella. Es cuando estoy más cómoda y relajada.

Cada madre soltera de Nueva York a la que conocí se enfrentaba al desafío con la misma táctica: solucionar problemas de uno en uno, lo mismo que les había permitido labrarse carreras y vidas en Nueva York. No buscaban la perfección, buscaban hacerlo. Rachel me recibió en *jeans* y una camiseta de escote en pico blanca, oliendo a amoniaco.

—He empezado a recoger antes de que llegaras, y ¡se me ha ido un poco de las manos! —exclamó al abrir la puerta.

Se había encontrado con una hora libre en la que no tenía un niño enfrente o trabajo por hacer, y había aprovechado el poco habitual momento de paz para fregar el baño. Si los estudios demuestran que las madres casadas ganan en productividad cuantos más hijos tienen, imaginen la productividad de la madre soltera.

Las circunstancias —y niveles de comodidad— de cada una de estas mujeres son distintas. Pero todas exhibían su amor y gratitud por sus hijos sin esconderse... y su creencia de que tenían derecho a experimentar ese amor, ya hubieran tenido la suerte de encontrar una pareja ideal o no. Interpretaban con tal naturalidad el papel de «todo» de sus hijos, que es difícil imaginar que alguien pueda tildar sus familias de «incompletas».

Y, pese a que ninguna de estas mujeres tiene parientes cerca que les puedan echar una mano, sus rincones de Nueva York operaban como una enorme familia. El repartidor del supermercado, el portero, la guardería de su barrio, la mujer que les pasea el perro por la mañana mientras van al colegio, el resto de los progenitores en el parque donde los niños van a jugar por la tarde, después de clase. Y luego está la enorme sororidad de madres solteras de Nueva York.

—Cuando estaba embarazada [pasábamos un montón de tiempo juntas], pero entonces empezamos a estar más ocupadas y seguimos con nuestras vidas —dice JJ—. Todas sabemos que estamos ahí cuando hace falta. Nos miramos y nos guiñamos el ojo, «todo controlado». No es que tengamos que juntarnos todas para exclamar: «¡Dios santo! ¡¿Qué estamos haciendo?!». Solo somos madres, procediendo con confianza en nosotras mismas y sin niñeras gratis.

Puede que tengan a hombres en sus vidas, pero es porque quieren incluirlos, no porque los necesiten.

***

La madre soltera acaudalada no quiere un marido que frene su carrera o limite su concepto de sí misma.

La madre soltera en la pobreza no quiere un marido porque puede que ponga en peligro las vidas de sus hijos.

Pero son las madres solteras pobres las que son vilipendiadas, no solo como «malas madres», sino también como responsables de todo lo malo de la sociedad. El abismo entre la percepción de las madres solteras ricas de Nueva York y la de las madres solteras viviendo en la pobreza también se resume en los cuadrantes de Amy Cuddy. A las mujeres con ambiciosas carreras profesionales se las considera frías/competentes, despiertan envidia. A las madres trabajadoras se las considera cálidas/incompetentes, provocan lástima. Pero a las indigentes o a las madres que hacen todo lo que pueden en la pobreza se las considera frías/incompetentes, y suscitan menosprecio.

Esto forma parte de la programación que dicta cómo reaccionamos ante las personas. Piensen un momento en lo cruel que es todo esto. No solo las madres solteras neoyorquinas tienen la confianza necesaria para alimentar y vestir a sus hijos, sino que en el peor de los casos inspiran pena; mientras que la madre soltera esforzándose al máximo en la pobreza provoca desdén.

El libro con más información con diferencia que he leído sobre la maternidad en los últimos dos años se llama *Promises I Can Keep: Why Poor Women Put Motherhood Before Marriage* [Promesas que puedo mantener: por qué las madres pobres ponen la maternidad por delante del matrimonio], de Kathryn Edin y Maria Kefalas. Estas dos sociólogas estudiaron a 162 mujeres de ingresos bajos, todas ellas madres fuera del matrimonio, hace más o menos diez años. La investigación empezó justo cuando se empezaba a dar el cambio en el que la media de edad del matrimonio estaba sobrepasando la media de edad a la que las mujeres tenían hijos. Cuando empezaron el proyecto, un tercio de los niños de Estados Unidos nacían de madres solteras; en solo veinte años, ya son el 40 %.

Edin y Kefalas querían entender por qué se había dado una desconexión tan acusada entre el matrimonio y la maternidad, describiéndolo como, «quizá, el mayor misterio demográfico de la segunda mitad del siglo xx». Olvídense de aquello de «¿es bueno o es malo?». Querían entender por qué las mujeres pobres tenían tres veces más probabilidades de convertirse en madres solteras.

Las sociólogas hicieron algo radical. Se dedicaron a conocerlas de verdad. Incluso vivieron junto a más de cien de estas mujeres, centrando su investigación en ocho barrios pobres de Filadelfia, en Pennsylvania, y Camden, en Nueva Jersey.

La mitad de las mujeres con las que hablaron no habían terminado el instituto; un tercio no había trabajado en el último año; y las madres primerizas solteras tenían una media de veintiún años. Pero compárenlo con los hombres con los que hablaron: la mitad de ellos tampoco había terminado el instituto; el 25 % no tenía empleo y la mitad de los que tenían trabajo ganaban menos de 10.000 dólares al año. Y el 40 % de estos hombres ya había estado en la cárcel antes de que naciera su hijo.

La mayoría de estas madres solteras no planeaba convertirse en tal. Cuando tuvieron a sus hijos, el 80 % todavía seguían con sus parejas, y el 40 % vivía con ellas. Para cuando los hijos cumplían los tres años, dos tercios de las parejas se habían separado.

Parte de la causa era el estrés financiero, pero eso apenas araña la superficie. Un tercio de las madres nombró actividades delictivas, tráfico de drogas o tiempo en la cárcel como motivo de la separación. Más de un tercio culpó a la adicción a las drogas o al alcoholismo de sus parejas. Un 40 % dijo que era por la infidelidad crónica del padre. Y casi la mitad de estas madres habló de maltratos físicos continuados como causa de la separación.[63]

---

63 «Maltratos físicos continuados como causa de la separación»: EDIN, K.; KEFALAS, M.: *Promises I Can Keep: Why Poor Women Put Motherhood Before Marriage.* University of California Press, Berkeley, 2005.

Historia tras historia mostraba que los hijos cambiaban a estas mujeres, pero no a los hombres. Muchas de estas mujeres eligieron la vida de madre soltera como acto supremo para proteger a sus hijos.

Una de las madres, llamada Mónica, dice: «El padre está en la cárcel, tengo dos hijos, los crío yo, trabajo yo, hago esto, hago lo otro. ¿Qué propósito tiene él? Empecé a pensar: "No lo necesito". Era solo otra carga. La verdad es que mi vida es más fácil sin él».

Otra madre, llamada Toby, decía: «No voy a permitir que mi hija pase hambre porque se ha gastado el dinero en [droga]».

Y con esto, estas mujeres se sintieron redimidas. Estas madres no veían a sus hijos como cargas. Los hijos les habían salvado la vida. «Casi nunca ven a los niños como fuente de dificultades; en su lugar, atribuyen todo lo bueno que tienen en la vida al hecho de que tienen hijos», escriben Edin y Kefalas.

Para algunas mujeres, era una manera de mejorar su posición social, puesto que caminos como la universidad no eran opciones accesibles. Para otras mujeres, era la primera vez que habían experimentado el amor incondicional. Pamela, madre de siete hijos, dice:

Creo que [me quedé embarazada] sobre todo porque quería sentir que alguien me quería. Es algo que no tuve durante mi infancia. De algún modo sabía que... crecería y tendría hijos, y serían algo mío. Nadie me lo podría arrebatar. Sería alguien que me querría a mí, y que yo podría querer de forma incondicional. No habría intereses.

Estas mujeres describen a sus hijos como algo que las obligó a crecer y a pensar en el futuro, algo que les salvó la vida.

«Estaría muerta o en la cárcel». «Todavía estaría por ahí, de fiesta». «Estaría jodida, enganchada a las drogas».

Una madre que había salido de una relación con un maltratador dijo: «Quería suicidarme. De verdad. Quería suicidarme, pero fueron mis hijos los que me mantuvieron con vida».

Las autoras subrayan que hay estudios que demuestran que los niños que crecen en hogares con un solo progenitor «aprenden menos en el colegio, tienen más probabilidades de tener hijos durante la adolescencia, tienen menos probabilidades de terminar el instituto y asistir a la universidad, y tienen más dificultades encontrando trabajo cuando llegan a la edad adulta». «La mitad de la desventaja» está relacionada con los ingresos, argumentan, dando algo de credibilidad a los políticos que culpan a estas madres y las decisiones que han tomado de los problemas de la sociedad.

Pero, cuando tenemos en cuenta el efecto redentor que la maternidad ha ejercido sobre estas mujeres, ¿cómo pueden culparlas por su derecho al amor? ¿A sentirse personas de valor y con importancia en el mundo? ¿De verdad queremos vivir en un mundo en el que el gobierno puede controlar si las mujeres de clase media tienen permiso para abortar, a la vez que les grita a las mujeres pobres que no tienen derecho a tener hijos?

Puesto que tener hijos se considera una redención y el matrimonio frecuentemente viene de la mano del maltrato, estos dos hitos suelen verse como cosas separadas en las comunidades pobres. Estas mujeres no comprenden que sus homólogas de clase media elijan esperar hasta los treinta para tener hijos. La maternidad es algo que necesitan para sentirse valoradas, para alcanzar su potencial, para dar algo valioso al mundo, y el matrimonio no suele estar relacionado con esto.

El sentimiento está casi pasado de moda. Mientras las mujeres de clase media se casan por amor y esperan el momento y las circunstancias perfectas para tener hijos, las madres pobres hacen lo contrario. Muchas decían que el momento ideal para casarse era pasados los cuarenta, y hacían referencia al miedo a «precipitarse». «Para estas madres, el matrimonio no solo representa el fin de la juventud, sino también el fin de sus sueños de movilidad social», escriben Edin y Kefalas. Mientras tanto, estas mujeres no sienten que tener hijos afecte su potencial en el futuro, a no ser que «lo permitan».

Esta visión es exactamente opuesta a la que se tiene en la vida de clase media sobre el matrimonio y el embarazo. El matrimonio es una manera de unirse a la sociedad adulta, y los hijos son algo que puede descarrilar la movilidad profesional o fastidiar la juventud.

¿Qué explica esta desconexión? El reconocimiento de patrones, una vez más. Estas mujeres conocen a más «buenas» madres solteras en sus barrios que parejas «felizmente» casadas.

Sueñan que sus hijos serán la excepción: los que lograrán escapar, ir a la universidad, mudarse a un buen barrio, comprar una casa. Al revés que en el caso de las madres influyentes de Nueva York, para las madres pobres son los barrios y las escuelas los que típicamente ejercen mala influencia en sus hijos, no los que se convierten en su familia *de facto*.

Pero aunque las probabilidades son pocas, las historias de éxito ocurren de vez en cuando. Tristan Walker fue una. Creció en un bloque pobre de Queens y fue uno de tres hermanos criados por una madre viuda que tenía tras empleos. Hoy en día, es el CEO de una compañía que ha recaudado millones en inversiones de capital de riesgo. Esto tras hacer sus primeros pinitos en Twitter y Foursquare, y un trabajo como emprendedor residente en Andreessen Horowitz. Se esforzó en salir de su mundo de la infancia con suerte, inteligencia, becas de estudios y con su madre insistiéndole constantemente, dice él.

[Me enseñó] todos los valores que tengo. Mi madre tenía tres empleos a la vez. No puedo ni imaginarme, ¡ni imaginarme!, cómo es posible. Tres trabajos, tres hijos, madre soltera en el gueto. ¿Me entienden? Me parece sobrehumano. Y siempre creeré que mi madre es, efectivamente, una superheroína en este campo.

Venir de donde viene ella, de donde venimos nosotros, y ver hasta dónde he llegado es un testimonio de su fuerza. Un testimonio de su lealtad hacia mí. Un testimonio de la convicción sólida que sentía por sus valores y de su empeño por mantenerme en el buen camino. Sin ella, dudo mucho que estuviera aquí.

***

Me quedé profundamente conmovida tras leer sobre las madres del libro de Edin y Kefalas, tras ver el empoderamiento y la redención que recibían de sus hijos en situaciones imposibles. Ver cómo entregarnos puede salvarnos, incluso cuando tenemos tan poco que dar. Me enfureció que el mundo crea que tal felicidad puede ser un peso muerto para la sociedad, que solo ciertas personas tienen derecho a sentir este amor en sus vidas.

Me cabreó aún más pensar en que tantos políticos blancos insisten en que la respuesta para estas mujeres es el matrimonio con quien sea, siempre y cuando sea un hombre, aunque casi la mitad de estas mujeres hayan dejado a sus parejas debido a la violencia machista crónica. La respuesta no puede ser atarlas a hombres que pondrán su vida y la vida de sus hijos en peligro. La respuesta tiene que ser crear programas para ayudarlas.

Es el machismo benevolente otra vez, en toda su magnitud. Las madres solteras acaudaladas son «el modelo bueno» de madre soltera. Puede que no le gustemos al patriarcado, pero al menos podemos pagarlo todo, sin tener que depender del gobierno. Al tolerarnos, el patriarcado puede denigrar «el modelo malo» de madres solteras, que crían a sus hijos en la pobreza.

El patriarcado gana cuando las mujeres estamos divididas. Tenemos que luchar por las madres solteras que viven en la pobreza si nos creemos lo que decimos sobre la igualdad. No podemos disfrutar de la libertad económica y social de ser madres solteras a expensas de las mujeres nacidas en circunstancias menos favorables.

Nancy Jo, consciente del privilegio que tiene en comparación con la mayoría de las madres solteras, dice:

> Esta es la dirección en la que va el país, y cada vez veremos más y más madres solteras. ¿Cómo podemos seguir adelante sin apoyarlas? Ahora mismo nos limitamos a echarle la culpa a la madre. No miramos el sistema entero. Culpemos a estas mujeres, no al hombre que se ha largado.
>
> Ser madre no me resulta tan difícil porque tengo recursos. Las periodistas no ganamos mucho dinero, pero gané el suficiente y, durante un tiempo, eché mano de la tarjeta de crédito. Para muchas personas, eso no es una opción. Yo pude disfrutar del proceso gracias a estos recursos. Quiero que todas las madres puedan disfrutar de sus hijos.

Capítulo 14

CUIDADITO CON LAS ISLANDESAS

Según investigaba más acerca del prejuicio del muro maternal y el estigma que sufren las madres solteras, no podía dejar de pensar en algo que Kate Manne dijo durante su charla sobre la misoginia en casa de Kim Scott.

Alguien le preguntó acerca de los llamados atributos masculinos y femeninos del mundo de los negocios, el tipo de cosas que todas hemos presenciado. Que es menos probable que una mujer negocie un aumento de sueldo, que sufren de falta de confianza en sí mismas, que muchas no se adentran en campos como las matemáticas y la ciencia... Ya conocen los estereotipos. Esta persona preguntó si Manne había dado con alguna investigación que declarara de forma concluyente si esto lo causa el ADN o la sociedad.

Manne dijo que este es el área de estudio que suscita más interés entre los inversores en el ámbito universitario. Y también dijo que opinaba que la mayor parte era tirar dinero a la basura.

—Nunca sabremos hasta qué punto es culpa de la sociedad o de la naturaleza, porque nunca hemos tenido un grupo ejemplar —contestó—. Nunca hemos tenido una sociedad en la que las mujeres gocen de auténtica igualdad con respecto a los hombres para comparar.

Caray. Esto permaneció en mi cabeza durante el otoño de 2016, mientras leía el canon moderno de literatura feminista, empoderada y razonada; ya fuera *La clave de la confianza* y su lucha por esclarecer las inseguridades inherentes en las mujeres; o *The Pie Life*, que suplica a las mujeres una y otra vez que no abandonen el mundo profesional tras dar a luz, porque el 70 % de ellas nunca volverá a tener un trabajo a tiempo completo; o incluso *Getting to 50/50*, con su frustrante charla promocional para convencer a los hombres de que dejen trabajar a las mujeres. Incluso Sallie Krawcheck, autora de *Own It: The Power of Women at Work*, argumenta que deberíamos dejar de usar la palabra «empoderar», porque la definición de la palabrita implica «"dar" poder o autoridad». Es la misma objeción que tengo acerca de 50/50, y uso la dichosa palabra constantemente.

Pese a los cientos de miles de palabras escritas por mujeres empoderadas intentando esclarecer por qué nos cuesta tanto alcanzar el empoderamiento (¡qué fuerte!, tienes razón acerca de la palabra, Sallie), el comentario de Manne fue el nivelador final: nunca sabremos qué parte de cada una de nuestras luchas es causada por nosotras y qué parte por el patriarcado. Y ahí es dónde empecé a obsesionarme con Islandia.

Islandia no es el grupo ejemplar idílico con igualdad absoluta entre hombres y mujeres al que Manne se refería, pero está bastante más cerca que Estados Unidos. El índice de barreras laborales de *The Economist* clasifica Islandia como el mejor país del mundo en términos de igualdad de género en el trabajo. Estados Unidos está en la posición número veinte de los veintinueve países analizados.

Las mujeres en Islandia tienen mejor educación que los hombres, ocupan el 41 % de las posiciones de responsabilidad, el 44 % de los puestos en juntas directivas y el 47 % de escaños en el parlamento. Los servicios de cuidado infantil cuestan solo un 6,5 % del sueldo medio, comparado con el casi 40 % que cuesta en Estados Unidos.

Islandia es un paraíso para las madres solteras, incluso comparándolo con las mujeres que conocí en Nueva York y sus ayudas para madres solteras. Casi dos tercios de los niños nacidos en Islandia tienen madres solteras. Las familias ensambladas son lo más habitual en este pequeño país, donde los abuelos ayudan, los hermanos mayores colaboran, los niños de cinco años son autónomos y pueden ir y regresar del colegio caminando ellos solos y los progenitores que no están juntos se intercambian los niños cada semana, aunque el retoño fuera el resultado de un encontronazo de una noche. Es raro encontrar a niños islandeses cuyos hermanos y hermanas sean todos de los mismos padres.

Los islandeses tienen hijos cuando son jóvenes, a principios de la década de los veinte, de media. Debido a esto, las familias son más grandes, y es habitual que una mujer con una carrera exitosa tenga hijos de varios padres y no se haya casado con ninguno. ¿Y los pocos niños que tienen hermanos de sangre y cuyos padres siguen juntos? Lo más probable es que dichos padres no hayan encontrado el momento de casarse, o que lo hicieran después del nacimiento de los niños. Muchos hogares parecen una especie de baile tradicional de familias modernas, donde un grupo de hijos rota de la casa del otro progenitor mientras otro está de vuelta. Los niños a menudo pasan de ser compañeros de clase un año, a hermanos y hermanas al año siguiente.

Cuanto más leía sobre Islandia, más quería verlo por mí misma. ¿Acaso era posible que hubiera un país donde las historias de Jennifer Justice y Nancy Jo Sales no representaran un progreso social desmadrado o el caso excepcional de un Estado progresista? ¿Donde, sencillamente, no hubiera estigma contra las madres trabajadoras, o las madres solteras o los progenitores viviendo juntos sin ningún documento legal que les diera aprobación social?

Si me pidieran que las pusiera en contacto con madres solteras emprendedoras en Silicon Valley, tendría que sentarme a pensar un rato y solo se me ocurrirían cinco. Pero, en Islandia, estas mujeres eran extraordinariamente fáciles de encontrar. Daba la casualidad de que conocía a una persona en Islandia, gracias a una conferencia a la que había acudido años atrás. A las pocas horas de escribirle por Facebook ya tenía tres días enteros llenos de reuniones con mujeres que trabajaban en el gobierno y en la educación, que habían levantado empresas y que hacían de madres como nadie, con maridos o no.

Mientras me preparaba para el viaje, me presentaron a Brynja Gudmundsdóttir, una madre soltera con cuatro hijos, que había empezado a tenerlos con veintipocos años. También había creado una compañía de software por el camino.

Pensé en todas las personas en Estados Unidos que opinan que es notable que yo pueda tener dos hijos y una empresa, con la frecuencia con la que me dejo llevar por mi propio síndrome de mártir por ser madre soltera. ¿Acaso las islandesas eran más fuertes y punto? ¿O era todo un asunto mental? ¿Lo causaba toda la vergüenza y las «buenas intenciones» en las que nos entierra la sociedad?

En reunión tras reunión con mujeres de todo tipo de nivel de renta y edades, encontré tres puntos principales consistentes.

El primero era que estas mujeres reaccionaban con incredulidad cuando les decía que el 40 % de estadounidenses creen que es malo para la sociedad que las mujeres trabajen. Efectivamente, la idea de la madre ama de casa resulta estrafalaria e inimaginable para las islandesas. Les pregunté a todas si habían conocido a alguna ama de casa cuando eran pequeñas o mientras criaban a sus hijos. La respuesta casi general fue que no. Algunas de las mujeres se lo pensaron durante diez minutos y se acordaron de alguna señora discapacitada que no podía trabajar.

Le pregunté a una mujer, Ragnhildur Arnljótsdóttir, cómo reaccionaría si su hija adolescente le dijera que no quería tener una carrera profesional. Era una posibilidad que no se le había ocurrido nunca. No hay guerras de madres en Islandia.

—Creo que no la creería —dijo al fin—. Creo que siempre me daría miedo que se estuviera perdiendo algo importante, y me daría mucha pena.

Cabe mencionar que Ragnhildur es la secretaria permanente de la oficina del primer ministro, una de las funcionarias de mayor rango de la nación. Incluso en Islandia, a veces se siente culpable por trabajar demasiado, por tener una carrera demasiado ambiciosa.

Todas las mujeres con las que hablé expresaron aún más sorpresa cuando les dije que no tuve baja por maternidad tras el nacimiento de Evie. Cuando las islandesas hablan de una baja «corta», se refieren a, al menos, tres meses.

El segundo punto principal es que todas las mujeres insistieron en que no había ningún estigma, ni moral ni religioso, contra ser madre sin estar casada. No son productos dañados. No son zorras. No son representantes de la decadencia moral de la sociedad. No son insensatas e irresponsables. No se las empuja a una boda a toda prisa. Simplemente son madres primerizas.

Ragnhildur no se casó hasta dos meses después del nacimiento de su primer hijo, y no es que su marido le pidiera la mano, sino que su madre se lo comentó en la mesa de la cocina:

—Quizá deberíais casaros, ¿no?

El sacerdote que llevó a cabo la ceremonia se había divorciado cuatro veces. La razón principal para casarse es que la situación legal del cónyuge es más fácil si uno de los dos muere. Pero no está relacionado con los hijos para nada.

En Estados Unidos, el estigma, el miedo y la vergüenza están tan enraizados en la sociedad, la política y la cultura popular que casi parecería algo propio de Kate Manne imaginar un mundo en el que no existiera el estigma de quedarse embarazada fuera del matrimonio. Fue muy extraño encontrármelo de cara.

Una de las historias más extremas que oí fue la de una mujer que tuvo un lío de una noche, se quedó embarazada y ni siquiera sopesó la posibilidad de abortar. Nadie de su círculo familiar o de amistades insistió para que abortara. Nunca llegó a salir con el padre de la criatura, pero hasta el día de hoy llevan un sistema de cocrianza 50/50, donde el niño pasa tiempo con cada una de las familias y mantiene relaciones cercanas con todos los primos, tíos y abuelos. Es algo que simplemente ocurre en una sociedad en la que... bueno... en la que la gente tiene relaciones sexuales.

Mientras que, en Estados Unidos, los conservadores quieren asegurarse de que las mujeres de clase media no puedan abortar, y las mujeres pobres solteras se avergüenzan de tener hijos, el gobierno de Islandia no parece compartir tal obsesión por los úteros de la nación. ¿No son suyos, señoras?

De manera similar, en Islandia hay muy pocos complejos con el asunto de la homosexualidad y las personas transexuales. Una activista LGBT, Kitty Von-Sometime, me dijo que su pareja, de hecho, no soporta vivir en Islandia porque no hay una «comunidad gay»; puesto que no se excluye a estas personas, no les hace falta hacer piña. Los bares gays son solo... bares.

El tercer punto (que es más sorprendente si consideramos los dos previos) es que las mujeres en Islandia, en general, están más cabreadas por la desigualdad que las mujeres estadounidenses. Una mujer tras otra me dijeron que no me creyera el bulo de que Islandia es una «nación feminista», aunque nadie presione a las madres para que dejen de trabajar, aunque no haya estigma contra las madres solteras, aunque el país tenga leyes más sociales que garantizan la baja por maternidad y paternidad, aunque haya cuotas para la representación de ambos géneros en las juntas directivas de empresas de cierto tamaño, aunque las diferencias salariales sean de las más bajas del mundo.

Las mujeres concedieron amablemente que todo esto es cierto. Concedieron amablemente que Islandia es mejor que muchos sitios. Pero estas mujeres insistían —de la primera a la última— en que el machismo sigue vivito y coleando en Islandia. Y estaban cabreadas.

Las islandesas describen el mismo tipo de machismo que vemos en Estados Unidos. «Hay tantísimos hombres que quieren ocupar mi puesto», dijo Ragnhildur tras un rato, exasperada. Convoca habitualmente reuniones con ocho secretarios permanentes y, por primera vez en la historia, cinco son mujeres. Los hombres restantes perdieron el eje hasta tal punto que Ragnhildur sustituyó la mesa de conferencias por una mesa redonda «para intentar que se sintieran mejor». La fragilidad del ego masculino es un idioma internacional.

Pero la diferencia es que, para estas mujeres, hablar del machismo no es una manera de ganar ventaja como mujeres. Es un hecho que la brecha salarial existe. Es un hecho que los hombres intentan socavarlas. Es un hecho que a demasiadas mujeres no se las contrata para los trabajos de mayor responsabilidad, y es un hecho que es inaceptable que sea así. Mujeres jóvenes o mayores. No importaba.

Esto no encajaba con las conversaciones que había mantenido en Estados Unidos con mujeres que vivían en circunstancias mucho peores. Mujeres que creían que no se merecían estas cosas. Mujeres que de verdad creían que tenían que negociar con sus maridos su derecho a tener una carrera profesional.

En mi opinión, esto es lo que convierte Islandia en un país tan feminista: la expectativa de que las cosas todavía deben mejorar mucho. Estas mujeres han interiorizado que se lo merecen, exista ya o no.

En la época en la que visité Islandia, las islandesas organizaron una huelga, marchándose de sus puestos de trabajo temprano en protesta contra la brecha salarial del 14 % que todavía existe en el país (comparada con un 18 % en Estados Unidos). Esa protesta llevó a acciones reales. A principios de 2017, Islandia se convirtió en el primer país del mundo que exige a las empresas que demuestren que pagan lo mismo a los hombres que a las mujeres.

—Puede que, de momento, ocupemos el primer lugar en las listas de igualdad del mundo, pero todavía queda mucho por hacer —dijo el primer ministro de Islandia, un hombre llamado Bjarni Benediktsson.

No hay estigma contra las madres trabajadoras, no hay estigma contra las madres solteras, hay una indignación universal contra la injusticia de que las cosas no sean lo bastante igualitarias y la convicción de que hay que hacer algo al respecto. Esta es una combinación poderosa y atractiva cuando una se ha pasado la vida aterrorizada por si convertirse en madre le destrozaría la carrera profesional, la autonomía y la posición social, o si el divorcio la marcaría para siempre como «fracasada».

***

Me ofrecieron muchas explicaciones sobre estas distinciones culturales en Islandia, que es una nación pequeña y poco diversa. Que, cuando hay que forzar cambios, una cantidad relativamente pequeña de personas puede hacer que cambie el resultado electoral. Que la gente no suele mudarse lejos de su hogar de la infancia, por lo que los abuelos pueden ayudar a las madres solteras, cosa que es casi imposible en los centros urbanos de Estados Unidos. Que es un lugar seguro, por lo que los niños pueden ser más independientes y cuidarse solos. Que es un país aislado que no tuvo demasiado contacto con el resto del mundo hasta la Segunda Guerra Mundial. Que hay que ser fuerte para sobrevivir en Islandia (tanto los hombres como las mujeres). Un invierno legendario acabó con un tercio de la población, y otro tercio se marchó. Islandia necesita a todos sus ciudadanos para funcionar.

Como casi todas las culturas, seguramente sea debido a una mezcla de todo esto y más. Pero una de mis explicaciones favoritas me la ofreció Halla Tómasdóttir, a quién conocí en mi primer día en Islandia.

Halla solo tiene siete años más que yo. Como yo, comenzó su carrera en el sur de los Estados Unidos. Como yo, a Halla le fue bien porque era capaz de beber como un hombre y decir palabrotas como un hombre, y la gente la aceptaba como a un amiguete más. Como yo, Halla no estaba particularmente concienciada sobre el machismo por aquella época.

—Al principio, pensaba que no hacía falta hacer nada en particular. Pensaba que se solucionaría y ya está —dice, mientras tomamos vino en el vestíbulo de un hotel de Reikiavik.

Sí, me suena. Asiento.

—Pensaba que era cuestión de tiempo porque, cuando tenía siete años, las mujeres hicieron una huelga general y detuvieron el país entero, así que desde 1975 la gente ya decía: «De acuerdo, la vida en Islandia no funciona si las mujeres no aparecen por el trabajo».

Espera, ¿perdona?

Efectivamente: el año en el que nací, el 90 % de mujeres abandonaron sus puestos de trabajo y tomaron las calles. Compárenlo con el Estados Unidos actual. Incluso en la era de las redes sociales, incluso tras la demoledora Marcha de las Mujeres, el intento que tuvimos de hacer «Un día sin mujeres» no alcanzó tal éxito ni de lejos. Hubo muy pocos sitios en Estados Unidos donde la vida de verdad se viera interrumpida; el mensaje de por qué importaba la huelga se embarulló y muchas personas pensaron que era demasiado divisiva. Muchos señalaron que solo una pequeña facción de mujeres privilegiadas podría hacer huelga sin temer represalias. En la progresista San Francisco, me uní a la huelga, pero muy pocas de las mujeres que conozco lo hicieron conmigo. Las profesoras en los colegios de mis hijos o no se habían enterado o pensaban que era peor para las madres hacer huelga y cerrar el colegio todo el día.

Pero en 1975, las mujeres de Islandia no dejaron que nada de eso las detuviera. Estaban enfadadas con las desigualdades del país y querían mandar un mensaje inequívoco: que el país no funcionaría si las mujeres no trabajaban. Abandonaron sus puestos, sin que importara si su trabajo era de conductores de autobús, de oficinistas en el banco o aunque estuvieran cuidando de un recién nacido en casa. Ese día, dice Halla, no dieron de comer a los niños, no hubo autobuses en marcha, los bancos y los colegios no abrieron.

—No funcionaba nada en el país, porque el 90 % de las islandesas fue a la huelga —dice. Tardaron un año en organizar la protesta. Algunos maridos dejaron a sus esposas porque estas habían ayudado con la organización.

Pero ¿saben qué ocurrió cinco años más tarde? Islandia eligió a la primera presidenta del mundo, una madre soltera. Halla lo atribuye a la huelga de las mujeres.

—Me crie con mujeres que tuvieron la valentía de hacer huelga, y logramos cambiar el mundo, porque cinco años más tarde tuvimos a nuestra primera mujer presidenta —dice—. No solo era una madre soltera, también había sobrevivido a un cáncer de mama. Durante la campaña presidencial, le preguntaron: «¿Qué piensa hacer como presidenta? Es una mujer». Alguien añadió «como mucho, media mujer», porque le habían hecho una mastectomía. Ella respondió: «Pues planeaba liderar la nación, no darle de mamar». No se rebajó a su nivel y ganó las elecciones. Esto me impactó profundamente, y no solo a mí, sino a los hombres de mi generación. Pensaron que era normal que una mujer fuera presidenta del país.

Vaya.

Esto ocurrió en Islandia antes de 1980, y yo estaba ahí sentada hablando de ello un mes antes de que Estados Unidos votara mayoritariamente a su primera candidata presidencial, aunque perdiera las elecciones.

Halla asistió a la universidad en Estados Unidos y pasó sus primeros años como ejecutiva prometedora en empresas como Mars y PepsiCo. Cayó en las mismas trampas que muchas de las mujeres estadounidenses con las que he hablado. No acababa de entender lo del machismo. Destacaba porque podía portarse como una «tipa legal».

Dirigía el equipo de fútbol de Auburn University, así que se sentía en su salsa siendo la única mujer en la sala.

—Se me daba muy bien beber —dice—. Era capaz de beber más que cualquier hombre y podía hablar de fútbol, y esas dos cualidades fueron más importantes que mi educación en los primeros años de mi carrera.

Estuvo diez años trabajando en Estados Unidos. No tenía ni marido ni hijos. Su avance profesional era imparable, pero sentía que le faltaba algo. Lo comprendió en un acto corporativo de PepsiCo. Estaba acostumbrada a ser la única mujer, pero se encontraba una y otra vez en medio de un grupo de tipos que querían ir a locales de *striptease*.

—Cuando eres una mujer soltera, y todo el mundo está emborrachándose y de fiesta, te encuentras en situaciones en las que no estás cómoda —dijo—. Se me daba muy bien actuar como un hombre, pero no era feliz haciéndolo. No me sentaba bien. Me parecía una falta de respeto. Pensaba que era algo relacionado con la cultura, pero en algún punto del camino empecé a comprender que tenía más que ver con la dificultad de ser diferente como mujer.

Volvió a su casa, a Islandia. A los tres años, tenía dos hijos y vivía con el padre de las criaturas.

—Mi hijo me cambió, pero fue mi hija la que de verdad ejerció influencia sobre mi —dice—. Tuve un parto difícil. Llegó morada y sin respirar, y se la llevaron a la unidad de cuidados intensivos. No pude sostenerla en brazos hasta que pasaron unos días; y durante esos días había un bebé a nuestro lado en cuidados intensivos que murió. Fue uno de esos momentos que te cambian la vida. Pensé: «Cuando ella tenga veinte años, no tendrá que enfrentarse a todo esto». Tomé una decisión muy firme de adoptar como causa y objetivo en mi vida el cambiar las cosas.

Ese fue su despertar como feminista o, como ella lo dice, cuando «salió del armario» y admitió que era una mujer.

—Desde ese momento, me negué a reprimir mi lado femenino —dice.

Ha hecho mucho desde entonces. Ayudó a fundar la Universidad de Reikiavik, cofundó una empresa de inversión llamada Audur Capital que se dedicó a dirigir según principios «femeninos», como invertir solo en productos que entiendan. Dice que esta actitud fue lo que les permitió convertirse en una de las poquísimas empresas que sobrevivieron al colapso económico brutal de 2008, del que Islandia todavía se resiente. Ayudó a cambiar la ley del país que obliga a respetar cuotas sobre cuántas mujeres deben tener las empresas de cierto tamaño en las juntas directivas.

He aquí la receta para el cambio real. No es el 50/50, ni nada que dependa de los hombres. Las mujeres tienen que estar dispuestas a ser las jefas y tienen que hacerlo como mujeres, no actuando como hombres.

—Esto no lo van a cambiar los hombres —dice—. No fueron los hombres los que se marcharon del trabajo y fueron a la huelga. Fueron las mujeres. Hubo grandes hombres que las apoyaron. Y grandes hombres que aprendieron. Pero tenemos que ponernos al mando de este trayecto. Y necesitamos ofrecer las mejores versiones de nuestra identidad auténtica. No podemos seguir copiando a los hombres. Tenemos que ser líderes femeninas. Los valores del pasado fueron los que destruyeron la economía global por completo, los que abatieron este país —dice—. En Islandia, a las mujeres nos ha tocado arreglar el desbarajuste.

Aunque ha criado a un hijo que es consciente de sus emociones y a una hija a la que se le permite ser fuerte, a Halla le chocan las diferencias en la confianza que tiene cada uno en sí mismo, incluso en la Islandia feminista, incluso con una madre feminista.

—Mi hijo se considera un regalo de Dios para la humanidad —dice—. Me sorprende que incluso en mi hija sea evidente la brecha que existe entre el amor propio de hombres y mujeres. Todavía no entiendo por qué las vocecillas interiores de las chicas parecen gritar más alto y desmoralizarlas tanto. Con esto dicho, la verdad es que cuando me presenté a la presidencia y quedé segunda, mi hija ganó seguridad en sí misma al verme aceptar el desafío. Hizo cuatro entrevistas para la televisión el día de las elecciones, ¡toda una estrella! ¡Twitter no hablaba de otra cosa!

Espera, ¿qué?

—Ese fue el mayor desafío al que me he enfrentado —dice.

Halla no era una opción obvia para la presidencia. Nunca se había metido en política. Su campaña empezó cuando miles de personas la animaron a presentarse en su página de Facebook.

—Pensé: «Madre mía, ¿quién soy yo para presentarme a las elecciones?». Tuve que pelearme con mis dudas internas, pero cuando se lo sugerí a todas las mujeres que pensé que serían mejores candidatas, ninguna tuvo el valor o la voluntad de aceptar las partes malas —dice—. Pensé: «¿Seré capaz de dar otra charla en la que digo "¡Mujeres, a por todas!", después de que tres mil personas me hayan animado y yo haya contestado "no, yo no, ya tengo una buena vida"?».

Al principio, se predecía que obtuviera solamente el 1 % de los votos. Obtuvo el 28 % y quedó segunda, tras Gudni Jóhannesson, que recibió el 39 %. La noche de las elecciones, durante un buen rato, estuvieron igualados. Terminó con diez puntos más de lo que habían sugerido las encuestas.

¿Qué causo este aumento? Empezó a hablar abiertamente acerca de estos valores femeninos que la habían salvado de la crisis económica. Se concentró en los puntos fuertes de las mujeres, no en que las mujeres sean «mejores», sino en que aportan un punto de vista diferente, por lo que hacerles sitio en la mesa elimina el comportamiento gregario.

—Estaba rodeada de personas con experiencia diciéndome lo que tenía que hacer, y al final dije: «¿Sabéis qué? Voy a hacer lo que me salga de las narices. Voy a ser yo. Voy a dirigir la campaña a mi manera, y eso significa que nada de tácticas negativas, nada de atacar a los oponentes... Nada de eso. Voy a creer en el futuro, y a ser positiva y a rodearme de mujeres. Voy a hablar de la fuerza femenina. No voy a disculparme por ser mujer, como hizo Hillary Clinton al principio de su campaña; voy a presentarme como mujer. Creo que el hecho de que soy una mujer es importante». Así lo hice y, al cabo de cuarenta y cinco días, había subido del 1 % al 28 %.

Sentada con ella en el vestíbulo del hotel durante varias horas, vi que muchos islandeses opinaban como ella. Se acercaban, le daban abrazos, le estrechaban la mano y le decían que habían votado por ella. Un tipo de la BBC, que estaba en la ciudad por otro acontecimiento y había estado presente la noche de las elecciones, se acercó para hablar con entusiasmo acerca de lo maravillosa que era y decirle que todos habían estado de su lado.

A mí me pareció increíble, viendo lo feas que se pusieron las elecciones en Estados Unidos. De algún modo, ofreció una imagen que Clinton no podía dar. Una parte era debida a las diferencias entre las dos mujeres, sin duda, pero seguramente también tuviera que ver con el hecho de que Islandia es, simplemente, un país más femenino, que ya tuvo a su primera mujer líder décadas atrás. Podía permitirse fundamentar su campaña en el poder de las mujeres, la esperanza y el optimismo.

Le pregunté si el aspecto negativo de presentarse a las elecciones, el motivo por el que otras mujeres se habían echado atrás, había resultado ser peor de lo que ella esperaba.

—La verdad es que fue mucho mejor de lo que pensaba —dice—. En mi opinión, todo el mundo debería presentarse a las elecciones. Yo crecí como persona, igual que los miembros de mi familia, pero solo porque decidí presentarme como yo misma.

Me imagino que Hillary Clinton tiene una opinión distinta, ahora mismo.

***

Me inspiró profundamente ver la fuerza de las mujeres que conocí en Islandia, la cómoda autonomía que dan a sus hijos y la increíble falta de críticas dirigidas a su vida privada. Las familias son considerablemente matriarcales, dice Von-Sometime:

—Aquí nadie dice «ya verás cuando se entere tu padre». Dicen «ya verás cuando se entere tu madre» —explica.

Y pese a todo, todavía hay brechas en los salarios y en el amor propio y, aunque las madres no se quedan en casa con sus hijos, todavía existe la sospecha de que serán ellas las que se ocupen de la mayor parte de las tareas domésticas.

Pensé en Manne y en su idea de un «grupo ejemplar». Obviamente, Islandia no era lo que buscábamos. Pero esa huelga... Mostrar a las niñas de mi generación que la nación, simplemente, no funcionaría sin ellas y que tenían el poder de doblegar el mundo entero... Eso tuvo que ser parte del motivo por el que Islandia ha seguido una trayectoria tan diferente desde entonces en lo que respecta a los derechos de las mujeres. El machismo benevolente no pareció funcionar. Las mujeres, en general, no se dejaron dividir.

Y, por supuesto, tener a más mujeres en posiciones de responsabilidad significa que las políticas adoptadas serán, por necesidad, empáticas con las mujeres. Me sorprendió ver hasta qué punto las leyes en Islandia sobre las bajas por maternidad habían dado forma a los salarios y las oportunidades de las mujeres en el mundo laboral.

Como muchos ciudadanos nórdicos, los islandeses suponen que el gobierno solucionará los problemas de desigualdad, algo que los estadounidenses no comparten. En parte se debe a la evidencia de que ha funcionado en el pasado. Una mujer tras otra me confirmaron que la legislación más importante para promocionar la igualdad había sido la relacionada con la baja por maternidad.

A las familias se les conceden nueve meses: tres de ellos solo los puede usar la madre, tres solo los puede usar el padre y los otros tres pueden repartírselos como quieran. A las familias se les paga un porcentaje de su sueldo durante este periodo. Si un padre no usa sus tres meses, la familia los pierde.

Esta política tuvo tanto éxito que inicialmente un 90 % de los hombres la aprovechó. Pero entonces llegó el 2008. La caída económica fue tan devastadora que forma parte de todas las historias que he oído en Islandia, las personales, las culturales y las empresariales. Tras el 2008, el porcentaje de salario pagado disminuyó un 30 %. Y eso sucedía mientras el coste de la vida en Islandia aumentaba sustancialmente. Y, puesto que de promedio los hombres eran los que ganaban más en el hogar, dejaron de aceptar la baja por paternidad. Las familias no podían permitirse el golpe a los ingresos. La participación disminuyó hasta un 40 %, lo que trajo consigo que la tasa de natalidad bajara a niveles de 1953.

Eva Dögg Gudmundsdóttir tiene hijos que se llevan más de diez años, y dice que la diferencia entre su baja por maternidad antes y después de 2008 fue apabullante. La primera vez, el padre y ella se dividieron la baja y recibieron un porcentaje alto de su salario habitual. Pero la segunda vez, la paga era tan baja que al final se tomó un año sabático, mientras que su pareja no aceptó la baja.

En consecuencia, la mayor parte de las tareas domésticas pasaron a ser responsabilidad suya. Sus jefes también empezaron a darle menos proyectos, asumiendo que sus responsabilidades en el hogar aumentarían con la nueva relación, los tres hijos de su pareja y un bebé en camino. Eva lo describió como un círculo vicioso en el que sus jefes le daban menos proyectos por miedo a que se dedicara más a las tareas del hogar, y entonces se sentía presionada para dedicarse más a las tareas del hogar porque, al fin y al cabo, no le estaban dando más proyectos en el trabajo y tenía tiempo. No hace mucho, rompió el círculo: dejó el trabajo y abrió su propia asesoría.

Hay mucha presión para restaurar la situación anterior. No es solo que la antigua ley (y su adopción prácticamente universal) estableciera un precedente de 50/50 para las familias desde el primer momento. Es que también afectó a la contratación y a los salarios de las mujeres. En todo el mundo, cuando los empleadores ven a una mujer joven, lo que ven es un útero haciendo tic tac. En un país como Islandia, también ven entre seis meses y un año de baja por maternidad. Las mujeres con las que hablé estaban de acuerdo en que tres meses es el mínimo absoluto, y eso ya es una baja de lujo para Estados Unidos.

Pero cuando el 90 % de hombres se aprovechan de la misma ley de baja por paternidad, la probabilidad de que un hombre joven se tome una baja de entre tres y seis meses es igual de alta.

Pese a esto, a las mujeres todavía se las penaliza por aceptar bajas largas. Una mujer joven y ambiciosa con la que hablé, que todavía no tenía hijos, me dijo que sabía que tendría una baja larga y bien pagada, al contrario que muchas mujeres de otros países. Pero daba por sentado que tendría que cambiar de trabajo cuando terminara. Aunque las empresas no pueden despedir a nadie durante la baja, al volver después de seis meses los empleados todavía tienen que luchar por mantener su puesto y volver a demostrar sus habilidades, dijo.

Incluso la «feminista» Islandia, al parecer, necesita leyes que la mantengan encauzada. En muchos aspectos, soy liberal a mi pesar; una vez, Gawker me llamó «monstruo del libre mercado». Pero regresé de este viaje más convencida que nunca de que (como mínimo) una baja por maternidad o paternidad mandada por el gobierno federal es esencial para la igualdad de género en Estados Unidos.

Por desgracia, esto destroza mis esperanzas de que Islandia pueda ofrecer un modelo a seguir para Estados Unidos en este aspecto. Demasiadas de nuestras instituciones políticas están enganchadas en la lucha para arrebatar a las mujeres derechos que ya se nos habían reconocido. Tristemente, no somos la envidia del mundo en lo que a feminismo se refiere. La situación está empeorando, no mejorando. Y a la mayoría de la población ya le parece bien. La estadística hacia la que siempre gravito es la de Pew: el 40 % de estadounidenses creen que es malo para la sociedad que las mujeres trabajen. Presumiblemente, eso significa que nunca apoyarían una moción que destinara dinero de los contribuyentes a facilitárselo, aunque en casi la mitad de los hogares estadounidenses las mujeres son las proveedoras primarias o únicas.

Y eso significa que el abismo entre lo que representa ser madre soltera para Jennifer Justice y lo que representa para las madres viviendo bajo el umbral de la pobreza seguirá ensanchándose, igual que la brecha salarial en Estados Unidos.

Economistas de todo tipo han explicado los motivos por los que esto es malo para la economía. Como escribí en un capítulo previo, la economía estadounidense es dos billones de dólares más rica de lo que sería si las mujeres no hubieran avanzado tanto en el mundo laboral en los últimos cuarenta años. Los negocios pertenecientes a mujeres generan unos 1,6 billones en ingresos. Una igualdad de género creciente podría añadir otros 12 billones de dólares a la economía global.

Estas ganancias también han beneficiado a los hombres, y continuarían haciéndolo. Pero la conclusión es que a los votantes y a los políticos no parece importarles demasiado.

Los derechos de las mujeres estadounidenses cada vez quedan más en las manos de gobiernos estatales o empresas privadas. Hay empresas que ofrecen algunos de los beneficios por maternidad más generosos del mundo y, en algunos casos, incluso cubren la criogenización de óvulos.

San Francisco, sin ir más lejos, acaba de promulgar la ley más inclusiva del país, dando seis semanas de baja pagada a los padres y madres.

Pero si no son empleados de Facebook o no trabajan en San Francisco, esta es una tendencia que no les hace grandes favores. Mientras el recién instaurado gobierno jura desmantelar la asistencia sanitaria universal y organizaciones como Planned Parenthood, las esperanzas de que los derechos de los padres y las madres queden separados de sus empleos son escasas.

Estados Unidos ya ha sido desgarrado por la desigualdad de ingresos (la manera que ha tenido el siglo XXI de beneficiar a unos mientras deja a tantos otros atrás). Parece que esto mismo continuará ocurriendo con los derechos básicos de las madres. Aquellos que siguen votando a favor de estos derechos en estados demócratas son los que lo conseguirán para sus propios estados, mientras que las opciones para las madres en estados republicanos continuarán erosionándose.

Capítulo 15

EL ÚLTIMO LUGAR DONDE ESPERARÍA ENCONTRAR EMPODERAMIENTO FEMENINO

Pese a los esfuerzos realizados por la empresa para intimidarme, pasé gran parte del verano de 2015 cubriendo el absoluto desmoronamiento de Uber en China, un esfuerzo multimillonario que fracasó de forma espectacular. Cuando Uber por fin admitió la derrota en 2016, la historia parecía sacada de una telenovela.

Uber, aparentemente, disponía de un sinfín de dinero, conexiones con el gobierno, tácticas y grupos de presión para devastar a su competencia en cada mercado, y el competidor chino Didi Chuxing les devolvió la jugada. Didi resultó tener la única empresa del mundo con los bolsillos más llenos que Uber, puesto que venía respaldada por dos de las mayores empresas chinas de Internet y varios de los fondos de cobertura más grandes del mundo. Y, aunque nunca salieron a la luz pruebas de que el gobierno chino le complicara la vida a la empresa estadounidense en su mercado, era obvio que Didi tendría la ventaja de jugar en casa, si llegaba el momento de trastear en el mundo de la política de China.

Y China ya era el mayor mercado de vehículos compartidos del mundo, si teníamos en cuenta la cantidad de carreras. En enero de 2016, Didi anunció que su empresa había hecho 1.400 millones de carreras en 2015, un 40 % por encima de los 1.000 millones de carreras que a Uber le había costado ocho años acumular. Por un margen enorme y que cada vez se ensanchaba más, Uber no era la mayor empresa de vehículos compartidos del mundo, pese a su bravuconería, sus tácticas avasalladoras, su avaricia y su valoración.

¿Y lo mejor de todo? El rostro de Didi en esta pelea era el de su presidenta y COO Jean Liu. Una mujer. Una madre. Una mujer china pegó la paliza más grande de su vida al CEO de Silicon Valley más machito.

Según desenterraba a más y más de mis contactos en China para informar sobre la historia, me sorprendió ver la cantidad de ejecutivas de alto nivel dirigiendo compañías chinas que hay. Y cuántas de ellas eran CEO, COO, CFO e incluso CTO. No eran solo un símbolo a la cabeza de recursos humanos o de *marketing*. Eran algo mucho más profundo que la moda de «¡necesitamos una Sheryl!» de Silicon Valley, que se limitaba a una docena de empresas.

Quedé particularmente deslumbrada por Yilu Zhao. Zhao era la CFO de Qunar, una empresa china parecida a KAYAK que recientemente se había fusionado con Ctrip para crear un leviatán de empresa de viajes en línea china, valorada en unos 20.000 millones de dólares. A menudo viajaba a Estados Unidos para reunirse con inversores y analistas de Wall Street, y me senté con ella en varias ocasiones para entender por qué las mujeres en la industria tecnológica china, mucho más joven en comparación que la de nuestro país, estaban consiguiendo mejores resultados que las mujeres de Silicon Valley. Además, muchas de ellas eran madres. ¿Acaso no tenían que enfrentarse al mismo muro maternal que nosotras?

La historia de Zhao era notable. Creció en China, pero fue a Estados Unidos para estudiar en Yale. Su objetivo era convertirse en periodista, pero le parecía inalcanzable. Por un lado, su inglés estaba cargado de expresiones de libro de texto poco naturales. Por otro, era la hija única de unos padres que lo habían sacrificado todo para brindarle todas las oportunidades que ellos no habían tenido. El trabajo que habían soñado para su hija era el de abogada. Aun así, se convirtió en reportera para *The New York Times* y ganó varios premios. Cubría asuntos de educación y escribió mucho acerca de la cultura de los inmigrantes en Estados Unidos.

En 2002 escribió sobre su propio viaje hasta Estados Unidos,[64] una historia que no solo está bellísimamente escrita, sino que también habla

64 «Su propio viaje hasta Estados Unidos»: ZHAO, Y.: «Destination: College, USA; Coming to America», *The New York Times*, 13 de enero de 2002.

de una ambición firme y sin dudas, una joven alejadísima de la reticencia a hablar en clase que describe Sandberg en *Vayamos adelante* sobre las chicas de Estados Unidos.

Cuando Zhao llegó a Yale, era una forastera. No entendía por qué sus compañeros no respetaban las normas de la gramática. Le costaba tomar apuntes porque no escribía lo suficientemente rápido en inglés. Vomitaba después de cenar porque no estaba acostumbrada a la comida occidental. Pese a todo, Zhao exigió sin vergüenza que el personal de Yale la ayudara, preparara y guiara, hasta que empezó a sacar las notas más altas. «Mis trabajos siempre estaban terminados días antes de la fecha de entrega —escribió en la revista *Times*—. Me quedaba después de clase para acribillar a mis profesores a preguntas. Mis compañeros de clase me prestaban sus apuntes para que pudiera aprender a tomar los míos en inglés».

Según mejoraba su inglés, la ambición por convertirse en periodista volvió. Pero el examen de acceso a la Columbia Journalism School ponía a prueba el conocimiento de cultura popular de sus aspirantes. Cuando Zhao hizo el examen, la primera pregunta era explicar quién era Alice Walker. «Puesto que mis estudios de historia se habían centrado en obras de hombres blancos muertos, nunca había oído hablar de Alice Walker. Tampoco había conocido a ninguna Alice en Estados Unidos. Concluyendo que el nombre debía de estar pasado de moda, deduje que la señora Walker debía de ser inglesa. Y ¿qué mujeres famosas eran inglesas? Las Spice Girls. Así que en el espacio en blanco escribí: «Alice Walker es una de las Spice Girls».

No la aceptaron. Aun así, se esforzó y consiguió aterrizar en *The New York Times* de todas maneras (y por el camino se sacó una carrera de derecho en Harvard).

Cuando volvió a mudarse a China, por motivos familiares, sentía que no podría ser periodista de la misma manera. Así que tuvo que cambiar de carrera. Se adentró en el mundo de la banca de inversión en Goldman Sachs, ayudando a grandes compañías de Internet chinas a salir a bolsa; hasta que se marchó para convertirse en CFO de una de estas empresas. Cuando Qunar se fusionó con Ctrip en 2016, ella y el CEO de la compañía se marcharon y recaudaron mil millones de dólares para invertir en empresas chinas.

Un momento, ¿ese era el plan b por si no funcionaba lo del periodismo?

Déjenme que se lo resuma: llega a Estados Unidos y habla un inglés tan forzado que cuando se le rompe la lavadora exclama que está «encolerizada» con la máquina. Aun así, estudia en Yale. Pese a haber recibido una educación en China fundamentada en la memorización, logra obtener las mejores notas en trabajos sobre asuntos complejos en una de las mejores universidades del país. A los pocos años de graduarse, está escribiendo una prosa preciosa y natural para *The New York Times*. Y entonces vuelve a China y se labra una segunda carrera exitosa, convirtiéndose en una combinación de Mary Meeker y Safra Catz. Ah, y tiene dos hijos.

No conozco a ninguna mujer que haya logrado algo así en Silicon Valley. Y, en China, Zhao no tiene la brillante pátina de Sheryl Sandberg o Marissa Mayer. Es impresionante, pero también es una de tantas. La primera vez que oí su historia, no pude evitar pensar en Mike Moritz, de Sequoia Capital, el influyente inversor que había sido periodista antes de convertirse en inversor de capital de riesgo, y el que había dicho que el motivo por el que Sequoia no contrataba a más mujeres era porque no había bastantes que fundaran sus propias empresas y Sequoia, claramente, no podía rebajar sus expectativas. Las expectativas «se rebajaron» para contratarlo a él, pero no podían hacer lo mismo por una mujer. Pero en China, Zhao (una mujer experiodista) recibió la misma oportunidad que se le brindó a Moritz en Estados Unidos. Y resulta que su historia no es única en el panorama tecnológico chino.

Silicon Valley Bank tiene una oficina enorme en China, y se sentían intrigados por este tipo de ejemplos anecdóticos de la desconexión de género entre los dos centros tecnológicos. Llevaron a cabo un estudio de unos novecientos clientes alrededor de Estados Unidos, Reino Unido y China, examinando cómo se trataba a las mujeres en los altos cargos. Los resultados fueron difíciles de creer para los estadounidenses que no habían hecho negocios en el mundo tecnológico chino, y obvios para los que sí.

Al preguntar cuántas mujeres ocupaban puestos ejecutivos de alto nivel en sus empresas, el 54 % de empresas estadounidenses contestó «una o más». De manera similar, el 53 % de empresas en Reino Unido contestó «una o más». En China, casi el 80 % respondió «una o más». Y creo que esto tampoco es demasiado revelador, porque muchas de las empresas chinas con las que he hablado tenían más de una ejecutiva de alto cargo, y estas mujeres ocupaban una mayor variedad de puestos.

Con respecto a los directivos, solo el 34 % de empresas estadounidenses dijeron tener una o más mujeres en la junta. El 39 % de las empresas de Reino Unido dijeron tener una o más directivas. El 61 % de empresas chinas dijeron tener una o más directivas en la junta. Y, lo que es más, cuando se preguntó a estas empresas si tenían algún tipo de programa para aumentar el número de mujeres en posiciones de liderazgo, el 67 % de las estadounidenses dijeron que no, y el 80 % de las de Reino Unido dijeron que no. Mientras, en China, el 63 % de las empresas dijeron que sí.

Es parecido al fenómeno de las islandesas, más cabreadas por el machismo que las estadounidenses, que lo sufren más. Las mujeres en China se encuentran más representadas en los altos niveles de las empresas, y muchas de estas empresas tienen programas orientados a crear mayor igualdad de género. Estas tres estadísticas en conjunto representan la refutación del mito de la «abeja reina»: cuando hay suficientes mujeres empoderadas desempeñando altos cargos en una empresa, estas apoyan a otras mujeres de manera abrumadora.

Es un ejemplo positivo de sentirse con derecho a más. Eso mismo que sienten los hombres blancos en Estados Unidos.

Cuando Zhao formaba parte de Qunar, había más mujeres al cargo de unidades del negocio que hombres, y el equipo de dirección financiera entero lo conformaban madres trabajadoras. Cuando me lo relató, las palabras de Manne resonaron por mi cabeza... ¿Podría ser este el grupo ejemplar? ¿Un lugar en el que las madres tienen la expectativa, no solo de labrarse carreras profesionales, sino de competir por los trabajos más prestigiosos en masa? Me entusiasmé.

En el panorama de la inversión de capital de riesgo chino, el ejemplo es aún más extremo, según informó Bloomberg en el otoño de 2016. Según sus cálculos, en Estados Unidos las mujeres forman un 10 % de los socios inversores, y solo la mitad de las empresas tienen socias inversoras. En China, el 17 % de los socios son mujeres, y un espectacular 80 % de las empresas tienen a mujeres invirtiendo.

Las empresas con una inversora tienen el doble de posibilidades de apoyar a mujeres emprendedoras, y esto tuvo un efecto dominó tremendo en el rol de las mujeres dentro de este ecosistema. El gobierno chino dice que las mujeres han fundado el 55 % de las nuevas empresas de Internet, y que más del 25 % de los emprendedores son mujeres.

Sí, son estadísticas proporcionadas por el gobierno chino. Pero está claro que el hecho de que las mujeres que ocupen puestos en juntas directivas y sean ejecutivas en empresas tecnológicas ha tenido que salir de algún sitio. Aunque los porcentajes no sean astronómicos, las mujeres tienen más oportunidades en lo que parecen ser todos los niveles del ecosistema tecnológico chino.

Esto tiene el mismo impacto en la definición de modelos a seguir y en el reconocimiento de patrones que hemos visto con mujeres como Sheryl Sandberg en Silicon Valley.

Bloomberg escribe un artículo acerca de Chen Xiaohong, poco aficionada a aparecer en los medios de comunicación, que acaba de recaudar un nuevo fondo de 500 millones de dólares, el mayor en el mundo gestionado por una mujer. El mayor fondo estadounidense gestionado por una mujer es la mitad de eso. En total, Xiaohong controla más de 1.000 millones en activos bajo su dirección. Como Zhao, estudió en una universidad estadounidense. Pero ella no se formó para convertirse en periodista. Se formó para convertirse en algo aún menos relacionado con el preciadísimo suministro de talento de Mike Moritz. Se formó para convertirse en bibliotecaria.

¿Te estás quedando conmigo, China?

Mi parte favorita del artículo de Bloomberg son sus comentarios acerca de la maternidad: «Mientras sucedía todo esto, crio a tres hijos. Sus costumbres habrían parecido estrafalarias, si no inaceptables, en occidente. Llevó a su primogénito con ella a la oficina cada día durante tres años. Dijo que llevar a sus hijos al trabajo la ayudó a establecer vínculos con muchos de los emprendedores a los que respaldó. Su hijo en ocasiones lloraba e interrumpía las reuniones, pero eso no la frenaba. Le brindó la oportunidad de desarrollar relaciones mucho más personales con los fundadores».

Sentirse orgullosa de ser madre es mucho más ventajoso para una profesional joven que fingir ser un hombre, mentir acerca de tener hijos o no mencionar el asunto. En el mismo artículo de Bloomberg, otra inversora de capital de riesgo, Anna Fang de ZhenFund, dice: «En mi caso, tuve muchos modelos a los que seguir, lo cual me ayudó mucho cuando empecé a tener hijos y me preocupaba cómo lograría ser madre y dirigir un fondo de inversión».

Estas mujeres se dedican activamente a apoyar a otras mujeres: «El equipo de nueve personas de Fang cuenta con cuatro mujeres, y han invertido en más de 30 *startups* fundadas o cofundadas por mujeres. Forma parte de un grupo de más de 150 jóvenes inversoras de capital de riesgo en un grupo de mensajería electrónica de WeChat. También es la única mujer en el panel de cinco personas que juzgan *startups* en *Soy un unicornio*, la versión china del programa de televisión *Shark Tank*».[65]

Veamos, primero Islandia me deslumbra con su falta de estigma contra las madres solteras y su profunda incapacidad para comprender el concepto de amas de casa. Y ahora, ¿el joven ecosistema tecnológico chino sencillamente se ha saltado los cincuenta años de discriminación de género y de discriminaciones inconscientes que todavía plagan Silicon Valley hoy en día?

Según me adentraba en la investigación, encontré varias opiniones habituales acerca de por qué las cosas son tan distintas para las madres solteras en China. Una es que la industria tecnológica china es un campo nuevo a la vez que una enorme oportunidad. Todo tipo de personas, con todo tipo de experiencias, reciben oportunidades que no habrían obtenido en un ecosistema más maduro. Pero eso no lo explica todo ni mucho menos. Una gran parte de la causa es cultural, sin duda. Parte de ello viene del comunismo, cuando Mao Tse-tung dijo aquello de que las mujeres «sostienen la mitad del cielo» y que se esperaba que se esforzaran tanto como los hombres para mantener la nación. Labraban los campos e, históricamente, incluso lucharon junto a los hombres en las guerras. «Necesitaban que la población entera trabajara», dice Zhao acerca de la década de los cincuenta. La generación precapitalista de mujeres mayores, simplemente, nunca tuvo la opción de no trabajar o no servir al Estado de alguna manera. Y, además, si hay algo más extraño que «agradecer» al comunismo el éxito actual de las mujeres

---

65 «La versión china del programa de televisión *Shark Tank*»: OSTER, S.; WANG, S.: «How Women Won a Leading Role in China's Venture Capital Industry», *Bloomberg*, 20 de septiembre 2016, https://www.bloomberg.com/news/features/2016-09-19/how-women-won-a-leading-role-in-china-s-venture-capital-industry (consultada el 27 de septiembre de 2018).

en la industria tecnológica, es el hecho de que la política del hijo único aparezca en todas las conversaciones que he tenido sobre este asunto. No es una sorpresa, puesto que durante treinta y cinco años ha afectado a cómo uno de cada seis habitantes del planeta «nacía, vivía y moría», según el excelente libro *One Child: The Story of China's Most Radical Experiment*, de Mei Fong. Dejen que lo declare de la forma más enfática posible: no importa cuántas mujeres chinas hayan alcanzado puestos de dirección, la política del hijo único no fue algo que el feminismo celebrara.

Hay historias de terror sobre abortos forzados a los nueve meses, veinte millones de esterilizaciones forzosas y unos sesenta millones de niñas chinas desaparecidas (asesinadas, abortadas o requisadas y puestas en adopción; nada de lo cual era ilegal si la niña no tenía estatus legal). Embarazadas perseguidas; padres ancianos encarcelados para forzar a sus hijos a obedecer. Ninguna política que mate a tantas niñas es buena para las mujeres. Y el rigor y el cruel cumplimiento con el que la política del hijo único se inmiscuía en los úteros ajenos, hasta el punto de perseguir a muchas mujeres concretas, hacen que los estadounidenses más rígidos y conservadores parezcan tolerantes y no intervencionistas.[66]

Los úteros de las mujeres se consideraban propiedad del Estado hasta tal punto que, básicamente, quedaban reducidos a variables en ecuaciones matemáticas. Fong detalla que fueron ingenieros aeroespaciales (no demógrafos) los que esbozaron la ley, suponiendo que siempre podrían «aumentar la natalidad» más adelante, si sus cálculos habían sido demasiado conservadores. La falta de consideración por la autonomía básica y la humanidad de las mujeres es apabullante. Los niños se racionaban eficientemente, «igual que se racionaba el carbón o el grano», dice Fong. Y lo que es peor: puede que todo ese sufrimiento fuera innecesario. Fong argumenta convincentemente que, igual que ha ocurrido en otros países asiáticos, la urbanización habría disminuido de manera natural la cantidad de hijos por familia. El crecimiento de China no ha ocurrido por tener menos bocas que alimentar, sino más bien por la sobreabundancia de mano de obra barata.

---

66 «Parezcan tolerantes y no intervencionistas»: FONG, M.: *One Child: The Story of China's Most Radical Experiment*. Houghton Mifflin Harcourt, Nueva York, 2016.

La población activa ya había empezado a disminuir en 2012, lo que causó que el gobierno creara una política de dos hijos por familia en 2015. Pero solo una décima parte de las parejas de Pekín que podían tener un segundo hijo decidieron tenerlo, según Fong. La vida en las ciudades es cara y los apartamentos son pequeños. La política del hijo único ha funcionado muy bien. Muchos urbanitas chinos opinan que tener un solo hijo es lo óptimo.

Hoy en día, China vive una versión fantasmal de lo que Islandia intentó demostrar en su huelga de 1975: qué aspecto tiene un mundo sin mujeres. Estamos en 2020 y China tiene un excedente de entre treinta y cuarenta millones de hombres, el mayor desequilibrio de género del mundo. El 25 % de los hombres chinos está condenado a la soltería».[67]

Fong cuenta historias de novias errantes que rondan por las zonas rurales, aceptando dotes y luego escapando con el dinero antes de la boda. Aunque el golpe puede arruinar a una familia, es difícil no verlo como justicia cósmica y poética en un país que devaluó tanto la vida de las mujeres que erradicó a sesenta millones.

Quizá podrían pensar que la falta de mujeres en China hace que se las aprecie más. No es así. Según Fong, el dominio de los hombres ha creado una «nación casi en guerra».

En 2014, un artículo de *The Washington Post* [informaba] sobre una «forma de nacionalismo viril» que ha empezado a infiltrarse en la retórica de política exterior de China, que creen que se aviva deliberadamente para mantener la lealtad de «las ramas jóvenes sin hojas». [...] Los economistas demostraron [en 2008] que un 1 % de diferencia en la distribución de géneros de China fue la causa de que los delitos violentos y contra la propiedad aumentaran entre un 5 % y un 6 %. [....]
[Y según un estudio de 2013] los solteros chinos tienen peor autoestima que los hombres casados, e índices mucho más altos de depresión y agresividad.

---

67 N. de la Ed.: En el artículo de *El País*, titulado «Las dificultades de buscar pareja en la China del hijo único», escrito por Macarena Vidal Liy y publicado el 30 de diciembre de 2018 se habla del grave desequilibrio entre sexos que existe en la población china debido a la política del hijo único: hay 114 hombres por cada 100 mujeres, con lo que una parte de ellos está indefectiblemente condenada a la soltería. En línea: https://elpais.com/sociedad/2018/12/15/actualidad/1544866727_436545.html

Una de cada cuatro mujeres en China es víctima de la violencia machista, y tiene pocos elementos protectores a su alcance. Solo el 30 % de las escrituras de hogares en China incluyen el nombre de la esposa, aunque el 70 % haya contribuido a la compra. Fong argumenta que esto ha impedido a las mujeres unirse a lo que es, sin duda, la mayor creación de riqueza en China en los últimos años.

Y las políticas que rodean a las madres solteras hacen que los republicanos estadounidenses parezcan los progresistas más radicales. Los niños «sin planear» no son entidades en la sociedad china. Sin un registro *hukou* no pueden trabajar, ni casarse, ni ir al colegio, ni siquiera obtener una tarjeta para usar la biblioteca. Fong estima que unos trece millones de chinos viven en este estado. A Fong se le negó el tratamiento de fecundación in vitro hasta que pudo presentar su certificado de nacimiento. Hay una adherencia estricta a las familias heteronormativas, por mucho que gran parte de la población china se esté volviendo más cosmopolita y liberal.

Pese a todo, observa Fong, hubo un solo grupo que se benefició de esta política: las chinas urbanitas como Zhao.

> Si nacieron como mujeres después de 1980 en cualquier ciudad mediana china, sus posibilidades de sobrevivir a la infancia, recibir una nutrición adecuada y alcanzar una educación superior son significativamente más altas que las de una hija nacida en un periodo anterior del mismo siglo, o del anterior. [...]
>
> Las hijas únicas, que no tenían que competir con hermanos por los recursos de los padres, se beneficiaron de una estrategia china muy pragmática de «criar a una hija como a un hijo». [...]
>
> Como resultado, un número récord de mujeres en China reciben una educación universitaria. En 2010, las mujeres eran la mitad de los estudiantes de programas de máster del país. La participación de las mujeres en el mercado laboral es una de las más altas de Asia, con un 70 % de mujeres chinas trabajando o buscando trabajo, lo que se reduce solo a un cuarto entre sus hermanas indias.[68]

Esta es básicamente la historia de Zhao. Creció en Shanghái, y sus padres le ofrecieron la misma atención, presión, beneficios, educación, tutores y

---

68 «Un cuarto entre sus hermanas indias»: *Ibid.*, pp. 128-129.

expectativas que habrían ofrecido a un hijo. Creció leyendo historias con mujeres protagonistas fuertes, como Hua Mulan, una guerrera famosa por sus habilidades en el kung-fu y la pelea con espadas, que ocupó el lugar de su padre en el ejército. Sus camaradas quedan estupefactos más tarde, cuando descubren que es una mujer, pero según Wikipedia «eso no alteró su estrecha amistad».

Cuando Zhao iba al colegio, se le asignaba una puntuación cuatro veces al año entre 1 y 180. Todo el mundo tenía un número y un rango, y todos conocían el número y rango de los demás. En el colegio, la puntuación era lo único que importaba, según cuenta Zhao. Los colegios mandaban a sus mejores estudiantes a participar en competiciones nacionales basándose en sus puntuaciones, no en discriminaciones inconscientes sobre el género. «Los colegios quieren ganar —dice—. Era duro, pero también era objetivo».

Zhao exigió tanta atención y ayuda en Yale porque no la habían entrenado socialmente para otra cosa. Simplemente, nunca había experimentado el fenómeno de «vayamos adelante», en el que se desincentiva a las mujeres a demostrar su inteligencia o a levantar la mano en clase, ya que puede que así pierdan la oportunidad de tener una cita para el baile de fin de curso. Y puesto que en China los hombres están acostumbrados a competir con las mujeres para conseguir las mejores puntuaciones en los exámenes, socialmente hablando se han acostumbrado desde una edad temprana a ser iguales a las mujeres (e incluso inferiores) en términos de logros.

Sus padres destinaron todo su esfuerzo y dinero a conseguir una vida mejor para Zhao. Ninguno de los dos pudo graduarse en el instituto, porque los colegios cerraron durante la Revolución Cultural. Como cuenta en su artículo la revista *Times*:

Mi padre era funcionario y mi madre trabajaba en una fábrica textil, encorvada sobre una máquina de coser año tras año, en una atmósfera pesada y cargada de diminutas fibras de algodón. Pero sentía pasión por la educación de su única hija. Cuando tenía quince años, descubrí en un libro pirateado sobre las admisiones universitarias estadounidenses que podría presentarme como cualquier adolescente de Estados Unidos, siempre que aprobara el examen de inglés como segundo idioma y el examen de admisión.

—Lulu, esta es tu oportunidad —me dijo mi madre. [...]

Desde que era muy pequeña, mi madre me había dicho que podría hacer lo que quisiera, convertirme en quien quisiera, y que las personas inteligentes iban al extranjero a estudiar. Por aquel entonces yo ni siquiera sabía que había muchos países; pensaba que solo había dos: China y el País Extranjero. Recuerdo desear haber nacido en el País Extranjero.[69]

Resulta alentador (¿supongo?), en la era de Trump, ver que el empoderamiento puede surgir de las políticas más terribles para las mujeres. Cuando Zhao acababa de llegar a Estados Unidos, incluso defendió la política del hijo único en la cena de Acción de Gracias que celebró con la familia de un estudiante, donde le impactó ver el tamaño del pavo.

¿Cómo podían los estadounidenses criticar esta política, cuando jamás habían vivido la miseria causada por la sobrepoblación? ¿Cómo podían especular sobre los daños psicológicos infringidos a los hijos únicos, cuando mis amigos y yo habíamos crecido muy felices?

—¿Qué alternativa tiene China? —espeté—. ¿Dejar que todo el mundo haga lo que quiera y luego cruzarse de brazos mientras la gente se muere de hambre?

Defendí las políticas de mi país apasionadamente en muchas ocasiones, ante amigos, profesores y compañeros de clase. Habiendo crecido en Shanghái, la ciudad más rica del país, había visto que la sociedad china era cada vez más próspera. La gente se mudaba a mejores pisos (en mi último año de instituto, mis padres se mudaron de un apartamento con una sola habitación, a un dúplex con dos dormitorios), ganaba sueldos más altos, vestía ropa más moderna y comía más carne.

Las heridas y las cicatrices de China sobre las que tanto se habla en Occidente habían quedado fuera de mi vista.[70]

Parte de esta defensa provenía de haber vivido bajo un gobierno autoritario y del poder de la propaganda en China. Pero también era porque Zhao tuvo la suerte de nacer dentro del grupo de mujeres que se benefició de la política del hijo único. Siguió beneficiándose cuando regresó a China. Se incorporó al grupo de banca tecnológica de Goldman Sachs.

---

69 «Desear haber nacido en el País Extranjero»: ZHAO, Y.: «Destination: College, USA; Coming to America», *The New York Times*, 13 de enero de 2002.

70 «Habían quedado fuera de mi vista»: *Ibid.*

Se repartió las mayores responsabilidades con otra mujer. Recuerda una vez, cuando estaban preparando la salida a bolsa de una empresa difícil en Estados Unidos. Se trataba de un proceso particularmente intenso y complicado, que se podía haber ido al garete con el más mínimo error. Estaba embarazada de cinco meses, y la otra mujer que dirigía la operación con ella también estaba embarazada. Una de ellas tenía que reunirse con inversores por Estados Unidos, cruzando el país de un lado a otro y pasando días sin dormir. Zhao se ofreció voluntaria porque era su segundo embarazo; ya tenía experiencia.

«Vaya, tú sí que te dedicas a tus clientes», dijo una de las personas durante el recorrido. «Yo pensaba que era lo más normal del mundo —comenta Zhao—. Nuestro trabajo es que la oferta pública de venta salga adelante, embarazada o no. Me gusta que se me trate como a cualquier otro empleado».

¡Me lo imagino! No, espera. Tras haber estado embarazada en Estados Unidos, no me lo imagino ni un poco. «Por mucho que estés embarazada, sigues respirando y caminando como cualquier persona», dice.

¡Ni que tu cuerpo estuviera haciendo algo sobrehumano!

Y una de las consecuencias de la política del hijo único es que las mujeres disponen de muchos parientes que pueden ayudarlas después de tener hijos. Es habitual que los abuelos se muden con sus hijas trabajadoras y adopten un rol importante en la crianza de los niños. Efectivamente, Zhao dice que, con frecuencia, son estas nuevas abuelas las que empujan a sus hijas a retornar al trabajo, volver a contribuir y a alcanzar sus metas. La abuela lo tiene todo controlado en casa.

Como las mujeres que conocí en Islandia —tal vez sea la única semejanza—, Zhao dice que, de pequeña, simplemente nunca vio a madres que se dedicaran exclusivamente a ser amas de casa. Nunca se le pasó por la cabeza la posibilidad de no trabajar.

Si son madres trabajadoras estadounidenses, ya van por los treinta o los cuarenta, y llevan aguantando tantas décadas de micromachismos que están al borde de darse la vuelta y propinar un puñetazo al próximo tipo que las piropee cuando llevan a los niños al colegio por la mañana, sé lo que están pensando: suena increíble. Sí y no (¡maldita seas, Kate Manne!). Para empezar, el machismo sigue abundando en China. En 2017, un inversor de capital de riesgo de una empresa pequeña que acababa de ponerse en marcha dio una charla en la que soltó algo asombrosamente machista, incluso para lo que es Silicon Valley: «Norma número diez: no solemos invertir en mujeres CEO». Y continuó: «No es por prejuicios de ningún tipo. Piénsenlo un momento... Aparte de dar a luz a los hijos, ¿qué pueden hacer las mujeres mejor que los hombres? Nada. Si el CEO de la empresa es un hombre, pero gran parte de la junta directiva son mujeres, normalmente no invertiremos en ellos. ¿Por qué? Porque evidencia que el emprendedor […] no es capaz de reclutar a ejecutivos excelentes y ambiciosos».

Lo importante no es que pronunciara un discurso tan increíblemente machista, es la manera en que lo dijo: «Aparte de dar a luz a los hijos, ¿qué pueden hacer las mujeres mejor que los hombres?». El machismo no estaba arraigado en la idea de que las mujeres son intrínsecamente incompetentes, como en Estados Unidos; sino en el rechazo a la idea de que las mujeres son «mejores». Me suena a típica reacción hipermasculina ante el ascenso de las mujeres.

Y eso también existe en empresas chinas grandes. Una de las experiencias más agresivas que he vivido como mujer a lo largo de mi carrera fue reunirme con un alto ejecutivo de una empresa china tecnológica enorme que no dejó de intentar manosearme mientras lo entrevistaba en un lugar público. Estaba apartándole las manos literalmente mientras continuábamos la conversación. En el vestíbulo de un hotel de lujo en Hong Kong, nadie pareció particularmente escandalizado.

De forma más sutil, según profundizaba en las conversaciones con las madres trabajadoras de alto nivel de China, descubrí que seguían sufriendo la presión de ocuparse de la mayor parte de las tareas domésticas y cuidar de los niños, pese a que las amas de casa no están aceptadas en su sociedad. Estas mujeres no han tenido que negociar su derecho a una vida profesional, pero los hombres, por lo general, seguían sin ser maridos 50/50 en casa. A fin de cuentas, muchas de ellas siguen sin tener elección. Puede que las mujeres estadounidenses se resientan por el *concern trolling* de «oh, pero ¿de verdad quieres que un desconocido críe a tus hijos?» del 40 % del país que cree que es malo para la sociedad que las madres trabajen, aunque puede que haya muchas mujeres chinas que deseen que la idea de quedarse en casa sea aceptable en su sociedad.

Si hay algo que persiste en la manera en que la historia de China ha tratado a sus mujeres, es la falta absoluta de opciones. Incluso Zhao se sintió obligada a obtener un título universitario para satisfacer a sus padres, que habían hecho tanto por ella. Y Fong anticipa que muchas de estas mujeres urbanas pronto sufrirán los inconvenientes de la política del hijo único: dos parejas de progenitores ancianos de los que cuidar, sin la ayuda de hermanos, mientras crían a sus hijos y mantienen sus propias y exigentes carreras profesionales. Para el 2050, el 30 % de los chinos tendrá más de sesenta años. Si estas personas mayores fueran un país independiente, dice Fong, sería el tercero más grande del mundo, detrás de China e India.

Es un caso interesante de las dos caras de la moneda machista. En Estados Unidos, Manne describe cómo las mujeres que quieren abortar deben ser «castigadas» por los misóginos intransigentes que sienten que el patriarcado está amenazado por las mujeres que quieren tomar el control de sus derechos reproductivos. Este tipo de persona suele recurrir al espectro de los abortos tardíos. Pero, en China, bajo la política del hijo único, los misóginos patrocinados por el Estado estaban extirpando bebés a la fuerza en los últimos meses del embarazo, en nombre del bienestar de la sociedad.

Las mujeres oprimidas en Occidente no tienen derecho a no estar embarazadas; las mujeres en China no tenían derecho a estarlo. Dos pesadillas opuestas para las mujeres que las han vivido, ambas violentas y con trasfondos moralizadores. Ambas impulsadas por la misma asunción: que los cuerpos de las mujeres pertenecen antes al Estado que a las mujeres.

***

Como dijo Manne, no hay grupo ejemplar. Un lugar como Islandia, que tiene tan pocos de los estigmas morales que usamos para castigar a las mujeres, no posee todas las respuestas; y, desde luego, un lugar como China, donde un grupo de mujeres se ha beneficiado de manera sorprendente de una de las políticas más terribles para las mujeres de la historia, tampoco.

Pero lo que China está creando en su sector tecnológico son nuevos patrones y modelos a seguir. Y esto importa más en Silicon Valley ahora que hace diez años, porque sus empresas compiten con las nuestras. Fue una empresa china, no Lyft, la que logró derrotar a Uber y bajarle los humos. Y su rostro público era una mujer. Una madre. Eso importa para China, pero también importa para Estados Unidos.

Capítulo 16

ESPALDA, CABEZA, PECHO

Abro los ojos, poco a poco, con la cabeza como un bombo. Eli se ha metido en mi habitación. En cuanto lo veo, me incorporo de golpe. Por muy a hurtadillas que entre, por muy profundo que sea mi sueño, de algún modo siempre lo oigo, y funciona mejor que cualquier despertador. En 2015 ya no era yo la que lo despertaba, era él quién me despertaba a mí.

—Hola, cariño... —digo medio dormida, antes de estallar en un doloroso ataque de tos seca—. ¿Quieres meterte en la cama con mamá un ratito?

—Bueno —dice. Mira a su alrededor con incomodidad, de pie con los brazos pegados a los costados—. La verdad es que estoy mojado.

—¿Cómo que estás mojado?

—Se me ha escapado el pis.

—De acuerdo —digo. Toso, me rio y toso un poco más—. Vamos a cambiarte.

Me obligo a levantarme y, más que el dolor de espalda, lo que siento es el dolor de cabeza y de garganta. Si una madre protectora tiene alas, zarpas y colmillos, siento el dolor de la madre trabajadora en la espalda, la cabeza y el pecho. Me duele todo el cuerpo, la verdad. Es raro pensar en la violencia del acto de toser, hasta que llevas tres semanas tosiendo sin parar. Hay pilas de ropa limpia amontonadas por la habitación; no he tenido ni tiempo ni ganas de guardarlas.

Megan solía ocuparse de la colada, pero hace tiempo que no está. Cuando Evie empezó a ir al colegio tres veces a la semana, Megan le vio las orejas al lobo. Pronto, Evie estaría yendo al colegio cinco días a la semana y ya no la necesitaríamos. Dejó el trabajo, y no puedo decir que no la comprenda. Encontró un trabajo nuevo, con un solo bebé, fácil, más cerca de su casa, menos horas de trabajo y mejor sueldo. Dudo que tenga que lidiar con guardas armados en su nuevo puesto. Y, en cualquier caso, no podía permitirme sus servicios ahora que estaba sola. Me había reducido el sueldo y, además, ahora solo entraba uno en casa. Pocos meses más tarde también tuve que despedirme de mi secretaria, Kathleen, porque Pando no daba para tanto. Empecé esta aventura con marido, niñera y secretaria. Ya no tenía a ninguno de los tres. Me aferraba con desesperación a mi limpiadora, Alda. Necesitaba a alguien, y ella también era madre soltera. Me comprendía.

Mientras me levanto torpemente de la cama, no puedo ni pensar en los artículos del día, que deben ser publicados de una manera u otra en pocas horas. Me esfuerzo en vestir a los niños, en darles el desayuno y que estén limpios y con un bocadillo en la mochila, pero tengo que frenar el ritmo constantemente para apoyarme por los rincones y dar rienda suelta a ataques de tos cada dos frases, más o menos. Me he obligado a tomarme dos tazas de café antes de llegar a la puerta de casa y me he preparado otra para el camino. ¿Una ducha? Me meo de la risa. Me pongo unos *jeans* y botas de vaquero, no sé qué camiseta ni qué sujetador llevaba puestos para dormir, pero se quedan puestos. Me cepillo los dientes y espero que unas gafas de sol sean suficientes para encubrir el desastre que llevo encima. Soy la única madre divorciada de la guardería y se nota.

El desastre del día: el fregadero está roto, un lodo apestoso se acumula en la tubería y no podré fregar los platos hasta que consiga que alguien venga a arreglarlo. La motocicleta del vecino de arriba ha empezado a perder gasolina de un día para otro y lo ha puesto todo perdido. El calentador de agua ha reventado y me ha inundado el garaje. Hay demasiados horrores a mi alrededor últimamente. Es demasiado. Estoy triste. Empiezo a pensar que no, no puedo tenerlo todo. Se me va de las manos. En un día de los malos, los servicios sociales se quedarían horrorizados si vieran cómo viven mis hijos. Estoy adaptándome a ser una madre trabajadora divorciada sin ayuda para ocuparme de los niños. Es raro lo que me resulta fácil y lo que no. Preparar las comidas para el colegio, por ejemplo, no es tan difícil como decía todo el mundo. Pero, por algún motivo, lograr conjuntar calcetines limpios es mi criptonita.

Hace poco que he pasado de dirigir la empresa a dirigir la empresa y, además, escribir dos o tres artículos al día. Mi amigo Dick Costolo, exCEO de Twitter, me dijo una vez que ser CEO consiste en hacer lo que la empresa necesite en cada momento. Cambiamos el modelo de negocio, de publicidad a subscripción —en parte porque las empresas con las que teníamos los mayores contratos de publicidad nos dijeron que Uber estaba amenazando con boicotearlos si continuaban apoyándonos—. Nuestro negocio de anuncios multimillonario había empezado la cuenta atrás.

Con un nuevo foco en el modelo de subscripción, Pando necesitaba que yo me dedicara a escribir. En los días que publico algo aumentan las suscripciones anuales de cien dólares. Necesitamos esos ingresos. Normalmente escribo entre las 10 de la noche y las 2 de la madrugada. Entonces me levanto unas cuatro horas más tarde, cuando Eli aparece en mi cuarto arrastrando los pies.

Durante unos dos meses, me abrí paso a la fuerza a través de esta nueva realidad. Dormía unas tres horas al día, pero estaba publicando buenos artículos. Mi trabajo estaba influyendo positivamente en la empresa, el equipo se sentía revitalizado y los niños pasaban más tiempo con mamá que nunca. Era difícil, pero merecía la pena.

Siempre había dudado de los empresarios que dicen que hay que dirigir el negocio concentrándose única y exclusivamente en un único indicador fundamental (un «indicador clave de rendimiento», o KPI, por sus siglas en inglés). Había argumentado que el periodismo no funciona así. Cuando el KPI son las visitas a una página web, solo se publican ciberanzuelos. Si el KPI es la cantidad de artículos, no se publican reportajes con profundidad. ¿Cantidad de comentarios? El resultado son artículos innecesariamente incendiarios para provocar respuestas. ¿Apariciones en motores de búsqueda? No se publican noticias de verdad porque, por definición, nadie está buscando lo que todavía no ha ocurrido. ¿Cantidad de veces que se ha compartido en las redes sociales? El resultado son titulares de BuzzFeed y fotos de gatitos. Ya se hacen una idea. Mi opinión del periodismo de calidad es como aquella vieja definición de la pornografía: lo sabré cuando lo produzca. Pero, por fin, en este nuevo mundo de afiliaciones, había encontrado el KPI perfecto: cantidad diaria de nuevas suscripciones. Cuando lo comprendí, sintiéndome como una CEO adulta, busqué la entrada de Wikipedia sobre KPI. He aquí una lista de lo que constituye un buen KPI:

- Un KPI no puede expresarse en dólares. ¡Hecho!
- El KPI debe medirse con frecuencia. ¡Hecho!
- El CEO y la dirección pueden responder según el KPI. ¡Hecho!
- Es una métrica sencilla que el personal entiende y sabe cómo corregir. ¡Hecho!
- Puede asignarse la responsabilidad del KPI a un equipo. ¡Hecho!
- Influye en más de uno de los «factores críticos de éxito de la organización más importantes». Eh, seguro que sí, no sé lo que significa eso. ¡Hecho!
- Motivan a realizar acciones que benefician a la misión de la empresa. ¡Hecho!

Como KPI, «nuevas suscripciones al día» era perfecto. Cada suscriptor añadido era estar un paso más cerca de no depender de los anuncios. Al contrario que con las visitas a la página, la cantidad de suscriptores no son calorías editoriales vacías. No pueden serlo. Nadie tiene por qué pagarnos diez dólares al mes, o cien dólares al año, si no siente que estamos publicando contenido de calidad que les ayuda a tomar decisiones sobre sus inversiones, sus trabajos y sus vidas. «Esta métrica no tiene lado malo, literalmente», pensé. Cuanto más aumentara, más probable era que no nos arruináramos. Y solo podía «hacer trampa» a fuerza de publicar artículos de calidad cada santo día. Era una manera completamente ética de que nuestros periodistas pudieran ayudar a asegurarse el sueldo. Lo único que tenían que hacer era escribir artículos buenos. Al fin, este era el camino más claro que habíamos encontrado para salir del agujero en el que habíamos estado tirando capital. Sigue haciendo lo mismo durante seis meses y saldremos de los números rojos. La pesadilla ha terminado. La cuenta en el banco ya ha empezado a aumentar cada mes.

Cuando me quedó claro, me sorprendió ver los sacrificios que era capaz de realizar por Pando y que nunca habría hecho por *TechCrunch*, *BusinessWeek* o cualquier otra publicación: empezar a escribir el tercer artículo a las dos de la madrugada. Esforzarme más allá de lo que habría creído posible, aumentando el KPI a base de fuerza bruta. Sacando la empresa adelante a base de fuerza bruta. Trabajando sin dormir.

En situaciones así, se encuentra una manera de seguir adelante. El cuerpo humano es más resistente de lo que nos dice el cerebro, ¿verdad? Está todo en la cabeza. Es temporal. Puedo hacerlo. Solo tengo que lograr aguantar seis meses, lo conseguiré. Pando será rentable y por fin podré relajarme.

No lo conseguí. Relanzamos la web en junio, y en septiembre ya estaba en el hospital.

***

En otoño de 2015, Pando había sobrevivido a mi divorcio, a nuestro índice de gastos, a casi 400 millones de dólares en demandas temerarias, a puñaladas traperas de miembros de la junta directiva y a la mayor empresa privada de la historia Silicon Valley que intentaba llevarnos a la bancarrota. Ahora nos enfrentábamos a un nuevo enemigo: mis pulmones.

Por primera vez en una carrera por acostarme tarde, levantarme temprano, fechas de entrega disparatadas y vuelos alrededor del mundo, al fin, había alcanzado el límite de mi resistencia física. Empezó con una semana de dolores en el pecho. Eso se convirtió en una fiebre que no bajaba a la semana siguiente. Finalmente, tras pasar una semana sudando en el sofá sin poder comer y habiendo perdido cinco kilos, fui al médico. Este echó un vistazo a mis constantes vitales y me mandó a urgencias de inmediato. Una radiografía mostró pulmonía en tres cuartos de los pulmones. Pasé una semana en el hospital, recibiendo una serie de cócteles de antibióticos en vena día y noche, mientras me dedicaba a quedarme inconsciente a ratos. Nadie me trajo a los niños para que los viera. Supongo que todo el mundo dio por sentado que les daría miedo verme en aquel estado.

Fue un toque de atención. En la primera generación de blogs sobre tecnología, Mike Arrington se había entregado al trabajo hasta el agotamiento severo, y dos de nuestros competidores habían sufrido problemas cardíacos. Otro amigo mío a la cabeza de una empresa mediática, Jason Hirschhorn, acababa de someterse a cirugía cardiovascular, escapando de la muerte por los pelos tras no prestar atención a su salud.

Mi pulmonía no logró acabar conmigo, ni con la empresa. Pero sí que acabó con alguien: la Sarah Lacy, «tipa legal». Este fue el último vestigio de mi fe en el mundo de los empresarios machitos.

Mi estrategia había resultado ser espectacularmente contraprodu-
cente. Como resultado del mes que pasé básicamente incapacitada,
pasamos de cumplir por encima de las expectativas el número de suscripciones que necesitábamos a no alcanzarlas. Tendría que inventarme
un método mejor. A pesar de que muchas partes de la empresa estaban
funcionando, por fin. Empezábamos a ganarnos una reputación clara:
la de hacer responsables a las empresas de Silicon Valley de sus malos
comportamientos, con ferocidad, furia y cierta superioridad moral.

Un artículo reciente sobre mí aparecido en *Marie Claire* demostró lo
lejos que habíamos llegado desde aquel escrito en el *San Francisco Magazine* que declaraba que Eli era un «problema» para mi habilidad de crear
y dirigir una empresa.

Tras haber quedado escaldada tantas veces, me preparé antes de
abrir la revista. El titular y el subtítulo: *The Must-Read: Unfiltered, unafraid
and fiercely unapologetic, Sarah Lacy, is one of tech's most influential chroniclers.
You got a problem with that?* [Lectura obligada: sin filtros, sin miedo y sin el
más mínimo remordimiento, Sarah Lacy es una de las cronistas con más
influencia del mundo de la tecnología. ¿Algún problema?]. «El nombre
en Twitter de Sarah Lacy es @sarahcuda. Para aquellos que siguen sus
artículos incisivos y a veces mordaces en su página web de noticias sobre
tecnología, PandoDaily, el apodo encaja. Lacy, al fin y al cabo, se ha
labrado su reputación en los círculos de la industria a fuerza de decir la
verdad sin tapujos y, en el mundo de Silicon Valley, con sus inversiones
y su intercambio de favores, a veces, puede decirse que esta mujer tiene
colmillos».[71]

Sí. Añadan: «madre devota de Eli e Evie», y estaría encantada de
grabarlo en mi lápida.

Puede que Pando fuera insufrible, pero también contábamos la verdad, y nuestras publicaciones habían marcado la diferencia. Por primera
vez en mi carrera periodística, no solo había encontrado mi voz, sino que
mi voz había encontrado un público. Y solo fue posible porque tuve la
libertad de hacer las cosas a mi manera y me negué a que me silenciaran
o me avasallaran. No era coincidencia que hubiera dado con este poder a

---

71 «A veces la verdad tiene colmillos»: RICAPITO, M.: «The Insider: Sarah Lacy», *Marie
Claire*, 19 de febrero de 2015.

la vez que me convertía en madre. En cuanto un viejo amigo o un inversor de confianza nos daba la espalda, Eli hacía algo adorable. Como el día que se escabulló hacia el lavavajillas y se hizo con algunos de los imanes en forma de letras. Se los escondió detrás de la espalda, con una dulce sonrisa, y se acercó a la mesa de la cocina, donde estaba preparándole la comida. Con orgullo, los puso en orden sobre la madera: «M-A-M-A».

—Es el nombre de mi mejor amiga —me susurró al oído, sonriendo.

Los peores gallitos de Silicon Valley no pueden competir con algo tan adorable.

Quería estar con Eli e Evie constantemente, porque me ayudaban a ser mejor persona de lo que había sido jamás. Ellos solos inspiraron la confianza en mí misma que me faltaba, porque cuando los tenía cerca me descubría a mí misma logrando cosas de las que nunca me había creído capaz. Esta era la fuerza que tenía que canalizar, no la fuerza bruta de los machitos.

***

Uno de los peligros del reconocimiento de patrones es la causalidad defectuosa. Si un CEO trabaja constantemente y levanta una empresa enorme, se asume que esta es la única manera de hacerlo. Si un CEO logra alcanzar un equilibrio sano entre la vida profesional y la personal y su empresa fracasa, se asume que dicho CEO no se esforzó lo suficiente.

Varios estudios han demostrado que cincuenta horas a la semana es el tiempo máximo de trabajo si no quieren sufrir problemas cardiovasculares, problemas con las relaciones sociales, aumento de peso, aumento de probabilidades de sufrir depresión, lesiones y una horda de problemas más. Otros estudios han demostrado que la productividad disminuye una vez superadas las cincuenta horas semanales. Eso significa que se está intercambiando la salud, la felicidad y la vida social por rendimientos decrecientes.[72]

---

72 «Vida social por rendimientos decrecientes»: POPOMARONIS, T.: «Science Says You Shouldn't Work More Than This Number of Hours a Week», *Inc.*, 9 de mayo de 2016, http://www.inc.com/tom-popomaronis/science-says-you-shouldnt-work-more-than-this-number-of-hours-a-day.html (consultada el 27 de septiembre de 2018).

Entonces, ¿por qué los empresarios —personas que supuestamente se fijan en los datos empíricos— continúan insistiendo en que trabajar veinticuatro horas al día siete días a la semana es el único camino al éxito? Parte del motivo por el que los empresarios se esfuerzan más allá de lo sostenible o saludable es que los inversores se lo exigen de forma explícita.

Otro motivo es la ansiedad del empresario. Hay muchos factores y variables que el empresario no puede controlar pero que dictarán el éxito o el fracaso de la empresa y, si se estrella, es difícil saber qué podría haberla salvado. A Silicon Valley le encanta decir que, si un empresario fracasa por «un buen motivo», volverá a poder recaudar capital para futuros proyectos. Pero ¿cómo saben si un empresario ha fracasado «correctamente»? Trabajar demasiadas horas es la manera más fácil y clara de comunicar el esfuerzo dedicado al mundo: a los empleados, a los inversores y a los empleados e inversores futuros.

Les garantizo que, si ahora mismo intentara recaudar capital para otra *startup*, el hecho de haber trabajado tanto como para terminar en el hospital se vería como un extra.[73] Pero esforzarse hasta este punto no comunica fuerza y confianza; más bien transmite falta de fe en una misma.

Lo que requiere fuerza y valentía es plantarle cara a esta expectativa. Samantha Ettus le dijo a su marido emprendedor, Mitch, que preferiría no tener tiempo a solas con él después de acostar a los niños a cambio de que estuviera allí a la hora de cenar para acostarlos.[74] Mitch descartó la sugerencia de inmediato, alegando:

—¿Qué mensaje mando a mis empleados si me voy de la oficina a las cinco y media cada tarde? Es imposible dirigir la empresa si me voy de la oficina antes que nadie.

Ettus contraatacó:

73 Poco después de terminar este libro, cuando Pando ya generaba beneficios, decidí fundar una empresa nueva llamada ChairmanMom.com. Tal como esperaba, el hecho de que me hubiera esforzado tanto por evitar la muerte de Pando, hasta el punto de acabar en el hospital, me ayudó a recaudar capital.

74 «A la hora de cenar y para acostarlos»: ETTUS, S.: *The Pie Life: A Guilt-Free Recipe for Success and Satisfaction*. Ghost Mountain Books, Los Ángeles, 2016.

—¿Y si vienes a casa a las seis cada día, para cenar con nosotros, y luego vuelves a las ocho? —sugirió. Mitch accedió a probarlo durante una semana. ¡Un triunfo para las parejas 50/50 de todo el mundo!

Hasta que Mitch recibió una llamada de su mayor inversor:

—Invertimos en emprendedores que duermen en la oficina, no en los que se van a casa cada día a las cinco y media —dijo el inversor.

—Bueno, pues seré el primer emprendedor en demostrar que os equivocáis —contestó Mitch.

No solo era la decisión correcta para su familia, sino que mandó un mensaje inequívoco a su equipo: tenían permiso para dedicar tiempo a sus hijos. Y ¿saben qué pasó? La empresa salió a bolsa con una valoración de millones de dólares.

Normalmente, los empresarios que pueden resistir (o que tienen la confianza para hacerlo), son los que ya han demostrado su valía. El cofundador de PayPal, Max Levchin, solía enorgullecerse de trabajar días enteros sin dormir. Cuando se convirtió en padre, desarrolló otro sistema: trabaja toda la noche un día a la semana, se va a casa para cenar y acostar a los niños día sí, día no, y vuelve al trabajo. Stewart Butterfield, de la empresa valorada en casi cuatro mil millones Slack, presume de que la media de edad de sus programadores es de cuarenta años y de que su oficina ya se ha vaciado para cuando dan las cinco.

Son emprendedores que ya han tenido éxito, así que no necesitan demostrar nada a fuerza de trabajar constantemente. Quieren continuar levantando empresas, pero no quieren seguir el mismo ritmo que llevaban cuando tenían veinte años. Las *startups*, en general, tardan cada vez más en salir a bolsa o en ser adquiridas, y los empresarios no quieren perderse ocho años de sus vidas, y mucho menos de las vidas de sus hijos. No sería justo exigírselo.

Nirav Tolia, CEO de Nextdoor, que puso en pie empresas cuando era soltero, con veinte años, y ahora las construye con cuarenta años y tres hijos, dice:

Cada uno utiliza las herramientas que tiene disponibles, y estas cambian con el tiempo. Hoy en día, las herramientas de las que dispongo son la experiencia y las relaciones estrechas con personas con las que llevo trabajando, en algunos casos, más de quince años. He experimentado muchos fracasos, de los que espero haber

aprendido algo. Por aquel entonces, mis herramientas solo incluían todo el tiempo del mundo y un optimismo ilimitado que me llevó a tomar riesgos enormes. Podría haber fracasado miserablemente y hubiera dado igual. No tenía ni hipoteca que pagar ni bocas que alimentar.

Y, aun así, la empresa que dirige está valorada en más de mil millones de dólares. La empresa que vendió a un competidor en la época puntocom nunca encontró un modelo de negocios viable. Parece que le va mejor con las «herramientas» de las que dispone ahora.

Ejemplos como estos importan no solo porque esta cultura es poco saludable para todo el mundo, sino porque la expectación de dedicar veinticuatro horas, siete días a la semana, al trabajo pone a las madres (en especial a las madres embarazadas o lactantes) en una posición insostenible e inadmisible. En 2011, el inversor de Los Ángeles Paige Craig estaba sopesando si financiar la nueva empresa de Jessica Jackley (cofundadora de Kiva), ProFounder, cuando descubrió que estaba embarazada, se fue a su blog y publicó lo que muchos inversores piensan:[75]

> Una idea, pequeña y asquerosa, se me cruza por la mente. Pienso: ¿cómo diablos va a lograr esta empresaria liderar un equipo, levantar una empresa y cambiar el mundo para estos negocios si tiene que pasear a un niño durante los próximos meses y luego cuidar de él? Personalmente, no puedo decir que sepa nada sobre dar a luz y criar hijos, pero me parece que es el trabajo más duro del mundo. Y ahora tengo una empresaria que tiene que ser CEO y madre.

Craig al menos se sintió avergonzado por haberlo pensado, ya que siempre se había considerado un hombre sin prejuicios. E invirtió en ella de todos modos.

Este «ideal» que evita que las madres reciban financiación no es solo poco saludable, hay pruebas de que es una «mentira cochina». Un estudio del *Monthly Labor Review* concluyó que, de media, las personas que

---

75 «Publicó lo que muchos inversores piensan»: CRAIG, P.: «Putting Women First», Good Angel, 12 de abril de 2011, https://paigecraig.wordpress.com/?s=Putting+Women+First (consultada el 27 de septiembre de 2018).

creen que trabajan más de setenta y cinco horas a la semana han sobre-estimado veinticinco horas de más, que no es poco.

Laura Vanderkam, en un artículo de *The New York Times* titulado *The Busy Person's Lies* [Las mentiras de la persona ocupada], escribió: «Recordamos las semanas más ajetreadas como normales. Esto es, en parte, porque las experiencias negativas se quedan más grabadas en la mente que las positivas, y en parte porque a todas nos gusta pensar que somos trabajadoras».

Vanderkam escribe con conocimiento de causa sobre la gestión de tiempo y ha analizado cientos de registros de horarios de ejecutivos. Casi todos exageran. Una vez, alguien le aseguró que trabajaba ciento ochenta horas a la semana... Más de las que hay en una semana. Incluso ella exageraba sus horas, cuando se molestaba en apuntarlas. Asumió que trabajaba entre cuarenta y cincuenta horas a la semana, pero descubrió que solo trabajaba unas treinta y siete de media. Como todas las madres trabajadoras, tenía días muy duros (sacando leche en el lavabo de un tren, acostándose tarde y levantándose temprano, trabajando durante las vacaciones para no quedarse atrás). Pero, aun así, a lo largo de un año, también fue a ocho sesiones de masajes, fue a correr rutas largas los fines de semana, cenó con sus amigos y leyó durante un total de trescientas veintisiete horas.

Si Vanderkam (una mujer que ya está curtida en cómo exagera la gente su narrativa laboral) exageraba con respecto a sus horas de trabajo para contarse un cuento a sí misma, imaginen los cuentos que se cuentan aquellos que viven en un entorno de alta presión y actitudes machistas en el que se da por sentado que hay que trabajar a todas horas.

Se pueden hacer muchas cosas con veinticuatro horas al día. Un año después de la pulmonía, había encontrado un equilibrio mejor entre la vida personal y la profesional. En un día duro, trabajo once horas. Es más de lo que pone en un contrato de oficinista, pero aun así me garantiza unas seis horas de sueño y seis horas para hacer de madre. Y Pando, por fin, es rentable.

Tengo otra métrica que indica si esto es sostenible. Sigo sirviéndome una taza de café antes de levantar a los niños, como siempre. Pero he notado que últimamente no tomo ni un sorbo hasta que hemos salido de casa.

Capítulo 17

8 DE NOVIEMBRE DE 2016

Si han llegado hasta aquí, saben que los últimos cinco años de mi vida no han sido fáciles. Aun así, mis hijos solo me han visto llorar desconsoladamente una vez: el 9 de noviembre de 2016.

Escribir este libro en Estados Unidos durante el otoño de 2016 fue una experiencia de locos. Los abusos sexuales, el empoderamiento de las mujeres, las cuestiones sobre los cuerpos femeninos, la discriminación inconsciente y las microagresiones empezaron a formar parte de conversaciones a escala nacional, de una manera jamás vista.

La campaña presidencial culminó mi transformación de veinteañera que negaba que el machismo siguiera existiendo, pasando por treintañera celebrando sus superpoderes otorgados por la maternidad, a feminista de cuarenta años desafiante, feroz y sin complejos.

Ese día, sentí que las mujeres de Silicon Valley que conocía habían dejado de juzgarse las unas a las otras y habían empezado a esforzarse por ayudarse mutuamente, por muchas diferencias que hubiéramos tenido en el pasado. Las guerras de madres habían desaparecido por completo en mis redes sociales. Pero fue más allá. Por medio de grupos de Facebook, conecté con millones de mujeres de todo tipo de identidades étnicas, niveles de ingresos y trasfondos, de todo el país, unidas por la campaña de Hillary Clinton.

No era solo que una mujer se presentara como candidata a la presidencia. Era también el espectáculo terrorífico de los últimos meses. Una realidad perturbadora que muchas de nosotras habíamos vivido en nuestras propias carnes.

Lo que elevó estas elecciones a algo con lo que yo y millones de mujeres más nos identificábamos personalmente era el hombre al que se enfrentaba. El abismo entre sus cualificaciones no era más que el principio. Los medios de comunicación se regodearon en una falsa equivalencia de «desconfianza» entre un hombre que parecía mentir sin remordimientos cada vez que abría la boca y un escándalo relacionado con el correo electrónico del que ya se había absuelto a Hillary Clinton. La tildaron de débil, pero también de fría e insensible. La criticaron por sonreír demasiado o no lo suficiente. La castigaron por cosas que su marido había hecho, presuntamente. Se la interrumpía en todos los debates. No conozco a una sola mujer trabajadora que no haya experimentado las mismas injusticias fundamentales. «Esos debates eran como todas las juntas directivas a las que había asistido —dice la CEO de HireAthena, Kristen Koh Goldstein—. Un puñado de tipos interrumpiendo a voz en grito a la mujer diligente que resulta ser la que sabe lo que está haciendo».

Y entonces, ganó él.

Puede que Hillary Clinton les caiga bien o mal, pero es innegable que fue el chivo expiatorio del machismo, y que el mundo estaba decidido a arrojarle todos los estereotipos machistas, todas las microindignidades y todas las macroindignidades antes de permitirle cruzar la mayor barrera laboral. Su momento más humano, para mí, fue en el tercer debate en el que participó, hablando del aborto:

> He conocido a mujeres que, a finales de su embarazo, reciben la peor noticia posible: que su vida correrá peligro si siguen adelante, o que al bebé le ha ocurrido algo horrible o que algo ha ido terriblemente mal en el embarazo. No creo que el gobierno de Estados Unidos deba meterse en estas decisiones tan personales.

No es solo lo que dijo, es cómo lo dijo. Comprendí que, en la presidencia, la «empatía» solo llega hasta cierto punto. Por mucho que un presidente se describa como feminista, no deja de ser un señor. Clinton fue la primera candidata presidencial capaz de entender el conflicto de una decisión tan profundamente personal. El conflicto de ser mujer. La primera en comprender de verdad lo que se siente cuando un hombre blanco les dice que no tienen derecho a salvar sus propias vidas, a hacer lo correcto para su familia o a tomar una decisión sobre sus propios cuerpos. La primera en entender que el útero no es una propiedad colectiva.

A mí me gustaba Clinton por muchos motivos, pero ese fue el momento en el que comprendí (emocionalmente) lo diferente que sería para las mujeres del país tener a una mujer en el despacho oval.

Y entonces descubrí Pantsuit Nation en Facebook, un grupo de partidarios de Hillary Clinton. Lo vi crecer, de cientos de miles de usuarios a millones. Vi a mujeres confesar sus historias más personales de abusos sexuales, de inseguridad, de miedo a la América de Donald Trump; vi a otras mujeres decirles en los comentarios que ellas las apoyaban, que ellas las entendían, que eran bellas, que podrían contar con ellas.

Estas eran personas cuyas vidas habían cambiado tras ver a Hillary pasar públicamente por todas las indignidades que ellas mismas habían experimentado. Nos ayudó a abrirnos. Nos quitó la venda de los ojos. Nos sacudió y nos hizo admitir el machismo ante el que muchas habíamos hecho la vista gorda para poder seguir adelante.

***

La mañana del 8 de noviembre, fui a votar con mis hijos. Me puse una camiseta de mi creciente colección de ropa agresivamente feminista; Evie se puso una con un dibujo de un gato con gafas y un traje de americana (sí, era algo que ya poseía). Eli comprobó tres veces que hubiera trazado la línea correcta en la papeleta. Evie y él las introdujeron en la máquina de votar, y Eli le pidió a la encargada «tres pegatinas, por favor».

—Sé que Hillary va a ganar —decía Eli mientras regresábamos a casa—. Tiene que ganar. Es obligatorio. Y lo que es obligatorio, hay que hacerlo.

Beyoncé sonaba en nuestro vehículo de camino al colegio, porque era una mañana de Beyoncé.

La mañana del 9 de noviembre, Eli e Evie irrumpieron en mi habitación a las seis, ambos acarreando tortugas de peluche y con expresiones de urgencia.

—Mamá, tenemos un problema enorme —dijo Eli—. No encontramos las tortugas bebé por ninguna parte.

No había manera mejor de levantarse tras el discurso de aceptación de Donald Trump. Al contrario que las elecciones, este era «un problema enorme» que podía solucionar. Salté de la cama.

—Esto lo arreglo yo, chicos —dije.

Registré la casa, en busca de cada tortuguita de peluche, y se las entregué orgullosamente delante de nuestra casa, donde Eli e Evie estaban jugando. Eli estaba colgando carteles que anunciaban una recaudación de fondos que se celebraría en su colegio.[76] Me limité a sentarme detrás de él, observando a la mitad del dúo que quería más que a nada en el mundo colgar carteles laboriosamente en nuestra puerta. De no ser por ellos, aquella mañana no me habría levantado de la cama. Descarté los planes medio esbozados de mudarme a Canadá o a Islandia. Nos quedaríamos por ellos. Este era su hogar. Podía mantenerlos a salvo durante cuatro años. Había estado enfrentándome a abusones todo el tiempo desde que era su madre. Simplemente, este abusón era el más grande, el más poderoso y el más retrógrado. Y, a diferencia del CEO de Uber, Travis Kalanick, su puesto tiene fecha de caducidad.

Estallé en lágrimas. Estamos hablando de sollozos a todo volumen, de los gordos. Evie me miró, se estresó y se marchó a acariciar al gato. Más tarde, me susurró que no sabía que yo pudiera llorar. Eli se volvió, sonriendo al principio, convencido de que estaba bromeando.

—¿Por qué lloras? —me preguntó, de repente preocupado.

—Tengo malas noticias —sollocé—. Donald Trump ha ganado.

Encorvó los hombros con cara de mal humor, y entonces vino a darme un abrazo.

—Quiero que sepas algo, Eli —le dije—. No vamos a marcharnos. No nos mudaremos a ninguna parte. Además casi todos los habitantes de San Francisco votaron a Hillary. Lo más probable es que todas las personas que ves cada día piensen como nosotros. Nada de esto es permanente. Dentro de dos años volveremos a votar, y votaremos de nuevo después de otros dos años. Hasta entonces, lo más importante que tienes que saber es que ese hombre tiene prohibida la entrada en casa. Nunca estarás en el mismo sitio que Donald Trump. Nunca tendrás que conocerlo ni verlo. Yo te protegeré.

Esto último era crucial. Eli me había explicado que su mayor miedo era que Trump hiciera que todo oliera mal. Evie me había explicado que

---

76 Como si se me fuera a olvidar asistir; había ayudado a organizar el evento, y había sido yo la que había imprimido los malditos carteles.

Trump podría presentarse en nuestra casa, sin más, para clavarle un clavo en la lengua con un martillo.

—Con la parte puntiaguda —me dijo, solemnemente. No tengo ni idea de dónde sacó una visión tan terrorífica, pero estos niños jamás respirarían el mismo aire que ese hombre. Como encontrar las tortuguitas, eso era algo que podía controlar.

Y así es como se recupera una cuando se siente desesperada y desamparada: tomando el control de lo que puede controlar. Una vez más, mis hijos me salvaron del abismo.

El enero siguiente, Evie y yo fuimos a la Marcha de las Mujeres en Washington D.C. Tuve que usar los puntos de mi tarjeta como clienta de la aerolínea para pagar los billetes, y el viaje hizo que entregara este libro una semana tarde. Pero supe que iríamos desde el momento en el que me enteré del evento. En cierto sentido, lo sabía desde antes de que se anunciara la marcha, antes incluso de que Trump ganara. En mi interior, sabía que, si estas cosas ocurrían, lo haríamos. Ya lo sabía cuando me reuní con Halla Tómasdóttir en Islandia en otoño. Fue su descripción de cómo fue presenciar la marcha de las mujeres islandesas en 1975. Su afirmación de que aquel hecho hizo que su opinión sobre la igualdad de las mujeres y su naturaleza indispensable se hiciera más firme. La confirmación de que el mundo no funciona sin mujeres, lo cual significa que las mujeres pueden influir en él. Esto es lo que quería para Evie. Estaba a punto de cumplir los cuatro años, y si su primer recuerdo es estar sobre mis hombros, protestando en favor de la igualdad, no puedo imaginar un regalo mejor para mi hija. La llevé sentada en los hombros, a ratos, casi diez kilómetros.

—¿Qué es lo que ves, Evie? —le pregunté, mientras estaba acomodada en mis hombros mirando a través de un póster enrollado, como si fuera un telescopio—. ¿Ves a muchas mujeres fantásticas?

—No, mamá, no veo mujeres —dijo.

—¿Cómo que no ves mujeres? Si estamos rodeadas —contesté.

—No veo mujeres, mamá, solo veo personas —me dijo.

La multitud vitoreó. ¿Qué diablos, Evie? ¿Cómo puede ser que cada día seas más maravillosa?

En los días anteriores a la Marcha de las Mujeres, hubo muchos ejemplos de personas que intentaban generar división por todas partes: artículos afirmando que las mujeres blancas se sentían marginadas, debates sobre si se había convertido en algo demasiado ideológico, resentimiento continuado al afirmar que la mujer blanca que organizaba la marcha jamás entendería la auténtica opresión. Pero, a fin de cuentas, no funcionó. Cinco millones de personas se juntaron en ciudades de todo el mundo para alzarse en favor de sus convicciones, que no eran necesariamente idénticas para todas las asistentes. Algunas votaron a Hillary Clinton, otras no. En este caso, el machismo benevolente fracasó.

Pero lo que más me impactó no fue la indignación percibida, fue el amor que experimentamos en el aeropuerto y en el avión, donde hablamos con mujeres de todas las generaciones. La mujer cuya familia nos llevó al hotel para que no tuviéramos que ir en taxi. Las mujeres que cedieron su asiento a Evie en el metro. Los hombres que me ayudaron a sentarla sobre mis hombros. Las mujeres en la cola de media hora para los baños que insistieron en que pasáramos. Las mujeres que se sentaron junto a nosotras durante la cena y pagaron la cuenta cuando fuimos al lavabo, dejando solo una nota: «Nosotras os apoyamos». La mujer que conocí en el vuelo de vuelta a casa, que asistió a su primera marcha cuando tenía dieciocho años para protestar contra la guerra de Vietnam. Su experiencia era impresionante, pero se mostró más impresionada por Evie:

—Tu primera protesta, con tres años —dijo—. Así me gusta.

Nos hizo una fotografía para recordar lo que todas las pequeñas Evies representan para el futuro.

Aquel fin de semana le enseñé a mi hija lo que es la democracia. Le enseñé la importancia de la libertad de expresión. Le enseñé a confiar en las mujeres y a depender de ellas cuando necesitara fuerza. Le enseñé que el amor y la inclusividad no son solo valores optimistas, sino que contienen auténtico poder e influencia. Esos fueron los primeros días tras el 8 de noviembre en los que no me sentí indignada y deprimida por el futuro, me sentí esperanzada.

A mi hija nunca le ha dado vergüenza defender sus ideales, pero ese fin de semana descubrió su voz como nunca. Cuando pasamos junto a un hombre con un megáfono, este se lo ofreció a Evie en broma, pero ella lo aceptó y empezó a corear. Un hombre preguntó si podía sostenerla en alto, dije que sí.

—¡Por arriba o por abajo, Donald Trump, vete al carajo! —reverberó su diminuta voz por el megáfono, y cientos de miles de personas la corearon y vitorearon. Bajó al suelo y vino a abrazarme las piernas.

—Ha sido un momento especial —dijo el tipo del megáfono, y una vez más la gente que nos rodeaba nos vitoreó. Cuando nos bajamos del metro abarrotado, se volvió y gritó «¡Vivan las mujeres!», y una vez más los presentes aplaudieron y nos vitorearon.

Viendo a Evie ese fin de semana, no paraba de pensar en lo que Halla me dijo sobre Islandia en 1975: «Se podría decir que, si no hubiera sido por la marcha, no habríamos tenido una presidenta cinco años después». Y quizá, sin una madre soltera a la cabeza de la nación en 1980, Islandia no habría emergido como una de las naciones más feministas del mundo actual, con una de las menores brechas salariales entre hombres y mujeres, dos tercios de los hijos nacidos de madres solteras sin estigma, igualdad en la baja por maternidad que equilibra la penalización maternal y la bonificación paternal, y la obligación de tener juntas directivas con igualdad de género en empresas de cierto tamaño.

—Este tipo de acontecimientos, sin duda, trazaron el camino para que ahora se nos dé mejor la igualdad que a otros países —dijo Halla.

Todo empezó con una protesta. Para tomar las calles, las mujeres sacrificaron su tiempo, mostraron valentía, superaron sus diferencias individuales y demostraron pacíficamente que no estaban ahí para ser lo que los hombres querían de ellas. Nuestras vidas y nuestros cuerpos nos pertenecen. Fue importante que las mujeres jóvenes, como Halla en 1975, presenciaran la protesta y que formara parte de sus primeros recuerdos.

Tras las elecciones, mientras transcribía mi entrevista con ella, me preguntaba si esta protesta en Washington podría representar un momento similar para Estados Unidos (lo esperaba). ¿Si lo logramos, si acuden suficientes mujeres, si es una protesta pacífica, si la anclamos en el amor y la esperanza, resueltas y seguras, nosotras podremos también tener una presidenta dentro de cuatro años?

Las mujeres tienden a unirse y a encontrar su voz en los periodos de adversidad extrema.

En 1991, cuando una ristra de hombres blancos interrogó a Anita Hill sobre la acusación de que Clarence Thomas (su superior y entonces candidato al Tribunal Supremo) había abusado sexualmente de ella, pareció que habíamos tocado fondo. Pero mujeres de todo el país vieron aquella imagen de un puñado de hombres blancos tomando la decisión, y eso las inspiró a involucrarse. Aquel año solo había dos mujeres en el Senado. El año después del testimonio de Anita Hill, más mujeres se presentaron como candidatas al Senado que nunca. Patty Murray, senadora de Washington, dijo que, al menos para ella, la decisión fue una consecuencia directa de aquella audiencia.

—Estaba allí, mirando aquel comité y pensando: «Dios mío, no hay nadie que diga lo que diría yo si estuviera allí».[77]

Michele Dauber (la profesora de derecho de Stanford Law que está esforzándose por destituir a Aaron Persky, el juez en el caso de Brock Turner) dice que la mayor parte de los donativos que recibe son cantidades pequeñas, menos de cien dólares, provenientes de mujeres *millennials* que nunca han donado dinero para una causa política. Este caso las conmocionó. «Impactó mucho a las mujeres *millennials* —dice—. Me ha pasado que se me acercan en persona, llorando, me dan veinte dólares y me dicen «esto lo es todo para mí». Estas mujeres eran cínicas y estabas hastiadas, nunca habían donado dinero para una campaña política».

Incluso la política del hijo único de China produjo algunas victorias feministas inesperadas.

Antes de las elecciones estadounidenses, la emprendedora Julie Hanna me dijo que, al final, Trump sería bueno para las mujeres:

—Igual que la vacuna de la gripe moviliza el sistema inmunitario, Trump nos está ayudando a encontrar nuestra voz —dijo—. Será el catalizador que nos ayude a dar un paso adelante en el campo de la igualdad. Cuando algo está escondido, es imposible arreglarlo. Hay que sacar las cosas malas a la luz. Hasta que no son explícitas, es una batalla imposible.

Hanna y yo hablamos acerca de las decenas de miles de mujeres que se habían lanzado a las redes sociales para hablar sobre el abuso sexual. Ni siquiera yo me había percatado de lo ubicuo que era, y así se lo dije.

---

77 «Lo que diría yo si estuviera allí»: TRAISTER, R.: *All the Single Ladies: Unmarried Women and the Rise of an Independent Nation*. Simon & Schuster, Nueva York, 2016, p. 15.

—El cien por cien de las mujeres que conozco han sufrido acosos sexuales —dijo. Según leía las historias de abusos sexuales que habían vivido estas mujeres, reflexionó sobre su carrera en Silicon Valley—: Conté media docena de incidentes a lo largo de mi carrera, y todos ellos, menos uno, ocurrieron en el trabajo —me dijo—. Pensé: «¿acaso he ayudado a normalizar todo esto?». Nos quedamos calladas. Uno fue un inversor, uno de los tipos más famosos e influyentes del momento, y me sentí impotente, incapaz de hacer nada. El que pueda decírtelo ahora ya es un cambio enorme. Antes, no se me habría pasado por la cabeza mencionártelo.

Cuando Trump ganó, pensé en la joven Halla en 1975 presenciando la huelga islandesa, y reflexioné acerca de cómo era mi vida en el sur de Estados Unidos en la misma época. En términos de la cantidad de empoderamiento femenino (o racial) que veía a mi alrededor, Memphis no salía bien parada en la comparación. Qué regalo sería, pensé, llevar a mi hija de casi cuatro años a Washington para vivir un momento como el de Halla. Poder empezar su vida con la clara certidumbre de que las mujeres tienen los mismos derechos que los hombres, y de que no nos conformaremos con menos.

**

Mi historia es como la de muchas mujeres. En algunas cosas he tenido suerte. Otras cosas me han costado un esfuerzo constante. Las cosas de mi vida que son una mierda son una mierda en la vida de muchas otras mujeres. La inspiración que obtengo de mis hijos no es mayor que la inspiración que madres de todo el mundo obtienen de los suyos. He plantado cara a abusones, pero no tanto, ni mucho menos, como las madres solteras que viven en la pobreza, esperando y rezando por que sus hijos sean los que logren romper el ciclo.

He tenido la suerte de que mis luchas han sido lo bastante públicas y escandalosas como para garantizarme un público que lea mi historia. Y aunque mi historia no es notable comparada con la de mujeres y madres de todo el mundo, cabe decir que mi determinación y fuerza sí lo son. No permitan que nadie les diga que convertirse en madres (o incluso tener la capacidad de hacerlo) es una debilidad o algo a lo que temer.

No permitan que las silencien acusándolas de ser demasiado estridentes, demasiado mandonas, demasiado ambiciosas o demasiado lo que sea. Escuchen a alguien que se ha pasado la vida siendo «demasiado» para el mundo. Reciban con los brazos abiertos la etiqueta de «demasiado» o las irán recortando hasta que no quede nada.

Uno de los mejores consejos profesionales que he recibido fue, irónicamente, de manos de la persona de Silicon Valley que apoyó y financió públicamente a Donald Trump, el inversor Peter Thiel. Fue después de uno de los primeros ataques que sufrí; una de las primeras veces que una multitud insensata fue provocada para acosarme por haberme atrevido a hacer mi trabajo y ser una mujer (entonces) joven.

—Adáptate y sigue —me dijo—. Tú adáptate y sigue.

Desde luego, es mejor consejo que «cambia tú para apaciguar a una multitud de imbéciles».

En los días en los que este consejo no me basta, me pregunto: «¿Qué haría Evie?». Si Eli me obligó a enfrentarme a verdades desagradables con sus incisivas preguntas durante «Eli *rock you*», Evie me ha inspirado para soñar con un mundo en el que a las mujeres no les preocupe su cuerpo, donde no permitan que los piropos y las miradas babosas se normalicen y poco a poco erosionen su amor propio, donde no se disculpen excesivamente, donde no tengan que ser niñas buenas mientras a los niños se les permite «hacer cosas de niños».

Evie se ríe de sí misma cuando hace algo mal, exclamando «¡qué tonta, Evie!». Estalla en bailes meneando el trasero en cualquier momento, sin ninguna vergüenza. Y, aun así, Evie es una líder natural que convenció al resto de niños de dos años de la guardería para que fueran gatos todo el día, solo comunicándose con los profesores por medio de maullidos y gateando por todas partes. A Evie no le cuesta pedir perdón, pero también sabe cuándo alguien le debe una disculpa. La esencia de Evie se resume en una anécdota de cuando solo tenía dieciocho meses. Estábamos comiendo en una terraza, cuando un tipo borracho pasó por nuestro lado y dio un golpe a la sillita de Evie sin querer. Ella dejó de comerse sus pasas y le dedicó una mirada gélida. El tipo le pidió perdón de inmediato. Un segundo borracho pasó y chocó con su silla. No paró para disculparse. Siguió trastabillando hacia su mesa. Evie se pasó unos buenos treinta segundos asesinándolo con la mirada, sin bajar la vista. Lentamente, se terminó las pasas y se quedó de brazos cruzados, mirándolo. Paul adivinó su monólogo interno perfectamente: «He venido a comer pasas y patear culos. Y se me han acabado las pasas».

A veces me gusta entrar a escondidas en su habitación y mirarla mientras duerme. Algo tan fuerte, tan quieto. Es como contemplar el sueño de un *Tyrannosaurus rex*.

Con frecuencia, cuando describo el magnífico amor propio de Evie, su autoestima sin tapujos y su pura convicción peleona, la gente me dice:

—Vaya, me pregunto de dónde lo habrá sacado... —comentan, haciendo gestos, señalándome.

Ojalá. Yo no me parecía a Evie en nada de pequeña, era como Eli: creativa y sensible, con una imaginación enorme. Me empecé a parecer a Evie a fuerza de ponerme cada día una armadura de feminismo, ya me definiera como feminista o no, ya me sintiera fuerte o no. Me hacía falta para caminar por la calle y pasar por delante de un edificio en obras. Me hacía falta incluso para tener una cuenta en Twitter. La he necesitado para leer casi todo lo que se ha escrito sobre mí.

Me convertí en alguien como Evie porque, si no, no habría podido sobrevivir en el mundo dedicándome a lo que me dedico. Evie me lleva una ventaja de cuarenta años. Imaginen lo increíbles que serán las Evies del mundo dentro de cuarenta años si dejamos de tildarlas de mandonas, si dejamos de obligarlas a ser princesas, si dejamos de decirles que son «demasiado» esto y «no bastante» aquello.

Cada noche le digo: «creo que eres perfecta», y ella todavía me lo repite. Mi labor como madre es demorar el momento en el que comprenda que muchas mujeres jamás se han sentido perfectas. Islandia no es el grupo ejemplar del que hablaba Manne. China tampoco. Pero quizá mi vieja casa victoriana en San Francisco lo pueda ser durante unos años.

Epílogo

¿Y ahora qué? Asumiendo que hayan asentido al leer mi crítica de todos los elementos corrosivos del patriarcado y mis afirmaciones de que existe dentro de todas nosotras, de que el sentimiento de culpa es su mayor arma y de que la capacidad innata de crear, parir y sustentar nuevas vidas las hace fenomenales para otras cosas, ¿ahora qué? Si están de acuerdo en que los beneficios del matrimonio 50/50 son limitados y elitistas; en que es mentira que un divorcio sea un fracaso y que ser madre soltera significa que a una no la quiere nadie; en lo perturbador que es el método sistemático que usan los patriarcas para desacreditar a las mujeres que protestan y, más que nada, en que es raro de narices que el útero sea tan sagrado como para que el patriarcado no se fíe de que las mujeres sepan usarlo, pero a la vez tan detestable como para que los hombres no deban pagar por los cuidados prenatales y que las mujeres no nos merezcamos ni bajas por maternidad, ni igualdad de sueldos ni subsidios por el cuidado de los niños pequeños. Si secundan esto, si de momento me siguen, entonces, ¿ahora qué hacemos con todo esto? Se me ocurren unas cuantas cosas.

Para empezar, dejen de permitir que el patriarcado nos divida. No tomen parte en las guerras de madres. Dejen que las mujeres que quieran quedarse en casa se queden en casa. ¿Qué importa si hay mujeres a las que les gusta hornear galletas y que tienen la casa más limpia que ustedes? Dejen que las mujeres que quieren trabajar trabajen. Alcen el puño y la copa en nombre de las mujeres que quieren dirigir empresas y contratan a niñeras para que las ayuden.

Si son blancas, cuando una mujer de otro color les diga: «No tienes ni idea de lo que es el auténtico prejuicio», solo tienen permiso para contestar «tienes razón, no lo sé. ¿Cómo puedo ayudar?». No tienen derecho a enfadarse porque «están haciendo que se sientan mal»`ni nada parecido. Imaginen a alguien del trabajo explicándoles con condescendencia por qué algo que las ha ofendido no es machista para nada. Así es como suenan cuando ofrecen cualquier otra respuesta.

En segundo lugar, tomen el control de sus vidas. Dejen de pedir permiso. Es su vida, no la de su padre, no la de su pareja, no la de sus hijos. Permítanse ser excelentes en aquello que se les dé bien, sin que importe lo que sea. Esfuércense en convertirse en las mejores del mundo en eso. Y entonces exijan que el mundo las respete.

Créanme cuando les digo que es más fácil decirlo que hacerlo. Arrastro veinte años de odio, ninguneos, amenazas legales y amenazas reales como resultado de ponerlo en práctica. Pero también tengo una casa en San Francisco que he pagado a fuerza de escribir lo que pienso y, tras muchos esfuerzos, he conseguido que haya personas que creen que merece la pena pagar por escucharlo.

Busquen el 40 %. Recuerden, «solo» el 60 % de mujeres se enfrentan al muro maternal. Hay otras opciones. Voten de acuerdo con sus principios. Díganles (y díganselo al mundo por medio de las redes sociales) qué es lo que están defendiendo con su voto. Después de que un inversor de capital de riesgo le dijera a Michelle Zatlyn, de Cloudflare, que las mujeres no encajan en el duro mundo de las empresas de infraestructura tecnológica, esta se largó y recaudó casi doscientos millones de dólares de otros inversores.

—No todo el mundo es igual —dice—. Asóciense con personas que las ayuden a sentirse bien, personas que estén de su lado, hay gente en el mundo que apostará por ustedes.

Créanse que, como madres, se merecen el respeto básico estándar que la mayor parte del mundo industrializado ofrece a las madres, incluyendo bajas por maternidad razonables. Que merecen respeto por haber traído al mundo un bebé a través del canal vaginal y por continuar la especie, y que tienen derecho a pasar tiempo con dicho bebé y recuperarse antes de retornar a la batalla.

Mírense en el espejo cada mañana y repitan lo siguiente: «No me pasa solo a mí, no estoy loca y no soy una aguafiestas». Un mundo de misoginia entero se esfuerza mucho por convencerlas de todo esto, por convencerlas de que es culpa suya que no puedan con todo. En estas mentiras se fundamentó la «revolución de excluirse».

No es culpa de ustedes. Es culpa de ellos. Y aunque no quieran fundar su propia empresa, sepan que un cuarenta y pico por ciento del mundo laboral no es como ellos. Hay sitios en los que no se cuecen habas. Inténtenlo.

Hagan uso de las papeletas. Tenemos que dejar de dar por sentado que los hombres (por muy feministas que sean) harán lo correcto. Hemos vivido con esa esperanza desde el albor del patriarcado. Y sí, ha mejorado en muchos aspectos. Pero yo no estoy satisfecha con la situación actual... ¿y ustedes?

Necesitamos políticas promujer, no limitarnos a intentar encajar en un mundo prohombre. No les voy a decir por qué partido votar, pero tenemos que mirar lo que ha funcionado en otros lugares, donde las mujeres tienen más derechos económicos. Hablo de derechos reproductivos completamente protegidos. Hablo de leyes sobre la igualdad de sueldos. Hablo de subvenciones a colegios y guarderías para que las mujeres no tengan que apartarse del mundo laboral durante tres años. Hablo de bajas de paternidad que incentiven a los hombres a aceptar tanta baja como las mujeres o perderla, para que contratar a un hombre joven sea tan arriesgado como contratar a una mujer joven.

También hablo de cuotas. Cuotas en las juntas, cuotas de contratación, cuotas de directivos. Los estadounidenses odian las cuotas porque han oído la mentira de que es una «ventaja injusta». Espero que este libro les haya dejado claro lo desnivelado que está el campo de juego. Las cuotas son una manera de corregir el patriarcado. Si miran la cantidad de mujeres con títulos universitarios que se adentran en el mundo laboral, y a media carrera profesional salen huyendo, sabrán que el problema no son sus cualificaciones. Hay muchas mujeres competentes y con títulos. Pero se enfrentan a desventajas en las redes de contactos y en el amor propio, gracias al patriarcado. Tenemos que exigir a las empresas que den prioridad a este asunto, o jamás lo harán.

Sean sus propias jefas. No todo el mundo puede o quiere serlo, pero si se lo están pensando, encuentren a personas que las obliguen a lanzarse, aunque sean empresarias por cuenta propia de un pequeño negocio. Si tienen una idea que puede crecer, y se lanzan con cofundadores, insistan en ser CEO. El título de CEO importa. No dejen que las vocecillas del patriarcado en su cabeza las convenzan para aceptar el de COO.

Si tienen la suerte de poseer o ganar dinero, por el amor de Dios, inviértanlo en otras mujeres. Hay muchas con ideas fantásticas por el mundo. Si invierten en hombres, oblíguenlos a incluir a mujeres y minorías étnicas desde el primer momento. Los estudios demuestran que es la mejor manera para que la igualdad en la empresa exista durante toda su andadura.

Hagan el trabajo sucio para otras mujeres. Cuando una mujer en su lugar de trabajo diga algo interesante en una reunión, repítanlo y remarquen que se le ha ocurrido a ella. Cuando vean a una mujer atacada en las redes sociales, pónganse de su lado y saquen las uñas, como si se tratara de su hermana o su mejor amiga. A veces nos cuesta defendernos o pelear por nosotras mismas, pero cualquier madre sabe que no se duda ni un segundo si se trata de defender o pelear por nuestros hijos. Extiendan este amor feroz de mamá oso a todas las mujeres que las rodean.

Cuento con ustedes, *millennials*, que se creen con derecho a todo. No acepten nada menos. Cuento con ustedes, adolescentes. Sacan veinte años de ventaja a mi generación, veinte años de aceptar que el machismo existe y punto. Pueden hacer lo que nosotras no pudimos. Estamos aquí para apoyarlas, financiarlas, contratarlas, empoderarlas y dejarnos inspirar por ustedes.

Estas son solo algunas sugerencias. Estoy segura de que se les ocurrirán más. Al fin y al cabo, se trata de preguntarse cada día: ¿de qué manera podría usar hoy el universal choque y temor a la maternidad para desestabilizar mi pequeño rincón de patriarcado?

Lo único que les pido es que lo intenten, no que lo logren. Cada día podemos hacer un pequeño gesto que ayude a derrocar el patriarcado. Puede que sea elegir apoyar un negocio dirigido por una mujer. Puede que sea levantarse y respaldar a una compañera de trabajo de la que se está abusando. Puede que sea morderse la lengua para no llamar a sus hijas «princesa» (yo últimamente lo sustituyo por «presidenta»).

No todas podemos fundar empresas colosales que sirvan como ejemplo para las mujeres del mundo y que cuenten con miles de trabajadores (yo no lo he logrado). No todas podemos presentar cheques a emprendedoras en apuros (yo no puedo). No todas estamos en posición de poder contratar o ascender a mujeres (yo no lo estoy). Pero todas podemos hacer algo para dar pequeñas patadas y abollar el patriarcado todos los santos días.

Juntas, podemos. Madres, unámonos.

Agradecimientos

Fue doloroso revivir muchas cosas, investigar para este libro y escribirlo, pero también fue un análisis que me animó y me abrió los ojos a todo lo que ha cambiado en mí desde que me convertí en madre. Algo sobre lo que nunca había reflexionado, ni mucho menos escrito.

No habría podido ni logrado hacerlo sin la insistencia constante y eterna de «¡TIENES QUE HACERLO!» de mi mejor amigo, socio de negocios y (ahora) compañero de vida, Paul Carr. Es muy práctico enamorarse de un hombre que es tan buen editor. Es de una suerte comparable a ganar la lotería enamorarse de un hombre capaz de entretener a mis hijos con una inacabable fuente de trucos de magia mientras me escondo en el armario para terminar de revisar el manuscrito.

Mi segundo agradecimiento enorme es para mi exmarido, Geoff Ellis. Una cosa es decidir escribir un libro que invite al mundo entero a husmear en mi vida. Otra cosa es hacérselo a otra persona, en especial después de cerrar un capítulo tan doloroso de nuestras vidas. Geoff siempre ha tenido fe en mi voz, y dejó de lado su propia incomodidad para permitirme escribir lo necesario sobre nuestro matrimonio y nuestros hijos.

No puedo agradecérselo lo suficiente a mi editora, Stephanie Hitchcock. Es otra guerrera feminista cabreada, y este libro nos pertenece a las dos. Sus correcciones y su orientación fueron impagables para dar forma a un libro tan personal para mí. Agradezco a Harper Business que probara suerte conmigo.

También quiero darle las gracias a mi agente, Jim Levine. Tuvo fe en el proyecto desde el momento en el que se lo propuse y peleó con ganas para encontrarle la mejor casa editorial.

Gunnar Holmsteinn me puso en contacto con, al parecer, todas las madres solteras increíbles de Islandia; Adam Grant leyó mi propuesta al principio y me dio el subidón de confianza necesario para continuar insistiendo. Y hubo docenas de mujeres maravillosas a las que entrevisté para este libro. Gracias a todas.

Personas como el anterior director de Pando, Andrew Anker, y mi exniñera, Megan McQuaid, no reciben el crédito que se merecen en este libro tras todo lo que han hecho por mí, mi empresa y mis hijos. Igual que todos los periodistas increíbles que han trabajado para Pando, los inversores que nos han apoyado y nuestro abogado, Roger Myers, que nos ha defendido ante la amenaza de más de trescientos millones en pleitos. Prometo que no os he olvidado. ¡Es que tenía un límite de palabras!

Quiero dar las gracias a mis padres, en especial a mi madre, Carol Lacy, que sigue siendo mi modelo a seguir. Le pregunté si quería leer lo que había escrito sobre ella antes de publicar el libro, y me contestó que se trataba de mi vida y mi historia, por lo que no sentía la necesidad de inmiscuirse. De ahí surge mi empoderamiento. Sé que debe de haber sido difícil leer este libro. Espero que al menos estén orgullosos de la madre en la que me he convertido, aunque se sientan incómodos con la feminista liberal que soy.

Mi último y más sincero agradecimiento es para Eli e Evie. Ya les he dicho cuánto me han cambiado, lo perspicaz para las emociones que es Eli, lo intrépida y guerrera que es Evie. Su amor es el motivo por el que he podido alcanzar mis sueños y seguir luchando. Pasaré el resto de mi vida intentando devolverles el favor.

Creo que sois perfectos.... los dos.

Sobre la autora

Sarah Lacy es la fundadora y CEO de Pando.com, una página web de periodismo de investigación sobre la industria tecnológica.[78] Periodista de negocios desde hace casi veinte años, Lacy ha escrito para *BusinessWeek* y *TechCrunch*, y ha copresentado *Tech Ticker* para Yahoo Finance. Es la autora de *Once You're Lucky, Twice You're Good: The Rebirth of Silicon Valley and the Rise of Web 2.0* (Gotham, 2008) y *Brilliant, Crazy, Cocky: How the Top 1 % of Entrepreneurs Profit from Global Chaos* (Wiley, 2011). Aparece frecuentemente en la televisión nacional y en la radio, donde dice lo que piensa. Vive en San Francisco con sus dos hijos, y en la actualidad ha dejado el periodismo para implicarse en nuevos retos.

---

78 N. de la Ed.: En octubre de 2019, Sarah Lacy anunció que vendía Pando a BuySellAdds y que por primera vez en su carrera, dejaría de ser periodista. Lo publicó en la web de Pando y puede leerse en línea (inglés): https://pando.com/2019/10/23/we-sold-pando/

Sumario